捜査実例中心 刑法各論解説

司法研修所検察教官室　著

東京法令出版

はしがき

　本書は、平成29年6月から令和元年5月までにわたって、司法研修所検察教官が執筆して月刊誌「捜査研究」（東京法令出版）にて連載した「刑法各論」に加筆・修正を加え、さらに通貨偽造罪、犯人蔵匿罪・逃走罪及び競売入札妨害罪に関する設問を新たに追加した上、単行本化したものである。

　『捜査実例中心　刑法総論解説（第2版）』（幕田英雄著、東京法令出版）は、「刑法総論理論を、捜査官の日常捜査実務に真に役立つ手順書（マニュアル）としてとらえ直し、捜査官に、分かりやすく提供する」（はしがき）ことを目的として平成21年11月に発刊され、捜査実務に従事する警察官や検察官等に好評を博しているところであるが、本書は、その刑法各論版となることを意図して執筆・発刊したものである。

　捜査実務において、刑法犯につき的確な証拠収集を行うためには、事案ごとの個別具体的な事実関係を前提に、刑法が規定するいかなる犯罪の構成要件に該当し得るか、当該犯罪の構成要件該当性を判断する上で問題となる点は何かについての検討が必要不可欠であり、そのためには、刑法総論の基本的理解に加え、刑法各論に関する知識、とりわけ判例の立場についての正確な理解が求められる。

　そこで本書においては、刑法が定める犯罪類型のうち、捜査実務上扱うことが多い犯罪類型を取り上げるとともに、これら各犯罪類型特有の問題点に焦点を絞った上で、理論上の問題点や捜査上の留意事項について、判例の考え方を踏まえながら解説している。

もとより、その内容の質や充実度において、幕田氏の名著に及ぶべくもなく、本書発刊の目指すところに沿ったものとなっているかについては読者の批評を仰ぐほかないが、司法研修所で教鞭を執っている検察教官が、それぞれのテーマにつき、重要な判例に基づいて、各自の検察官としての実務経験なども踏まえつつ執筆したものである。

　本書が、捜査官が今後犯罪捜査を円滑に行うための一助となれば幸いであるし、捜査実務家以外の方にとっても、「捜査実務家から見た刑法各論」が窺い知れて有益なのではないかと考える次第である。

　なお、当然のことながら、文中意見にわたる部分は、各執筆者の私見であることを付言しておく。

　本書の刊行については、東京法令出版企画編集部の井出初音さんに大変お世話になった。ここに記して、厚く御礼を申し上げたい。

　　2020（令和2）年4月　　　　　　　司法研修所検察教官室

　　　　　　　　　　　　　　　　　　　　　石　山　宏　樹

参考文献

【教科書等】

- 井田良『講義刑法学・各論』（有斐閣）
- 今井猛嘉ほか『刑法各論　第2版』（有斐閣）
- 大塚裕史ほか『基本刑法Ⅱ　各論』（日本評論社）
- 大谷實『新版　刑法講義各論（追補版）』（成文堂）
- 佐伯仁志『刑法総論の考え方・楽しみ方』（有斐閣）
- 塩見淳『刑法の道しるべ』（有斐閣）
- 高橋則夫『刑法各論　第3版』（成文堂）
- 高橋則夫ほか『財産犯バトルロイヤル』（日本評論社）
- 西田典之（橋爪隆補訂）『刑法各論　第7版』（弘文堂）
- 山口厚『刑法各論　第2版』（有斐閣）
- 前田雅英『最新重要判例250刑法　第11版』（弘文堂）

【注釈書、判例解説】

- 『大コンメンタール刑法　第2版』（青林書院）
- 『条解刑法　第3版』（弘文堂）
- 『刑法判例百選Ⅱ各論　第6版』（有斐閣）
- 『刑法の争点　第3版』（有斐閣）
- 判例タイムズ（判例タイムズ社）
- 判例時報（判例時報社）
- 最高裁判所判例解説（法曹会）

【各設問の参考文献】

設問2　保護責任者遺棄

- 橋爪隆「不作為犯の成立要件について」（法学教室No.421）
- 橋爪隆「遺棄罪をめぐる問題について」（法学教室No.444）
- 松原和彦「轢き逃げ事案で保護責任者遺棄罪の成立が否定された事例」白鷗法学23巻1号

設問5 強制わいせつ罪等

・堀田さつき「『刑法の一部を改正する法律』の概要について」捜査研究802号

・加藤俊治「性犯罪に対処するための『刑法の一部を改正する法律』の概要」刑事法ジャーナルNo.53

・辰井聡子「性犯罪に関する刑法改正（強制性交等罪の検討を中心に）」刑事法ジャーナルNo.55

・品田智史「監護者性交等罪等の検討」刑事法ジャーナルNo.55

・今井將人「『刑法の一部を改正する法律』の概要」（研修830号）

・前田雅英「最新　刑事判例研究」捜査研究No.804

・浅沼雄介「最新・判例解説」捜査研究No.759

設問19 盗品等に関する罪

・山口厚「盗品等の返還と盗品等関与罪の成否」（法学教室No.284）

設問20 建造物等損壊罪・器物損壊罪

・三井誠ほか『刑事手続（上)』（筑摩書房）

・神垣清水『実践捜査問答』（立花書房）

・幕田英雄『捜査法解説　第2版』（東京法令出版）

設問21 放火罪

・西方建一「新判例解説」（研修664号）

・藤永幸治『シリーズ捜査実務全書①強行犯罪』（東京法令出版）

設問24 わいせつ物頒布等

・上冨敏伸ほか『概説サイバー犯罪　法令解説と捜査・公判の実際』（青林書院）

・山口厚「コンピュータ・ネットワークと犯罪」ジュリスト1117号（有斐閣）

・山口厚「サイバー犯罪に対する実体法的対応」ジュリスト1257号（有斐閣）

・横溝大「海外へのわいせつ画像データの送信に対する刑法175条の適用」ジュリスト1220号（有斐閣）

・石井徹哉「児童ポルノのURLをホームページ上に明らかにした行為と公然陳列罪」平成24年度重要判例解説（有斐閣）
・園田寿「サイバーポルノとわいせつ図画公然陳列罪の成否」ジュリスト1135号（有斐閣）
・渡邊卓也「わいせつ情報とわいせつ罪の行為態様・再論」筑波ロー・ジャーナル22巻
・渡邊卓也「児童ポルノを『公然と陳列』する行為に当たるとされた事例」判例セレクト2012法学教室（有斐閣）
・南部篤「電気通信の送信によるわいせつな電磁的記録等の『頒布』に当たるとされた事例」判例セレクト2013法学教室（有斐閣）
・武田正ほか「児童ポルノ法（製造法、罪数）」判例タイムズ1432号（判例タイムズ社）
・古田佑紀「犯罪の既遂と終了」判例タイムズ550号（判例タイムズ社）

設問26　競売入札妨害

・西田典之『刑法各論　第7版』（弘文堂）
・郷原信郎『入札関連犯罪の理論と実務』（東京法令出版）
・西田典之「競売妨害罪の成立要件」（研修642号）
・落合義和「『発注者側が関与する偽計入札妨害罪』雑記」（警察学論集58巻12号）
・橋爪隆「競売入札妨害罪における『公正を害すべき行為』の意義」（神戸法学雑誌49巻4号）
・阿部純二「競売入札妨害罪の問題点」（研修675号）
・水野美鈴「競売妨害事件の擬律」（研修592号）

設問28　賄賂罪

・木口信之『「贈収賄罪(2)－賄賂性」刑事事実認定重要判決50選（上）第2版』（立花書房）

判例集等略語表

本書で引用する判例集等は、次のように略記する。

大判（決）	大審院判決（決定）
最判（決）	最高裁判所判決（決定）
最大判（決）	最高裁判所大法廷判決（決定）
高判（決）	高等裁判所判決（決定）
地判（決）	地方裁判所判決（決定）
刑録	大審院刑事判決録
刑集	最高裁判所（大審院）刑事判例集
民集	最高裁判所（大審院）民事判例集
裁判集刑	最高裁判所裁判集刑事
高刑	高等裁判所刑事判例集
東高刑時報	東京高等裁判所刑事判決時報
高刑速報	高等裁判所刑事裁判速報集
高裁特報	高等裁判所刑事裁判特報
高判特報	高等裁判所刑事判決特報
下刑	下級裁判所刑事裁判例集
LEX／DB	LEX／DBインターネット
刑月	刑事裁判月報
判時	判例時報
判タ	判例タイムズ

目　　次

I　生命・身体に関する罪

II　自由に対する罪

設 問4

設　問5

Ⅲ　秘密・名誉に対する罪

Ⅳ　財産的法益に対する罪

設　問15　詐欺3

設　問16　詐欺4

設　問17　恐　喝

設　問18　横　領

設　問19

設 問20

V 社会的法益に対する罪

Ⅵ　国家的法益に対する罪

設 問28

I 生命・身体に関する罪

設問1

殺人と自殺関与、同意殺人

───設　問───

1　判例の立場に従って、下記の各事例における甲及び乙の罪責について説明しなさい。

　事例1　甲は、Aとの不倫関係を清算しようと考え、Aに別れ話を持ちかけたところ、Aはこれに応じず、心中を持ちかけてきた。甲は、心中するつもりもないのに、「俺も後から続くから先にこれを飲んでくれ。」と言って、あらかじめ用意した毒薬をAに手渡した。Aは、甲が追死してくれると思い込み、これを飲んで死亡した。

　事例2　乙は、自動車の転落事故を装い、Bを自殺させて多額の保険金を取得しようと考え、厳冬期の深夜、乙を極度に畏怖して服従していたBに対し、暴行・脅迫を加えつつ、漁港の岸壁上から車ごと約2メートル下の海中に飛び込んで自殺することを執ように命じた。Bは、乙の命令に応じて車ごと海中に飛び込んだ後に車から脱出して乙の前から姿を隠す以外に助かる方法はないとの心理状態に追い詰められ、車ごと海中に飛び込んだが、水没前に脱出し、港内に停泊中の漁船に泳いでたどり着いて死亡を免れた。

2　下記の事例において、丙の罪責を問うに当たり、捜査上留意すべき事項は何か。

　事例3　丙は、未婚女性のCと不倫関係にあったが、Cからは「早く奥さんと離婚して、私と結婚してほしい。でないと、奥さんと職場に不倫関係にあることをバラす。」などと迫られていたほか、Cが精神的に不安定となって自殺騒ぎを何度か起こしていたため、対処に困っていた。妻と離婚するつもりもCと結婚するつもりもない丙

は、Cを殺害した。

　丙は、「Cから、『このまま結婚できないなら、死んだ方がましだ。いっそ、私を殺してほしい。』と迫られたので、Cを殺害した。」旨弁解した。

──設問のポイント──

1　事例1及び事例2では、甲及び乙が、自ら手を下すことなく、各被害者に働きかけることで殺害を図っており、各被害者が自ら「自殺行為」に及んでいる（もっとも、事例2では、被害者Bは真に自殺する意思はないが、死の危険の極めて高い行為に及んでいる。）。そのため、前記各事例の甲の行為は自殺幇助罪に、乙の行為は自殺教唆罪（いずれも刑法202条）に該当しそうに見える。

　しかし、事例1では、甲は、心中するとのうそを言ってAを騙しており、事例2では、乙は、Bに対して、暴行・脅迫を加えて車ごと海中に飛び込んで自殺するように執ように要求していることから、殺人罪又は殺人未遂罪に問える余地がないかを検討すべきことになる。

2　事例3は、殺人罪で逮捕された丙が、嘱託殺人の弁解をしており、その弁解を排斥して殺人罪に問うことができるのか、そのための捜査事項が問題となる。

　なお、以下では自殺教唆罪・自殺幇助罪を「自殺関与罪」、嘱託殺人罪・承諾殺人罪を「同意殺人罪」と呼んで論述することがある。

──解　答──

事例1──殺人罪が成立する。

　Aは、甲の追死を予期して死を決意したものであり、その決意は真意に添わない重大な瑕疵ある意思であり、自殺の意思は無効であって、甲には自殺幇助罪ではなく、殺人罪が成立する。

事例2──殺人未遂罪が成立する。

　乙は、Bが乙の命令に応じて車ごと海中に飛び込む以外の行為を選択することができない精神状態に陥らせていたのであり、かような精神状態に陥っ

ていたBに対して、漁港の岸壁上から車ごと海中に転落するように命じ、自らを死亡させる現実的危険性の高い行為に及ばせたのであるから、殺人未遂罪が成立する。

事例3

Cの嘱託の有無の解明のための捜査が必要であり、後述の③で詳述する。

――解　説――

①　自殺関与罪（自殺教唆・自殺幇助）と同意殺人罪（嘱託・承諾殺人）の構成要件

1　自殺関与罪と同意殺人罪の意義・区別

(1)　自殺教唆は、自殺者をして自殺の決意をさせる一切の行為であって、その方法を問わない。

自殺幇助は、既に自殺の決意を有する者に対し、自殺の方法を教え、器具手段を供与するなどして、その遂行を容易にすることをいい、物理的なものであると精神的なものであるとを問わない。

同意殺人は、被害者の依頼を受け、あるいはその承諾を得て殺害する行為をいい、嘱託・承諾は黙示であっても差し支えないと解されている。

(2)　自殺関与罪と同意殺人罪の区別の一応の基準は、行為者が直接手を下したと言えるかどうかであり、判例（大判大11.4.27刑集1-239）も同様の基準を示している。学説においては、同一構成要件内での区別であり、法定刑も同一であることから、区別の実益は少ないとの指摘もあるが、心中事案で生き残った者にしてみれば、必ずしもそうとは言い切れないだろう。

参考裁判例

①　東京高判平25.11.6（判夕1419-230）

被告人が妻と共に心中することを決意し、山中に駐車中の自動車内で練炭自殺による心中を図ったものの、妻のみが急性一酸化中毒で死亡し、被告人は死亡しなかったという事案。

被告人が着火した練炭コンロを自動車内に置いてドアを閉めた行為は、殺害の実行行為に当たり、この間、妻は車に乗っていただけで、

殺害の実行行為と認められる行為に及んでいない、妻が練炭の着火行為を一部分担したとしても、それは殺害の実行行為の準備行為にすぎないとして、承諾殺人が成立するとした原判決を破棄し、被告人と妻は、二人で心中を決意して自殺の方法、場所を相談し、そのとおりの方法、場所で自殺を図ったものであり、妻も自殺の手段である練炭コンロの着火に積極的に関与しているから、被告人の妻は一体となって自殺行為を図ったものであり、妻自身も自殺を実行したとみるべきものである、練炭への着火は、練炭コンロを車内に置いてドアを閉めるという直接的な生命侵害行為と密接不可分の行為であり、単なる準備行為にすぎないとの評価は、いささか形式的にすぎるとし、被告人の行為は、自殺の意思を有する妻に対し、共同して自殺行為を行うことにより、その自殺の実行を容易にしたものとして、自殺幇助に該当すると認めるのが相当であるとした。

2　殺人罪、自殺関与罪・同意殺人罪の区別

(1)　自殺意思、殺害の嘱託・承諾

有効な自殺意思、殺害の嘱託・承諾に基づくといえるためには、死の意味を理解し得るだけの精神能力が必要となる。したがって、自殺の意味を解しない幼児（大判昭9.8.27刑集13-1086）や意思能力を欠く精神障害者（最決昭27.2.21刑集6-2-275）については、有効な自殺意思、殺害の嘱託・承諾を認めることはできない。

(2)　錯誤・強制に基づく場合について

自殺関与罪・同意殺人罪が成立するためには、真意に基づく自殺意思、殺害の嘱託・承諾が必要となるが、問題となるのは、自殺意思が錯誤や強制に基づくものであった場合である。

そのような事案においては、他人を利用して犯罪を行う間接正犯の成立とも関係してくる。自殺に関与した行為者の行為形態は多種多様であるため、自殺意思が真意のものであるかのほか、当該関与行為の殺人の実行行為性を検討する必要があろう。

参考裁判例

② **最判昭33.11.21（刑集12-15-3519、判例時報169-28）**

被告人は、交際していた被害者の女性に別れ話を持ち出したとこ

ろ、同女がこれに応じずに心中を申し出たため、その熱意につられて
渋々心中の相談に乗ったが心中する気持ちはなかったにもかかわら
ず、同女を伴って山中に赴き、真実はその意思がないのに追死するも
ののように装い、その旨同女を誤信させ、あらかじめ買い求めておい
た致死量の青化ソーダを与えて嚥下させ死亡させた事案。

　「**本件被害者は被告人の欺罔の結果被告人の追死を予期して死を決
意したものであり、その決意は真意に添わない重大な瑕疵ある意思で
あることが明らかである。**」として、自殺関与罪ではなく、殺人罪が
成立するとした。

③　福岡高裁宮崎支部判平元.3.24（高刑42-2-103、判タ718-226）

　被告人は、高齢の被害者の女性から多額の借金をしていたが、返済
に窮し、同女を自殺させようと考え、同女が金を貸していたことが出
資法違反となり刑務所に入ることとなるなどと虚構の事実を述べて脅
迫し、同女を警察の追及から逃がすためという口実で17日間にわたり
諸所を連れ回し、その間、体力も気力も弱まった同女に、逮捕されれ
ば身内の者にも迷惑がかかるなどと申し向け、知人や親戚との接触を
断ち、もはやどこにも逃げ隠れする場がない状況にあるとの錯誤に陥
らせた上、身内の者に迷惑がかかるのを避けるためにも自殺以外にと
るべき途^{みち}はない旨執ように自殺を勧めて心理的に追い詰め、犯行当日
には、警察官がついに被告人方まで事情聴取に来たなどと告げ、もは
や庇護してやることはできない旨告げて突き放し、同女をして、もは
や自殺する以外に途はないと誤信させて自殺を決意させ、農薬を嚥下
させて死亡させた事案。

　「**犯人によって自殺するに至らしめた場合、それが物理的強制によ
るものであるか心理的強制によるものであるかを問わず、それが自殺
者の意思決定に重大な瑕疵を生ぜしめ、自殺者の自由な意思に基づく
ものと認められない場合には、もはや自殺教唆とはいえず、殺人に該
当するものと解すべきである。……同女が自己の客観的状況について
正しい認識を持つことができたならば、……その自殺の決意は真意に
添わない重大な瑕疵のある意思であるというべきであって、それが同
女の自由な意思に基づくものとは到底いえない。**」として、被害者の

行為を利用した殺人行為に該当し、殺人罪が成立するとした。

④　最決平16.1.20（刑集58-1-1、判例時報1850-142）

被告人は、自動車の転落事故を装い、被害者の女性を自殺させて多額の保険金を取得しようと考え、被告人を極度に畏怖して服従していた同女に対し、犯行前日に、現場となる漁港において、暴行・脅迫を加えつつ、岸壁上から車ごと海中に飛び込んで自殺することを執ように迫り、猶予を哀願する同女に翌日に実行することを確約させるなどし、犯行当日、同女に実行を命令した。同女は、自殺する意思はなかったが、死亡を装って被告人から身を隠そうと考え、車ごと海中に飛び込み、水没前に車中から脱出し、港内に停泊中の漁船に泳いでたどり着いて死亡を免れた事案（なお、本件現場の海は、当時、岸壁の上端から海面まで約1.9メートル、水深約3.7メートル、水温約11度という状況にあり、車ごと飛び込めば、その衝撃で負傷するなどして、車からの脱出に失敗する危険性は高く、また脱出に成功したとしても、冷水に触れて心臓麻痺を起こし、あるいは運動機能の低下を来すなどして死亡する危険性は極めて高いものであった。）。

「本件犯行当時、被害者をして、被告人の命令に応じて車ごと海中に飛び込む以外の行為を選択することができない精神状態に陥らせていたものということができる。被告人は、以上のような精神状態に陥っていた被害者に対して、本件当日、漁港の岸壁上から車ごと海中に転落するように命じ、被害者をして、自らを死亡させる現実的危険性の高い行為に及ばせたものであるから、被害者に命令して車ごと海に転落させた被告人の行為は、殺人罪の実行行為に当たるというべきである。」として、殺人未遂罪が成立するとした。

(3)　**嘱託・承諾の認識**

被害者が真意に基づく嘱託・承諾をしていないのに、これがあるものと誤信して殺害した場合は、抽象的事実の錯誤として、殺人罪と同意殺人罪の構成要件が重なる限度で、同意殺人罪の限度で罪責を負う（刑法38条2項）。

2　具体的検討（事例１、事例２）

1　**事例１**では、甲は、心中するとのうそを言ってＡを騙しており、Ａは甲が追死してくれるとの錯誤に陥っているが、前記参考判例②に照らせば、**事例１**のＡの死の決意は、甲の追死を予期して死を決意したものであり、その決意は真意に添わない重大な瑕疵ある意思であり、かかる決意は無効であって、甲には自殺関与罪ではなく、殺人罪が成立することになる。

　もっとも、自殺の決意の形成過程に他人が関与した全ての場合が殺人罪になるのではなく、自殺者の心理を操作し、その行為を支配して自殺に追い込んだと言えるだけのものがなければ殺人罪は成立しないとし、前記参考裁判例②について、心中を申し出たのが被害者であり、被害者の行為支配性という点で弱い場合であったことは否定できないとの指摘もある（大コメ刑法第10巻（第２版）356頁（金築誠志）。

　事例１のような偽装心中の事案の捜査に当たっては、誰が心中を提案したのか、誰が毒物等を準備したのか、被害者を錯誤に陥らせた被疑者の働きかけの態様や程度はどうか等自殺に至る詳しい経緯や状況について、捜査を尽くしておく必要がある。

　なお、前記参考裁判例③の事案においては、被告人は当初から被害者を自殺させる方法で死なせようという意図を持っていたこと、被告人は欺罔的手段によって被害者から盲信に等しい信頼を得ていたこと、被害者は高齢で小心な独り暮らしの女性であったこと、長期間にわたる積極的欺罔や脅迫により執ように自殺を勧めて心理的に追い詰めていったこと、最終的に突き放した発言をしていること、被告人が農薬を入手して被害者に手渡していること、被害者が農薬入りのビンを両手に持って飲もうとしたものの、躊躇しているのに気付き、「ここまで来たら躊躇しても仕方ないよ。」と言いつつ、そのビンを持った同女の両手を自らの左手で押し上げて、そのビンの口を同女の口に押し当てる行為に出ているなどの事情が認められており、かかる事情を考慮すれば、殺人の実行行為性を認めることに問題はないであろう。

2　**事例２**では、乙は、Ｂに対して、暴行・脅迫を加えつつ、岸壁上から車ごと海中に飛び込んで自殺することを執ように命令し、Ｂをして、乙の命

令に応じて車ごと海中に飛び込んだ後に車から脱出して乙の前から姿を隠す以外に助かる方法はないとの心理状態に追い詰めている。厳冬期の海に車ごと飛び込ませるという、死の結果の発生する危険性の高い行為を命じ、しかも、それを強制する態様も執ようかつ強度のものであり、前記参考判例④に照らせば、乙に殺人未遂罪が成立する。

　なお、乙は、Bは死を許容していなかったという点でBの自殺意思について錯誤があるが、生命に対する現実的危険性の高い行為を命じており、その点で実行行為性と死亡結果の認識がある以上、殺人罪の故意に欠けるところはない（前記参考判例④も同旨）。

③　事例3について

1　はじめに

　実務上、殺人罪で逮捕された被疑者が、同意殺人の弁解をする事案が散見される。

　このような弁解をする事案は、被疑者と被害者との交際関係のもつれによる犯行であったり、介護疲れ等で将来を悲観しての犯行など様々であり、また、事件に至る経緯も千差万別であろう。**事例3**は不倫関係のもつれによる犯行を例に挙げたが、以下では、同意殺人の弁解をしている事案一般について、留意すべき捜査事項や留意点について述べることとしたい。

　なお、事案によっては、公判において、弁護人から「仮に嘱託・承諾がなかったとしても、被疑者は嘱託・承諾があったものと誤信していたものであって、殺人罪の故意はなく、同意殺人罪が成立にとどまる。」旨の主張がなされることも予想されるので、嘱託・承諾の有無の捜査の過程では、かかる誤信の有無も同時に解明しておくべきことに留意が必要である。

✔ **捜査のポイント**

1　事件前の被害者の言動の捜査

　事件前に被害者が死を望むような言動をしていたのかの捜査が必要となる。

　①　被害者の近親者・友人、職場関係者等から生活状況の聴取

　　殺人の嘱託・承諾は、生死に関わる重大な事柄であって、被害者

の生前の生活状況に全く問題がないことは、嘱託・承諾がないことを推認させる事情となる。

　もっとも、周囲に気取られないようにあえて平静を装って、普段どおりの生活を送っていた可能性も否定できないと見る余地があることにも留意が必要であろう。

　また、仮に被害者が死を口にするような言動をしていたとしても、それが真意に基づくものかどうかに留意することが必要である。例えば、被害者の介護疲れで将来を悲観して犯行に及んだ事案では、要介護者である被害者が、被疑者に甘えたり、被疑者に対する申し訳なさ等の感情から、死を口にする場合もあり得るところであり、介護者である被害者の症状・程度等につき、担当医師等から聴取することも必要となろう。

②　被害者自身が、今後も生き続けることを前提とした行動をとっていたかの捜査

　例えば、事件後に仕事、旅行等の予定があるのか、その予定をいつ入れたのかにつき捜査しておくことも必要となる。事件直前に予定を入れていたのであれば、自殺意思の有無については消極的に働く事情となろう。

③　死を前提とした身辺整理の行動をしていたかの捜査

　例えば、銀行口座、スポーツジム等の会員登録の解約等の有無の捜査が考えられる。

④　遺書の有無、あればその内容の精査

⑤　被害者の日記、近親者・友人等とのメール、ブログ等のいわゆるSNSの精査、被害者が自殺に関することをインターネットで検索していなかったかなどの捜査

⑥　精神科あるいは心療内科の通院歴の有無、通院歴があればカルテ等を取り寄せた上で、担当医師等からの聴取

　嘱託・承諾の有無が問題となる事案の中には、被害者が精神的に不安定になっている事情が認められる事案が散見されるところであり、この点の捜査が必要となる。

⑦　過去の自殺企図の有無に関する捜査

　　嘱託・承諾の有無が問題となる事案の中には、**事例3**のように、被害者が精神的に不安定となっており、過去に自殺を企図したという事情が認められる事案も散見されるところであり、この点の捜査も必要となる。

　　もっとも、自殺企図といっても、真に自殺する意思があるものとは限らない。例えば、交際関係のもつれの事案では、被害者が被疑者の気を引くために、死に至らない程度の自傷行為に及んでいた可能性もあるところであり、自傷行為の態様や傷害の程度等から、真に自殺を企図したものであったのか、治療に当たった医師等から聴取すること等も必要となろう。

⑧　犯行直前の被害者の言動についての捜査

　　犯行直前の被害者の言動、特に被疑者と被害者とのやり取りについては、被疑者の取調べに依拠せざるを得ないことが多いであろう。しかし、仮に被害者に殺害の嘱託・承諾をうかがわせるような言動があったとしても、前記①及び⑦での指摘と同様、それが真意によるものとは限らない。被疑者との喧嘩口論等の最中に、つい咄嗟にそのような言動をしてしまっただけの可能性もあるし、自分のことを信じ切っている被疑者が自分を殺せるはずがないと高を括って、そのような言動をしただけの可能性もあるのであって、被疑者と被害者との関係や事件の経緯等につき十分な捜査を尽くしておく必要がある。

⑨　その他

　　例えば、被害者の死体発見時の姿が全裸や下着一枚などのあられもない姿であれば、覚悟の上で自殺を決意した格好とは言えないであろう。

　　また、例えば、事件現場が被害者方である事案で、現場が雑然としていて、日常生活そのままの状態であれば、身辺整理の上で死を選んだことはうかがわれないとみる余地があるであろう。

2　遺体の受傷状況等に関する捜査

①　被害者の抵抗の有無につき、司法解剖結果を踏まえた解剖医からの聴取

　　遺体に防御創等の抵抗の痕跡が認められれば、被害者が死につい
て同意していなかったことの有力な証拠となる。
　　もっとも、被害者が死について真に同意していたとしても、例え
ば、首を絞められた際に苦しさのあまり反射的に抵抗することもあ
り得るから、若干の抵抗の痕跡があったとしても、直ちに同意を否
定させるものではないことにも留意が必要であろう。
　　逆に、例えば、就寝中の被害者に対し、その身体の枢要部を刃物
で刺突した事案であれば抵抗の痕跡はないであろうし、絞殺・扼殺
事案であっても、被害者が高齢であったり、被疑者の犯行時の力の
強さ等に照らして、被害者が短時間で意識障害や意識喪失に陥って
抵抗できなかったなどの事情により、被害者の遺体に抵抗の痕跡が
なかったことも考えられる。
　　いずれにせよ、抵抗の痕跡の有無やその機序につき、司法解剖結
果を踏まえた解剖医からの聴取が必要となろう。
②　創傷の部位・程度等から推認される犯行態様の捜査
　　強固な殺意に基づく犯行態様であったり、執ような犯行態様は、
被害者の嘱託・承諾を受けて、やむなく殺害したような状況とは相
容れない事情であろう。
③　睡眠薬・アルコールの摂取の有無、摂取量
　　被害者が多量の睡眠薬やアルコールを摂取していた場合、事案に
よっては、仮に被害者が殺害の嘱託・承諾と見られるような言葉を
口にしていたとしても、それは正常な判断能力を有していなかった
ものであって、真意のものとは言えないとの事情になり得る。その
ため、被害者が服用した睡眠薬の薬理作用、服用量及び服用時期等
について、専門家から聴取をするなどして、捜査を尽くす必要があ
る。
　　また、心中事案では、被害者が楽に死ねるために睡眠薬を多量に
摂取することもあり得るところであり、被害者が睡眠薬を摂取した
経緯、睡眠薬の入手者や入手経路等につき、捜査を尽くす必要があ
る。

3　動機に関する捜査

被害者の嘱託・承諾がなかったとすると、被害者を殺害した動機が問題となる。動機は様々であろうが、例えば、被害者との不倫関係が公になると職場での地位や家族を失うという動機や、交際していた被害者から別れ話を持ち出されたことに憤激したとの動機もあるであろうし、介護疲れ等で将来を悲観したとの動機等も考えられよう。

動機解明のための捜査については、通常の殺人事件とそう大きく変わるところはないであろうが、被疑者が同意殺人の弁解をする事案では、真の動機解明に困難が伴うものと予想され、被疑者・被害者の関係者等から幅広に、被疑者と被害者の関係や生活状況、事件に至る事情等を聴取する必要があろう。

4　犯行に使用された物件の入手状況に関する捜査

凶器や毒物、あるいは睡眠薬等の物件につき、誰が、いつ、どのような経緯で準備したのか捜査の必要がある。

5　被疑者の犯行後の言動の捜査

①　犯行後に被疑者と接触した人物からの聴取

そのような者がいれば、同人から、被疑者が被害者の殺害について、被害者の嘱託・承諾があった旨を打ち明けていたか否かにつき聴取することが必要である。

②　死体の取扱い

死体を損壊、遺棄したり、死体を放置するなどの行為に及んでいれば、かかる行為は、被害者の嘱託・承諾を受けて、やむなく殺害したような状況とは相容れないとの事情となる。

③　罪証隠滅行為の有無

罪証隠滅行為も、被害者の嘱託・承諾を受けて、やむなく殺害したような状況とは相容れないと評価できる事情と言えよう。もっとも、それ自体重大な犯罪である嘱託・承諾殺人罪の発覚を免れるために罪証隠滅行為に及んだとしても不合理とまでは言えないとの評価もあり得ることに留意が必要であろう。

6　被疑者側の事情の捜査

①　被疑者についても、遺書の有無、あればその内容の精査、日記、近親者・友人等とのメール、ブログ等のいわゆるSNSの精査によ

り、心中や被害者の嘱託・承諾をうかがわせるような記述がないかの捜査が必要となる。

②　心中の弁解であれば、被疑者の身体に自殺を企図したような痕跡の有無

7　被疑者取調べの留意点

①　丹念な取調べと裏付け捜査

　真に被害者が自身の殺害につき嘱託・承諾していたのであれば、それは特殊な事態であるし、被疑者にとっても人を殺害するという重大な決心に至った経緯であるから、嘱託・承諾を受けた際の状況は記憶に強く残るはずであって、被疑者は詳細な供述ができるはずであり、曖昧・不明確な供述にとどまっていれば不自然であると言える。被疑者取調べを丹念に行い、被疑者供述の裏付け捜査が必要となることは当然である。

②　虚偽弁解に備えた取調べ

　同意殺人の弁解をすることが予想される事案では、被疑者がその弁解をする前の早期の段階で（例えば逮捕直後の弁解録取時）、嘱託・承諾はなかった旨の供述を得て調書化し、弁解に備えておくことも考慮されてよいであろう。ただし、逆に、被疑者にとって、虚偽弁解のヒントを与えてしまうことにもなりかねないので、必要に応じて、また、適宜の時機にという点に留意する必要があろう。

8　嘱託・承諾の錯誤について

　これまで述べた捜査を尽くした上で、証拠上、被害者の嘱託・承諾はなかったと認定できるのであれば、「嘱託・承諾があったものと誤信していた。」との主張は排斥することは容易であろう。仮に、嘱託・承諾をほのめかすような被害者の言動があったとしても、事件に至る経緯、動機、凶器・毒物等の準備状況、犯行態様、犯行後の状況等から、それが真意に基づくものでなく、かつ、被疑者がそのことを認識していたことは優に認定できるであろう。ただし、以下の参考裁判例があるので留意されたい。

参考裁判例

⑤　名古屋地裁平7.6.6（判例時報1541-144）

　　被告人は、情交関係にある被害者の男性との交際費等に充てた巨額の借金の返済に窮し、被害者に窮状を訴えたが、同人が具体的な解決策を打ち出さず、何度も死を仄めかすような言動をし、犯行前々日及び前日には、被告人に睡眠薬とナイフを買うように指示し、犯行当日直前には、ベッドに仰向けに寝ている状態で「僕が先だからね。」「刺してもいいよ。」と言って、肌布団を足で蹴り上げて顔を覆い、腹部から下をむき出しにしたことから、果物ナイフで同人の腹部等を刺して殺害したという事案。

　　本判決は、被害者は、その生活状況等からは客観的には死ななければならない状況にあったとは考えられず、犯行前においても、被告人以外の者の前では明るい表情を見せていたこと、前腕部等に防御創があること、死を仄めかす言動は、被告人から相談を持ちかけられ、被告人に何とか誠意を見せざるを得なかったことから、自分も考えているという態度を示すために出た言動とみるべきであること、犯行直前の「刺してもいいよ。」の発言は、長年交際して自分を信じ切っている被告人には自分を殺せるはずがないと高を括って、「刺せるものなら刺してみろ。」と言わんばかりの行動に出たものと考えられることから、被害者の真意に基づく嘱託があったものとは認められないとした。しかしながら、被告人が精神的にも肉体的にも疲労困ぱいし、前途を思って動揺していた最中に、被害者から「僕が先だよ。」「刺してもいいよ。」と言われたこと等の事情から、被害者の真意に基づく嘱託があるものと誤信して殺害に及んだ旨の被告人の供述は信用できるとして、結局、嘱託殺人の故意で殺人を犯したものとして、嘱託殺人罪の罪責を負うにすぎないと判断した。

2　おわりに

　事案の性質上、嘱託・承諾の有無は、被疑者と被害者の間の言わば二人だけの密室でのやりとりであるため、被害者が死亡している以上、被疑者の弁解を覆すことは困難であるように思いがちであるが、当然のことながら、安易に被疑者の弁解に乗るのではなく、捜査を尽くすことが肝要である。

設 問 2

保護責任者遺棄

---設 問---

　判例の立場に従って、以下の各事例において、保護責任者遺棄（致死）罪が成立するかどうかを、理由を付けて説明しなさい。

事例1　甲は、同居し養育していた実子乙（3歳）を家に1人残したまま、海外旅行に出かけた。

事例2　甲は、夜間に自動車を運転中、過失により歩行者乙を轢き、乙に約3か月間の入院加療を要する傷害を負わせ歩行不能の状態にしたが、乙を一旦自車に乗せて約30分間運転した後、乙に対し、「医者を呼んでくる。」とうそを言って、人通りのない車道上に乙を下ろした上、乙を放置して逃走した。

事例3　甲は、知り合いの少女乙（14歳）と2人でホテルの室内に入り、乙に覚醒剤を注射した。乙は、覚醒剤の影響により正常な行動ができないほどの錯乱状態に陥ったが、甲は、救急車を呼ぶなどの行動をとることなく、ホテルから立ち去った。乙は、それから数時間後に、覚醒剤による急性心不全により死亡した。乙が錯乱状態に陥った頃に救急医療を要請して医療措置を講じていれば、乙を確実に救命することができた。

——設問のポイント——

　事例1は、保護責任者遺棄罪（刑法218条、以下「本罪」ともいう。）における「遺棄」の概念をどのように捉えるかに関わるものである。

　判例は、遺棄罪（刑法217条、以下「単純遺棄罪」という。）における「遺

棄」は「移置」、すなわち、要扶助者を他の場所に積極的に移転させることであるのに対し、本罪における「遺棄」には、「移置」に加えて、「置き去り」、すなわち、行為者が離れて要扶助者を放置することも含むとしている。

　事例2及び**事例3**は、保護責任の発生根拠をどのように捉えるかに関わるものである。

　判例は、法令、契約・事務管理等の形式的根拠のほか、保護の継続や引受け、先行行為や要扶助者に対する排他的支配の有無等といった実質的根拠も踏まえて、保護責任の有無を判断していると考えられる。

　また、**事例3**は、行為者による不作為（不保護）と要扶助者の死亡との因果関係をどのように捉えるかにも関わる。

　判例は、その因果関係について、期待された行為（保護）がなされていれば合理的な疑いを超える程度に確実に結果が発生しなかったであろうといえることが必要としている。

――解　答――

事例1―保護責任者遺棄罪が成立する。

　同居し養育していた親である甲には保護責任が認められるところ、甲は、乙を自宅に置いて海外旅行に出かけており、自らが離れることで乙を放置しており、甲の行為は遺棄（置き去り）に当たる。

事例2―保護責任者遺棄罪が成立する。

　最判昭34.7.24（刑集13-8-1163）の事案と同様の事例である。

　甲には、自己の過失により乙を轢いたという先行行為がある上、道路交通法上の救護義務があり、さらに、乙を自車に乗せて人通りのない車道上まで連れていき同所に放置していることから、乙に対する排他的支配もあり、甲には保護責任が認められる。また、甲の行為は遺棄（移置）に当たる。

事例3―保護責任者遺棄（不保護）致死罪が成立する。

　最決平元.12.15（刑集43-13-879）と同様の事例である。

　甲には、先行行為（乙に覚醒剤を注射したこと）や排他的支配（ホテルの部屋に乙と2人だけ）等を理由に保護責任が認められる。

　そして、乙が錯乱状態に陥った（扶助を要する病者となった）時点で、救急医療の措置を講じていれば、乙を救命できたことは確実と認められること

から、甲による不保護（救急医療の要請をしなかったこと）と乙の死亡結果
との間の因果関係が認められる。

——解　説——

　遺棄の罪には、前記のとおり、単純遺棄罪と保護責任者遺棄罪があるが、
遺棄の罪について、検察庁の受理及び処分事件のほぼ全てが保護責任者遺棄
（致死傷）罪である（例えば、平成30年の検察統計年報によると、保護責任
者遺棄罪及び同致死傷罪の受理件数が合計73件であるのに対し、単純遺棄罪
の受理件数は０件である。）。

　そのため、本稿では、保護責任者遺棄（致死）罪と単純遺棄罪の異同に触
れつつ、保護責任者遺棄（致死）罪を中心に問題点を論じることとする。

1 保護責任者遺棄（致死）罪の構成要件該当性等

1　罪質、保護法益

　判例（大判大4.5.21刑録21-670）は、遺棄の罪の罪質、保護法益に関し
て、「法律は上叙の行為を以て当然老幼不具又は疾病のために扶助を要する
者の生命身体に対して危険を発生せしめる虞あることを想定し之を処罰の理
由と為したるものなるを以て遺棄の事実にして判示しある以上は特に危険発
生の虞ある状態の存在に付き説示することを要せず」としており、**生命・身
体に対する抽象的危険犯**と捉えていると解される。

　もっとも、同判例において、遺棄罪は要扶助者の生命・身体に対する危険
を発生させるおそれがあることが処罰の理由とされていることから、「遺
棄」に当たるかどうかを判断するに当たっては、抽象的危険犯であることを
前提にしつつも、**要扶助者の生命・身体に対する実質的危険性の有無を考慮**
する必要があると思われる。

2　客体（老年者、幼年者、身体障害者又は病者）

　単純遺棄罪の客体は、「老年、幼年、身体障害又は疾病のために扶助を必
要とする者」であり、保護責任者遺棄罪の客体は、「老年者、幼年者、身体
障害者又は病者」とされているが、両者は同義と解されており、本罪の客体
も、「扶助を必要とする」ことが要件とされている。

　「扶助を必要とする」とは、他人の扶助を得られなければ、自分では日常

生活を営む上で必要な動作をなし得ないことと解されている（大判大4.5.21刑録21-670）。

そして、条文にある「老年者」等は制限列挙と解されており、それゆえ、手足を縛られている者や道に迷っている者等は、たとえ他人の扶助を必要としていても、遺棄の罪の客体には含まれない。

制限列挙されている客体について見ると、「老年者」や「幼年者」は、年齢により画一的に判断されるものではなく、心身の衰えや未発達により他人の扶助を必要としているかどうかで実質的に判断される。

実母による置き去り事案で、裁判例（東京地判昭63.10.26判タ690-245）は、14歳の長男を本罪の客体と認めているが、養育者は実母だけであった上、長男の出生届は出されておらず、小中学校にも通っていなかったという事情が考慮されたものと考えられる。

また、「病者」について、判例は、高度の酩酊者（最決昭43.11.7裁判集刑169-355）や急性薬物中毒者（最決平元.12.15刑集43-13-879）を当該事案において「病者」に当たるとしている。

もっとも、酩酊や薬物中毒にある者が「（扶助を必要とする）病者」に当たるかについても、客観的状況を踏まえた実質的判断が必要である。

具体例として、泥酔状態の内妻が水風呂に入ったままの状態でいるのを放置し、その結果、内妻が死亡したという事案において、裁判例（東京高判昭60.12.10高刑速報（昭60）265）は、「寒冷期とはいえ家屋内の出来事であり、浴槽内の温度も当初はぬるま湯程度であったとも考えられ、また内妻はそれまでにも酔いを醒ますために水風呂に入った経験があって、今回も自分の意思で浴槽内に入っており、少なくとも一定の時点までは自らの意思と行動により浴槽外に出ることが可能であったと認められる。」旨判示した上で、内妻について直ちに介護しなければ生命・身体に危険が差し迫っている客観的状況にあったとするには疑問があるとして、扶助を要する状態であったことを否定している。

なお、かかる事案においては、故意（要保護状況の認識）も問題となり得るところである。

3　遺棄・不保護

(1)　遺棄・不保護の解釈

　条文上、単純遺棄罪における行為は「遺棄」のみであるのに対し、保護責任者遺棄罪における行為は「遺棄」及び「不保護」である。

　この点、単純遺棄罪における「遺棄」と本罪における「遺棄」及び「不保護」の意義については、学説上、複数の見解があるが、伝統的な通説の考えは、次の図のように整理できる。

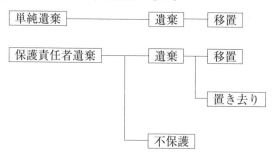

　伝統的な通説は、「遺棄」を行為者と要扶助者との間に場所的離隔を生じさせることによって生命・身体に対する危険性を惹起する行為と解し、他方、「不保護」は場所的離隔を伴わずに生存に必要な保護を行わない行為と解している。

　さらに、伝統的な通説は、単純遺棄罪における「遺棄」は、「移置」、すなわち、要扶助者を他の場所に積極的に移転させる行為のみであるのに対し、**本罪における「遺棄」には、「移置」に加えて、「置き去り」**、すなわち、行為者が離れていって要扶助者を放置する行為も含まれていると解している。

　このように、伝統的な通説によれば、単純遺棄罪における「遺棄」と本罪における「遺棄」とは別異に解されることになる。

　この点、単純遺棄罪と本罪における「遺棄」の異同について明示した判例は認められないが、最判昭34.7.24（裁判集刑13-8-1163）は、轢き逃げの事案において、「刑法218条にいう遺棄には単なる置去りをも包含すと解すべく」とし、単なる置き去りが本罪における「遺棄」に含まれると判示しており、その反対解釈や、これまで判例が置き去りについて単純遺棄罪の成立を認めたことがないことから、一般的には、判例は前記伝統的な通説と同様の立場に立っていると理解されている。

　ここでは、判例が立っていると考えられる伝統的な通説における「遺

棄」及び「不保護」の意義に沿って、それらの問題点について検討する。

(2)　遺棄について

　まず、「遺棄」についてであるが、本罪が抽象的危険犯であることから、要扶助者の危険が現実に創出・増加させられることは要件ではないものの、要扶助者との間に場所的離隔を設けても危険を創出・増加させないことが確実な行為は、「遺棄」には該当しないと解されている（「大コメ刑法11巻」〔第3版〕286頁参照）。

　例えば、警察署の出入口前に、目につきやすい形で実子である幼児を捨てても、保護が確実に見込まれ、幼児の生命・身体に対する危険を創出・増加させることはないと思われるので、その行為により本罪の成立を認めるのは困難と思われる。

　このように、「遺棄」に当たるかどうかについて判断するに当たっては、前記のとおり、**要扶助者の生命・身体に対する実質的危険性の有無**を考慮することが必要であると考えられる。

　この点に関する裁判例として、大阪高判平27.8.6（LEX/DB25447575）がある。

　事案は、教員である被告人が、自己が勤務する小学校の敷地内にある駐車場において、同校に在籍する被害者（当時7歳）を前方に認めたにもかかわらず、自車を発進進行した過失により、自車前部を被害者の腰部付近に衝突させて地面に転倒させ、その際、被害者を抱えて、事故現場から約34.5メートル離れた校舎西側出入口まで引きずり、同所に放置したというものである。

　同裁判例は、被害者が、病院搬送後は歩行可能で、傷害結果も骨盤部打撲という比較的軽微なものであったことや、被告人が被害者を放置した場所から被害者が預けられていた学童保育施設まではわずか数メートルの距離で、実際に被害者は放置されてから間もなく職員に発見・保護されていること等を考慮した上、「遺棄罪における『遺棄』とは、対象者の生命・身体に具体的な危険を生じさせるに足りる行為であることを要すると解すべきところ、被告人が被害者を校舎西側出入口付近まで引きずっていって放置した行為は、被害者の傷害の程度や、被害者が放置されたのが学童保育施設職員から容易に発見されて保護され得る場所であったことにも照ら

すと、それだけでは、被害者の生命・身体に直ちに具体的な危険を生じさせ得るものとは認め難く、保護責任者遺棄罪にいう『遺棄』には当たらない」旨判示している。

　本事案において、被害者は、事故直後、起立・歩行できない状態にあったものであり、また、判示内容によれば、被告人が被害者を放置した校舎西側出入口付近は、放置から約30分間は、教員等が通ることが期待できない状況にあったと認められる。

　かかる事実関係からすると、被害者の保護が確実に見込まれる状況にあったかは微妙であり、本罪が抽象的危険犯であることに照らすと、被害者の身体に対する実質的危険性の有無について、限界事例であったと思われる。

(3)　不保護について

　最判平30.3.19（刑集72-1-1）は、不保護による保護責任者遺棄罪の実行行為について、「同条（筆者注：刑法218条）の文言及び趣旨からすると、「老年者、幼年者、身体障害者又は病者」につき、その生存のために特定の保護行為を必要とする状況（要保護状況）が存在することを前提として、その者の「生存に必要な保護」行為として行うことが刑法上期待される特定の行為をしなかったことを意味すると解すべきであり、同条が広く保護行為一般（例えば幼年者の親ならば当然に行っているような監視、育児、介護行為等全般）を行うことを刑法上の義務として求めているものでないことは明らかである。」としている。

　つまり、客体が要保護状況にあることを前提とし、それから導かれる刑法上期待される特定の行為をしなかったという作為義務違反を実行行為と捉えていると考えられる。

　この点、作為義務の内容、つまり、要扶助者にとって何が生存に必要な保護であるかを一般的に定めることは困難であり、保護を要する原因・程度（要扶助者の健康状態等）、保護責任者と要扶助者それぞれの立場・関係・年齢、期待される保護措置の難易等に照らして、行為者において、どのような行為（保護）が必要であるかや、生命・身体に対する実質的危険性があるかが判断されることになると考えられる（『大コメ刑法11巻〔第3版〕290頁）。

　そして、要扶助者の症状が悪化して自己の手に負えない状況になったときには、行為者自らが看護することでは足りず、救急車を呼んだ上、医療措置を講じさせるなどの義務が生じることとなる。

4　保護責任

　保護責任者遺棄罪の主体は、要扶助者を保護すべき責任がある者に限られる。

　従前、保護責任の発生根拠については、①法令、②契約・事務管理、③条理といったものが根拠とされてきた。

　判例において保護責任を認めた事案としては、法令に基づくものとして、道路交通法の救護義務（最判昭34.7.24刑集13-8-1163）や民法による親権者の監督義務、契約に基づくものとして、雇用契約（大判大8.8.30刑録25-963）や養子契約（大判大5.2.12刑録22-134）、事務管理に基づくものとして、病気の者を義務なく自宅に引き取り同居させた事案（大判大15.9.28刑集5-387）等がある。

　また、条理に基づいて保護責任を認めたものとして、共に飲酒し帰宅途中の同僚が通行人と喧嘩し重傷を負ったのに放置して立ち去った事案（岡山地判昭43.10.8判時546-98）や、4日ほど女性と同棲した男が、同女の3歳の幼児を疎ましく思い、同女と共謀の上、幼児を高速道路の路肩に放置して立ち去った事案（東京地判昭48.3.9判タ298-349）等がある。

　学説においては、こうした形式的根拠のみから直ちに保護責任を認めるのではなく、要扶助者に対する排他的支配等の実質的根拠に基づいて保護責任の有無を判断すべきとする見解が有力であり、判例においても、前記の法令等の形式的な根拠だけではなく、**①保護の継続性、②保護の引受け、③先行行為、④保護者としての独占的地位や排他的支配**といった要素が重視されてきたとされている（最高裁判例解説（昭63）原田國男）。

　保護の継続性とは、要扶助者との密接な保護・被保護の関係であり、保護が密接で長期に及んでいれば、それだけ要扶助者の安全はその保護者に強く依存して、他の者が保護する可能性は低減し、保護者が保護しないときの危険性が高くなる。

　保護の引受けとは、事実上自己の管理・支配の下に要扶助者を置くことであり、それがあれば、要扶助者の安全を支配する立場になり得る。

また、先行行為については、自己の作為によって他人に結果発生の危険を生じさせたのであるから、その結果を回避できるように保護することが求められるという考えに基づく。

さらに、保護者としての独占的地位・排他的支配については、要扶助者の安全はその保護者に強く依存しており、他の者が保護する可能性が低減することが根拠と考えられる。

保護責任の有無については、事案の事実関係からこのような事情が認められるかを検討する必要があるが、保護責任を肯定するために、これらの要素の全てが必要というわけではない。

他方、どれかを満たしていれば必ず保護責任が肯定されるというものでもないが、保護の継続性や排他的支配といった要素は、保護責任を肯定する上で重要な要素であると思われる。

そして、先行行為については、従来の判例を見ると、それのみではなく、他の根拠（保護の引受け等）も認められる事案において、保護責任が肯定されているものと思われ、先行行為だけではなく、他の要素も併せて総合的に検討する必要があると思われる。

なお、設問の**事例2**と同様の事例に関する判例（最判昭34.7.24刑集13-8-1163）は、被告人に被害者に対する保護責任を認めた根拠について、「自動車操縦者は法令（筆者注：旧道路交通取締法及び同法施行令）により、「病者を保護すべき責任ある者」に該当する」とし、判示の上においては、法令のみに基づき保護責任が発生するとしているが、事案としては、被告人が被害者を轢いた後で一旦被害者を車に乗せて事故現場を離れ、降雪中の薄暗い車道上に被害者を降ろして放置し、そのまま同所を走り去ったというものであり、被害者に対する排他的支配といった、保護責任を認める実質的根拠も認められた事案であった。

5　死亡結果との因果関係

保護責任者遺棄致死傷罪が成立するためには、遺棄又は不保護と死傷結果との間に因果関係が必要である。

そして、不作為（不保護）の場合には、期待された行為がなされていれば、結果は生じなかったといえるかどうかを問うこととなり、それがいえる場合に、不作為と死傷結果との間の因果関係が認められることになる。

　この点、保護責任者遺棄（不保護）致死罪の場合、期待された行為がなされていれば、死亡結果が生じなかったといえるかについては、行為時における要扶助者の救命可能性が関わってくることになり、どの程度の救命可能性があれば、死亡結果との間の因果関係が認められるかが問題になる。

　まず、救命可能性が全くない場合、通説では、法は不可能を強いることはできないとの理解から、保護責任は認められず、保護責任者遺棄致死罪はもちろん、保護責任者遺棄罪も成立しないとされている。

　では、救命可能性はあるが、救命が確実とまではいえない場合はどうか。

　この点、判例（最決平元.12.15刑集43-13-879）は、設問の**事例３**と同様の事案において、「被害者が覚せい剤により錯乱状態に陥った時点で、直ちに救急医療を要請していれば、十中八九同女の救命が可能であった。そうすると、同女の救命は合理的な疑いを超える程度に確実と認められるから、このような措置をとらず漫然と同女を放置した行為と覚せい剤による急性心不全のため死亡した結果との間には、刑法上の因果関係があると認めるのが相当である」旨判示しており、**救命がほぼ間違いないという程度までに高い可能性が認められる場合について、救命可能性が100パーセントでなくても、死亡結果との因果関係を認めた**ものとされている。

　この判例を前提にすれば、**救命可能性はあるが、救命が合理的な疑いを超える程度に確実とまではいえない場合には、不作為と死亡結果との間の因果関係が否定される**ことになる。

　では、救命は確実とまではいえないが、延命については確実といえる場合に、死亡結果との間の因果関係が認められるか。

　判例（最決昭63.1.19刑集42-1-1）は、妊婦の依頼で胎児の堕胎を行った産婦人科医が、堕胎により出生した未熟児を放置し死亡させた事案において、「出生した未熟児に保育器等の医療設備の整った病院の医療を受けさせれば、同児が短期間内に死亡することはなく、むしろ生育する可能性のあることを認識し、かつ、その医療を受けさせるための措置をとることが迅速容易にできたにもかかわらず、同児を放置し、生存に必要な処置を何もとらなかった結果、出生の約54時間後に死亡するに至らしめた」旨認定し、産婦人科医であった被告人に保護責任者遺棄致死罪の成立を認めた。

　本事案の第一審判決によれば、本件未熟児について、生育可能性は約50

パーセントであってその確実性は認められないことから、本決定は、「短期間内に死亡することはない」という延命の確実性があれば、死亡結果との因果関係が認められるとしたものと解される。

この「短期間」については、被害者が2、3日生き延びても、その場合に因果関係を認めるのは不当とされており（上智法学論集・町野朔）、相当期間の延命が必要であると考えられる。

6 故 意

保護責任者遺棄罪の故意の成立には、①**客体の認識**、②**遺棄・不保護の認識**、③**保護責任の認識**が必要である。

客体の認識は、客体が老年者、幼年者、身体障害者又は病者であって、扶助を必要としていることの認識を要する。

不保護の場合、前記のとおり、その作為義務は、客体が要保護状況にあることを前提にしていることから、行為者において、客体が生存に必要な保護行為を必要とする状態にあることの認識（要保護状況の認識）が必要である。

また、遺棄・不保護に当たる行為が要扶助者の生命・身体に対して実質的危険性を有していることの認識も必要である。

保護責任の認識については、自己の保護責任を基礎づける事実の認識が必要であり、例えば、要扶助者との関係や保護の引受け事実、先行行為等に関する認識を要する。

✓ 捜査のポイント

以上の検討を踏まえ、保護責任者遺棄（致死）罪に関して、留意すべき主な捜査事項は以下のとおりである。

1 実行行為及び故意について

遺棄及び不保護については、前記のとおり、要扶助者の生命・身体に対する実質的危険性があることが必要と考えられる。

そのため、遺棄については、遺棄時における要扶助者の状況や容態、遺棄した場所において要扶助者が発見・保護される可能性の程度等を、不保護については、要扶助者が置かれていた状況や要扶助者の容態、他者による保護可能性の有無等に関する事実関係を、関係者や被疑者からの詳細な聴取、押収した証拠物の精査（携帯電話の画像、動画やメー

ル、SNS履歴等の確認）等により明らかにすべきである。

　要扶助者が児童であり、被害状況について児童本人から事情を聞く必要がある場合には、児童相談所、警察及び検察といった関係機関が連携し、児童の供述の信用性を担保し、かつ、児童に負担をかけないため、司法面接を行うことになると思われるが、その際には、全体の証拠構造を踏まえて、児童から聴取すべき事項に絞って聴取するなどの工夫が必要と思われる。

　また、不保護の事案で要扶助者が死亡している場合には、実行行為をどの段階で捉えるべきかについて検討を要する。

　不保護の実行行為は、行為者において、客体が扶助を要する状況であることを認識した上で、その生存に必要な保護をしないことであり、その故意については、要扶助者の外部的な事情（錯乱状態に陥っていることや話しかけても反応が鈍いなど）とそれに対する行為者の認識を中心に立証していくことになると考えられるが、かかる外部的な事情を慎重に認定すれば、要扶助者の状態が深刻になるまで実行行為や故意の認定を遅らせることになり得る。

　しかし、実行の着手時期や故意の発生時期の認定を遅らせれば、時間の経過により救命可能性が低下していくことになり、認定した実行の着手時期の時点では救命の確実性が認められず、死亡結果との間の因果関係を認定できないという問題が生じ得ることから、かかる問題点を意識しながら、事実関係や収集した証拠を踏まえ、不保護の実行行為や故意を認定する必要がある。

　また、不保護については、前記のとおり、行為者において、要保護状況の認識が必要であるところ、当該認識の立証に当たっては、行為時における客体の状態（体格等の変化や痩せている状態等）が重要な間接事実となることから、捜査においては、その点に関する客観証拠（客体を撮影した動画や画像、外出時における防犯カメラ画像等）の収集に努める必要がある。

　そして、遺棄や不保護の事案によっては、その作為・不作為に殺人の実行行為性が認められ、かつ、犯行の外形的な事実関係から、行為者の未必の殺意がうかがわれるものもあると思われ、そうした事案において

は、殺人罪での立件等を視野に入れ、被疑者から事実関係とともに行為時の心境も詳細に聴取すべきである。

2　保護責任について

前記のとおり、保護責任の認定に当たっては、要扶助者に対する保護の継続性や保護の引受け、排他的支配性といった実質的根拠が重要であるところ、そうした事実の認定に当たっては、犯行自体のみならず、犯行に至る経緯（行為者と要扶助者との関係等）や他者による保護可能性等を明らかにする必要があり、かかる点について、関係者や被疑者から詳細に聴取し、また、押収した証拠物の精査（携帯電話のメールやSNS履歴等の確認）を行う必要がある。

3　不作為と死亡結果との間の因果関係（救命・延命可能性）について

要扶助者の救命・延命可能性の有無については、死因やその機序のほか、要扶助者について生命に対する実質的危険性が生じた時点から死亡するに至るまでの時間経過、更に事件現場周辺における医療機関の有無等が大きく影響すると思われる。

救命・延命可能性については、司法解剖を行った法医や当該死因に関して専門的知識を有する法医、臨床医といった専門家から、救命・延命可能性が具体的にどの程度あったかについて意見聴取することになるが、その前提として、事件現場周辺における医療機関や救急体制の確認のほか、事件の時系列、すなわち、実行行為（不保護）の時期とそれに基づき生命に対する実質的危険性が生じた時期、死亡時期、また、それぞれの時期における要扶助者の状態等の事実関係を特定する必要があり、かかる事実関係について、関係者や被疑者から、できる限り詳細に聴取する必要がある。

そして、前記のとおり、実行行為（不保護）と死亡結果との間の因果関係が認められるには、救命や延命の確実性が必要であるところ、公判において、弁護人側が申請した専門家の医師により救命や延命の確実性が認められないと証言された場合には、被害者の救命・延命の確実性について、合理的な疑いが入れない程度に立証できていないと判断される可能性があることから、事案によっては、捜査段階において、救命・延

命可能性について、複数の医師から意見聴取することも検討すべきであ
ろう。

設　問3

暴行・傷害

──設　問──

　判例の立場に従って、下記の各事例が何罪に当たるかを、理由を付けて説明しなさい。

事例1　甲は、女性乙の同意なく、乙の頭髪を切断した。

事例2　甲は、隣家に最も近い位置にある自宅の部屋の窓を開け、窓際にラジオや複数の目覚まし時計を置き、約1年半にわたり、隣家の乙が精神的ストレスによる障害を生じさせるかもしれないことを認識しながら、連日、朝から深夜まで、ラジオの音声及び目覚まし時計のアラーム音を大音量で鳴らし続けて乙に精神的ストレスを与えた結果、乙は全治不詳の慢性頭痛症及び耳鳴り症になった。

事例3　甲は、同業として病院で勤務中であった乙にかねてから反感を抱き、乙に意識を喪失するなどの失態を演じさせようと考え、睡眠薬の粉末を混入した洋菓子を情を知らない乙に食させた結果、乙は約6時間にわたる意識障害及び筋弛緩作用を伴う急性薬物中毒の症状になった。

──設問のポイント──

　事例1ないし**事例3**は、いずれも暴行罪、傷害罪の基本的理解について問うものであり、**事例1**は、暴行の意義、傷害の意義について、**事例2**は、暴行によらない傷害（無形的方法による傷害）について、**事例3**は、暴行によらない傷害の場合における傷害の程度について、の各理解が必要となる。

——解　答——

事例1—暴行罪に当たる。

　判例は、傷害の意義について、身体完全性侵害説（身体の完全性の毀損）よりも制限的な、生理機能障害説（健康状態の不良変更としての生理機能障害）の立場をとることから、頭髪の切断という身体の外貌の毀損はこれに含まれない。

　他方で、暴行の意義については「人の身体に対し、不法な攻撃を加えること」（最判昭29.8.20刑集8-8-1277）としており、傷害結果を 惹起する性質のものであることを要しないから、頭髪の切断はこれに当たる。

　したがって、甲の行為は、暴行罪の構成要件に該当し、乙の同意がないので暴行罪が成立する。

事例2—傷害罪に当たる。

　傷害の意義として生理機能障害説の立場に立つ場合でも、乙には、慢性頭痛症及び耳鳴り症という内部的に健康状態の不良変更が生じているから、傷害結果が発生していることになる。

　傷害罪における傷害の手段は限定されていないことから、本件が暴行による傷害か、暴行によらない傷害かが問題となるところ、音による作用も物理力の行使として暴行に当たり得ると解されているが、常に暴行に該当するわけではなく、音の発生方法・程度、周囲への状況、身体への影響等により判断が分かれる。

　判例は、本件と同様の事案について、暴行によらない傷害に当たると判断している。

事例3—傷害罪に当たる。

　傷害罪が予定する「傷害」の程度について、判例は、軽微な傷でも「傷害」に該当するとの立場をとっているが、内部的に健康状態の不良変更が生じた場合について、一時的、一過性的なものと区別して「傷害」結果が生じたと判断するには、どのように考えればよいのかが問題となる。

　判例は、本件と同様の、睡眠薬を用いて数時間の昏酔状態に陥らせた事案について、傷害罪が予定する傷害に当たると判断している。

──解　説──

1 暴行罪における暴行の意義

暴行罪（刑法208条）における暴行（以下「暴行」という。）とは、人の身体に対し、不法な攻撃を加えることである（最判昭29.8.20刑集8-8-1277）。

暴行によって人が負傷した場合には、結果的加重犯として傷害罪が成立し、死亡した場合は傷害致死罪が成立する。

1 傷害の結果を惹起する性質のものであることを要するか

暴行の典型は、殴る、蹴るなどであるが、必ずしも傷害の結果を惹起する性質のものである必要はない。

判例等も、着衣をつかみ引っ張る行為（大判昭8.4.15刑集12-427）、頭や顔に食塩を振りかける行為（福岡高判昭46.10.11判タ275-285）、頭髪を切断する行為（大判明45.6.20刑録18-896）について、いずれも暴行に当たると認定している。

2 人の身体に接触することを要するか

不法な攻撃が人の身体に接触することは不要であり、驚かす目的で人の数歩手前を狙って投石する行為（東京高判昭25.6.10高刑3-2-222）も暴行に当たる。

最決昭39.1.28（刑集18-1-31）は、内妻を驚かすために四畳半の室内で日本刀の抜き身を振り回したところ、力が入って内妻の腹に突き刺さり死亡させた事案について、「狭い四畳半の室内で被害者を驚かすために日本刀の抜き身を数回振り回すが如きは、とりもなおさず同人に対する暴行というべき」と判示し、傷害致死罪の成立を認めている。

また、車を使用した暴行として、東京高判昭50.4.15（刑月7-4-480）は、高速道路上で並進中の自動車に対し嫌がらせのために幅寄せをしたところ、自車をその車に衝突させ、その結果その車が中央分離帯を越え対向車と正面衝突し、死傷者を出した事案について、「幅寄せの目的で故意に自車をその車両に著しく接近させれば、その結果として自己の運転方法の確実さを失うことになるとか、相手車両の運転者をしてその運転方法に支障をもたらすことなどにより、それが相手方に対する交通上の危険につながることは明白で、本件のような状況下における幅寄せの所為は、刑法上、相手車両の車内

にいる者に対する不法な有形力の行使として暴行に当たる」として、傷害罪、傷害致死罪の成立を認めている。

3　力学的作用にとどまるか

　不法な攻撃は、殴る、蹴るなどの力学的作用だけでなく、音、熱、光、電気等の物理的作用の場合も含まれる。

　最判昭29.8.20（刑集8-8-1277）は、室内において被害者の身辺で大太鼓、鉦等を連打し、意識朦朧とした気分を与えるなどした事案について、暴行に当たるとしているところ、他方で、他人に性病を感染させた行為（最判昭27.6.6刑集6-6-795）、赤痢菌・チフス菌を添加させた食品を食べさせて発病させた行為（東京高判昭51.4.30判時851-21）については、いずれも「暴行によらない傷害」としていることから、判例は、暴行には、力学的作用だけでなく物理的作用による場合も含まれるが、毒物、病原菌を投与するなどの化学的・病理学的作用や催眠術等の心理的作用を用いた場合は、含まれないと解していることになる。

２　傷害罪における傷害の意義

1　総　説

　傷害の意義について、学説は、生理機能障害説（健康状態の不良変更としての生理機能障害と解する立場）と、身体完全性侵害説（生理機能の障害に加えて身体の外貌の毀損も含む、身体の完全性の毀損と解する立場）に大きく分かれている。

　ただ、いずれの立場に立っても、健康状態の不良変更としての生理機能障害が、傷害に当たることに争いはない。

　判例は、大判明45.6.20（刑録18-896）が「刑法204条の傷害罪は他人の身体に対する暴行に因りて其生活機能の毀損即ち健康状態の不良変更を惹起することに因りて成立する」として、剃刀で女性の頭髪を切断、剃去した行為は、傷害に当たらず暴行にとどまるとしたこと等から、一般的に生理機能障害説に立つと理解されている。

2　傷害の種類

　傷害と認められる典型的な場合としては、外傷や身体の内部組織の器質的損傷を伴う場合であるが、判例は、これらを伴わない場合、すなわち、内部

的に健康状態の不良変更が生じたにとどまる場合でも、傷害罪や他の犯罪を基本犯とする致傷罪の成立を肯定している。

　もっとも、内部的な健康状態の不良変更には、身体的機能の障害（身体的な症状が現れたもの）と、精神的機能の障害があるところ、判例が多く認めてきたのは、身体的機能が障害された事例（身体的機能のみ、あるいは、精神的機能と合わせて障害された事例）であり、外形的な打撲痕の認められない胸部疼痛（最決昭32.4.23刑集11-4-1393）、性病の感染（前出最判昭27.6.6刑集6-6-795）、毒物中毒によるめまい、嘔吐の症状（大判昭8.6.5刑集12-736）、メチルアルコール中毒による全身懈怠、膝蓋腱反射亢進の症状（最判昭26.9.25裁判集刑53-313）、慢性頭痛症、睡眠障害、耳鳴り症を発症させた事案（最決平17.3.29刑集59-2-54）等について、傷害罪の成立を認めている。

　他方で、純粋に精神的機能のみが障害された場合に刑法にいう「傷害」に当たるかについては、下級審の裁判例においては、精神衰弱症に陥らせた事案（東京地判昭54.8.10判時943-122）等従来から肯定するものがあったが、最決平24.7.24（刑集66-8-709）も、次項3のとおり、PTSDのような精神的機能の障害について、これが刑法にいう「傷害」に当たることを明示した。

3　PTSD（外傷後ストレス障害）について

(1)　主な裁判例

　富山地判平13.4.19（判タ1081-291）は、約3年半にわたり、被害者の居住先などに1万回以上、無言電話や相手を中傷する嫌がらせ電話をかけ続け、PTSDの診断がなされた事案について、「PTSDは診断基準が確立されているところ、本件嫌がらせ電話はPTSD発症の前提となる外傷体験であり、被害者の身体症状等はPTSD発症を認定することができる」とした上で、「PTSDは独立した疾患概念として認知されているほか、自律神経の機能障害が生じることが指摘されており、このような医学上承認された精神的身体的症状を生じさせることは、傷害に当たる」と判示して傷害罪の成立を肯定した。

　同様に、500回以上の無言電話をかけてPTSDを発症させた事案（奈良地判平13.4.5公刊物未登載）や、一連の放火被害及び約45日間にわたる携帯電話に対する合計約2,000回に達する無言電話等により全治不明PTSDを発症させた事案（東京地判平16.4.20判時1877-154）についても、当該精神

的機能の障害がPTSDに当たるとして傷害罪の成立を認めた。

　他方で、福岡高判平12.5.9（判時1728-159）は、たまたま通り掛かった小学生を路上に引き倒し段打、足蹴にするなどの暴行を加え、止めに入った主婦の頭部も数回段打するなどした事案について、PTSDの診断がなされているものの、診断のもととなったのが被害4日後になされた1回限りの診察でその後の治療措置や経過観察もとられていないことや、症状の程度を明らかにする証拠も乏しいこと等を理由として、本件のPTSDの診断自体に疑問があるとし、暴行後の一定程度の精神的ストレスは暴行罪に織り込み済みであるとの視点も提示して、PTSDによる傷害罪の成立を否定し、神戸地判平21.4.17（LEX/DB25440925）は、被害者に対してストーカー行為や名誉毀損行為を繰り返し、精神的ストレスにより全治不詳の適応障害及びうつ病性障害を発症させた事案について、PTSDに該当するという検察官の主張を排斥しつつ、発症した適応障害及びうつ病性障害を生理機能障害と認定して、傷害罪の成立を認めた。

(2)　判　例

　最決平24.7.24（刑集66-8-709）は、不法に被害者を監禁し、その結果PTSDを発症したと認められる事案について、「一時的な精神的苦痛やストレスを感じたという程度にとどまらず、いわゆる再体験症状、回避・精神麻痺症状及び過覚醒症状といった医学的な診断基準において求められている特徴的な精神症状が継続して発現していることなどから精神疾患の一種である外傷後ストレス障害（PTSD）の発症が認められたというのである。」「上記認定のような精神的機能の障害を惹起した場合も刑法にいう傷害に当たると解するのが相当である。」と判示して、監禁致傷罪の成立を認めた。

(3)　判例等の考え方の整理

　PTSD発症の「傷害」該当性については、刑法上の「傷害」が法律上の概念であるのに対し、PTSDが医学的概念であることから、「傷害」該当性の判断に当たって、医学的にPTSDに当たるか否かは重要ではないとの考え方もある。

　しかしながら、もとより、惹起された精神的機能の障害が、刑法上の「傷害」に当たるかを検討しなければならないものではあるものの、

PTSDが医学的に確立した一つの疾患概念であり、診断と治療の対象になっていることからすれば、医学的診断基準に基づく鑑定意見や診断結果等の証拠によって、それがPTSD発症と認定できる場合には、PTSDという精神疾患の惹起自体を人の健康状態の不良変更として「傷害」を認めることができ、PTSD発症の認定ができる場合に、個々具体的な精神的機能障害を傷害結果として認定する必要がないという点で、PTSD発症を認定することは意味を持つことになる。

逆に言えば、被害者がPTSDを発症した旨の医師の診断があっても、それらの診断が医学的診断基準に照らして疑問がある場合には、PTSD発症の認定はできないことになるし、また、PTSD発症が認定できない場合でも、精神的機能の障害が人の健康状態の不良変更と認定できる場合には、傷害を認め得るのであり、前出神戸地判平21.4.17（LEX/DB25440925）は正にその一例といえることになる。

③ 傷害の手段

1 総 説

傷害の実行行為は、健康状態の不良変更という生理機能障害を引き起こす現実的危険性のある行為であれば足り、傷害の手段に制限はない（最判昭27.6.6（刑集6-6-795）も「傷害罪は他人の身体の生理的機能を毀損するものである以上、その手段が何であるかを問わない」としている。）。

したがって、暴行以外の無形的方法による傷害も可能である。

判例も、他人に性病を感染させた行為（最判昭27.6.6刑集6-6-795）、約3年半にわたり、被害者の居住先などに1万回以上無言電話や相手を中傷する嫌がらせ電話をかけ続け、PTSDを発症させた行為（富山地判平13.4.19判タ1081-291）、社長らから叱責されたことを恨んで、約半年間ほぼ連日にわたり深夜から早朝にかけて社長宅に電話をかけ、同人の妻らが受話器を取り上げて応対すると無言で電話を切り、応対しない場合には長時間にわたって電話の呼出音を流し続け、同女を精神衰弱症に陥らせた行為（東京地判昭54.8.10判時943-122）等について、傷害罪の実行行為性を肯定している。

2 音による傷害

(1) **判例等**

　既に暴行罪の項でみたとおり、暴行罪における暴行は、殴る、蹴るなどの力学的作用だけでなく、音、熱、光、電気等の物理的作用の場合も含むと解されており、最判昭29.8.20（刑集8-8-1277）は、室内において被害者の身辺で大太鼓、鉦等を連打し、同人らに意識朦朧とした気分を与えるなどした事案について、暴行に当たるとし、同様に、大阪高判昭59.6.26（高刑速報（昭59）391）は、拡声器を通じて大声を発した行為により、被害者に感音性難聴の傷害を与えた事案について、暴行による傷害罪の成立を認めている。

　他方で、最決平17.3.29（刑集59-2-54）は、約1年半にわたり、自宅から隣家に向けて精神的ストレスによる障害を生じさせるかもしれないことを認識しながら連日連夜ラジオの音声及び目覚まし時計のアラーム音を大音量で鳴らし続けるなどして、被害者に精神的ストレスを与え、慢性頭痛症、睡眠障害及び耳鳴り症を生じさせた事案について、暴行には当たらないが、傷害の実行行為に当たると認定した。

(2)　判例等の考え方の整理

　これらの判例等から分かるように、音の使用は暴行に当たり得るが、常に暴行に該当するわけではない。

　音の物理的作用とは、通常、音波が空気振動として相手の鼓膜に到達することであるところ、それが騒音と呼ばれる程度に達したとしても、相手の鼓膜に与える物理的な力自体としてはそれほど程度の強いものとはいえない場合も多く、また、日常の生活騒音との区別も必要である。

　そうすると、音の使用が「暴行」に当たるかどうかについては、音の発生方法や程度、周囲の状況、身体への影響等を勘案して判断することとなり、前出最判昭29.8.20（刑集8-8-1277）の「室内において被害者の身辺で大太鼓、鉦等を連打」するような行為は、音により空気を強烈に振動させて、その振動力を身体に作用させる攻撃方法であり、鼓膜に与える音の物理的な力自体としても程度が強く、鼓膜を破ったり、耳に器質的な機能障害を引き起こすなど、音波の物理力を利用して直接に生理的な傷害を負わせる結果すら想定することができることから、暴行に当たるが、前出最決平17.3.29（刑集59-2-54）の「約1年半にわたり、自宅から隣家に向けて連日連夜ラジオの音声及び目覚まし時計のアラーム音を大音量で鳴らし続

ける」ような行為は、長期間とはいえ、場所的にも一定程度離れていることから、鼓膜や耳に与える音の物理的な力自体としては程度が強くなく、音波の物理力を利用して直接に生理的な障害を負わせる結果も想定することができない、いわゆる騒音であることから、暴行に当たらないということになり（前記「暴行の意義」でも、暴行は「必ずしも」傷害の結果を惹起する性質のものである必要はないとしているところであり、「音」に関しては、騒音の場合の音の物理力自体の弱さを考えると、日常の生活騒音を区別し、暴行の外縁を広げ過ぎないために、この視点は有用と思われる。）、同じ音の使用であっても判断が分かれたものと理解することができる。

　他方で、前出最決平17.3.29（刑集59-2-54）のような行為が傷害の実行行為となり得るかという観点からは、当該行為が、健康状態の不良変更という生理機能障害を引き起こす現実的危険性のある行為であれば足りるところ、当該事案において、音量・音質、時間帯・距離、周囲の状況、期間、行為者と被害者の関係や経緯等を考慮して総合的に判断した結果、その行為は、被害者に精神的ストレスを与え、その結果、慢性頭痛症、睡眠障害、耳鳴り症という生理機能障害を引き起こす現実的危険性のある行為に当たるとの判断がなされたものと理解することができる。

４　傷害の程度

1　総　説

　判例は、軽微な傷でも、人の健康状態の不良変更を加えたものである以上、刑法にいう「傷害」に該当する旨判示している（最判昭38.6.25裁判集刑147-507〈加療約1週間を要する顔面打撲、両膝心窩部打撲擦過傷〉、最決昭37.8.21裁判集刑144-13〈加療約3日間を要する頸部締扼傷及び口内創等の傷害〉、最決昭41.9.14裁判集刑160-733〈全治5日間を要する顔面口唇部打撲症、腹部打撲症〉）。

　これら判例は、強盗致傷罪や強姦〔強制性交等〕致傷罪の成否に係るものであるところ、学説には、これら犯罪が傷害の結果惹起を加重要件としている犯罪類型であることを理由に、傷害罪の傷害より重度の傷害を要求するのが妥当であるとする立場が多く（傷害概念の相対性を認める立場）、このよ

うな限定解釈をとる下級審判決（大阪地判平16.11.17判タ1166-114など）も存在するが、判例は、基本的にこの限定を認めておらず、「刑法所定のいわゆる傷害に該当」「刑法181条所定の傷害を同法204条所定の傷害と別異に解釈すべき特段の事由は存しない」旨判示することから、軽微な傷であっても傷害罪が成立するというのは判例上確固としたものといえることになる。

2　「内部的な健康状態の不良変更」の場合の傷害の程度

前記1に挙げた各判例は、軽微とはいえ日常生活上の意味での傷害（怪我）が生じた事案についてのものであることから、外傷や身体の内部組織の損傷がなく、内部的に健康状態の不良変更が生じた事案で、その不良変更が短時間にとどまる場合、傷害といえるかが問題となる。

(1)　判　例

大決大15.7.20（法律新聞2598-9）は、頸部を絞めて気絶させ、約30分間意識不明に陥らせた事案（強姦致傷の事案）について、「他人に対し暴行に因り其精神身体に影響を及ぼすべき打撃を加え之をして一時人事不省の状態に陥らしめたるも被害者が忽ち心神回復し其精神身体に何等の障碍を遺さざる場合の如きは之を以て直ちに健康状態の不良変更ありと云うを得ざるなり」として、強姦致傷罪の傷害に当たることを否定した。

他方で、大判昭8.6.5（刑集12-736）は、飲料の浄水に毒物である硫酸ニコチンを混入し、これを使用して炊事したため、中毒現象の発現に基づくめまいを覚え、かつ数回嘔吐をなすに至らしめた事案（上告趣意によれば、「医師にもかからず直ちに回復し労働に従事したほどのもの」）について、傷害に当たることを認めている。

また、睡眠薬使用の事例としては、睡眠薬を服用させたことにより4日間あるいは6日間昏睡状態に陥らせ、尿閉、視力喪失等の生理機能の障害を生じさせた事案について傷害罪の成立を認めたものがあったところ（最判昭29.8.24刑集8-8-1392の原判決及び第1審判決。なお、同最判は、傷害罪の成否について判示したものではない。）、最決平24.1.30（刑集66-1-36、以下「勤務医薬物中毒事件」という。）は、病院で勤務中ないし研究中であった者に対し、睡眠薬等を摂取させたことによって、約6時間あるいは2時間にわたり、意識障害及び筋弛緩作用を伴う急性薬物中毒の症状を生じさせた事案についても、傷害罪の成立を認めた。

(2)　判例の考え方の整理

　学説には、外傷や身体の内部組織の損傷がない、内部的な健康状態の不良変更については、一定の時間的継続性を要求することで、一時的、一過性的な不良変更（睡眠薬服用により眠気が生じた、あるいは一時的に失神した場合等）と区別すべきとする立場も多い。

　しかし、どの程度の時間的継続性があれば傷害となるのかを数字で特定することは困難であり、傷害結果が生じたかの判断としては、やはり、どのような内容・程度の健康状態の不良変更を生じさせたのかで判断するほかなく、時間的継続性はその一事情と解されることとなる。

　勤務医薬物中毒事件も、病院で活動中の被害者をして、薬の薬理作用により、脳の重要な機能が阻害されたことによる意識障害や筋肉の弛緩という身体症状が約6時間あるいは約2時間持続する程度の急性薬物中毒に陥らせたという内容と程度をもつ健康状態の不良変更を生じさせているのであるから、傷害に当たると判断したものと考えられる。

(3)　昏酔強盗罪、準強姦〔準強制性交等〕罪との関係について

　勤務医薬物中毒事件においては、弁護人が、当該事案程度の昏酔は、昏酔強盗罪や準強姦罪の各構成要件が予定する程度の昏酔にとどまることから、（昏酔）強盗致傷罪や（準）強姦致傷罪に当たらず、そうすると、これらの犯罪の致傷（傷害）と傷害罪の「傷害」を同一の意味に解する判例の立場（前述参照）では、傷害罪の「傷害」にも当たらないことになるなどと主張したことから、これら犯罪の「致傷」と傷害罪の「傷害」の関係も問題となったところである。

　この点、勤務医薬物中毒事件の決定は、昏酔強盗や準強姦において昏酔や心神喪失を惹起したにとどまる場合の強盗致傷罪や姦淫致傷罪の成否について判断を示していないが、「所論指摘の昏酔強盗罪等と強盗致傷等との関係についての解釈が、傷害罪の成否が問題となっている本件の帰すうに影響を及ぼすものではなく、所論のような理由により本件について傷害罪の成立が否定されることはない」と判示している。

　昏酔強盗罪や準強姦〔準強制性交等〕罪の場合に、その予定する程度の昏酔では別途「致傷」罪が成立することがないのは、昏酔させること自体が構成要件になっているからである。すなわち、基本犯とその加重犯が設

けられている類型において、基本犯の構成要件該当行為を行った場合に、実行行為自体が加重結果にも該当するとして再度評価し加重犯の成立まで認めると、基本犯と加重犯を設けた構造に反することになるからである。

　ところが、傷害罪は、暴行の結果的加重犯の場合を除いては、傷害それ自体が基本犯であり、加重犯を擁する構造にはなっておらず、また、暴行の結果的加重犯の場合には、暴行の実行行為自体が加重結果（傷害）に該当するという構造にもなっていないのであるから、そのような限定的解釈を必要とする基礎がない。

　そうすると、昏酔強盗罪や準強姦〔準強制性交等〕罪が予定する程度の昏酔や心神喪失を惹起したにとどまる場合に、強盗致傷罪や強姦〔強制性交等〕致傷罪が成立しないと解されるとしても、そのことが傷害罪における傷害の概念を限定する理由にはならず、従来からの判例の傷害概念により傷害罪の成否を判断すれば足りることになり、前記勤務医薬物中毒事件の決定が指摘するように「昏酔強盗罪等と強盗致傷等との関係についての解釈が、傷害罪の成否が問題となっている本件の帰すうに影響を及ぼすものではな」いということになる。

⑤　傷害の主観的要件

傷害罪は、傷害の故意をもって傷害結果を生ぜしめた場合（故意犯）のほかに、暴行の故意をもって傷害結果を生ぜしめた場合（結果的加重犯）にも成立する。したがって、暴行以外の手段による傷害の場合は、傷害の故意が必要となる。

✓ 捜査のポイント

1　傷害罪が暴行の結果的加重犯である場合を含む点からの留意事項

　前述したように、傷害罪は暴行の結果的加重犯の場合を含むところ、暴行について人の身体に接触することを必要としないなど、暴行の意義を広く捉える判例の立場では、傷害罪の成立範囲は非常に広がっていることになる（脅迫との限界が曖昧になっているとの批判もある。）。

設問12　「強盗3　強盗致死傷罪」の「脅迫から死傷結果が生じた場

合の捜査事項について」でも取り上げたように、一連の被疑者の言動の中で、被害者に対する不法な有形力の行使と評価し得るものがある場合には、暴行による傷害という理論構成をまず念頭に置くことになろうが、その場合でも、暴行とは、飽くまで人の身体に対する不法な有形力の行使であることから、被疑者の行為が、被害者の身体に対する不法な有形力の行使といえるかを認定しなければならない。

　具体的には、①被害者が傷害を負った経緯、②受傷状況、③被疑者の言動、④被害者との位置関係、距離関係、⑤当時の双方が置かれた状況（狭い空間内や、高速道路での走行中等）を確定するために、防犯カメラ等客観証拠の解析、被害者、目撃者及び被疑者等からの詳細な聴取が必要となろう。

　例えば、被害者を驚かすためにナイフを用い、その結果被害者を負傷させた事案を例に挙げると、上記③に関して、一口に「ナイフを用い」たといっても、ナイフを鞘から取り出して存在を示したまでの状況だったのか、腰辺りで構えたのか、被害者の目の前でちらつかせたのか、前後左右に動かしたのか、突き出したのか、突き付けたのかなど様々なバリエーションが想定でき（「突き出した」と「突き付けた」などは、ある意味これも評価である。）、どの場合であっても、その回数や被害者の身体との距離、被疑者の体勢等が具体的に確定されなければならない。

　また、上記④に関しては、一口に「被害者との距離関係」といっても、刃先と被害者との距離が何センチメートルほどであったかについて、被害者や目撃者等の再現見分によって確定することはもちろん必要であるが、その距離のもつ意味合いは、ナイフの形状（ナイフの種類、刃体の長さ、先端の尖鋭さ、刃のギザギザさ等）やナイフの刃先が、被害者の身体のどの部位に向かっているのかなどによって異なってくるものである（極端な比較例を挙げれば、同一のカッターナイフで、同一の30センチメートルほどの距離であっても、「ダウンジャケットを着用している被害者の腕付近の高さで、刃を出さずに上下に動かす行為」と、「Tシャツ1枚着用の被害者の頸部付近の高さで、刃先を出した状態で上下に動かす行為」とでは、被害者の身体に対する不法な有形力の行使といえるかについて、評価が異なることは明らかであろう。）。

　さらに、前記①に関しては、例えば、一口に「被害者の動きにより被害者が傷害を負った」場合といっても、被害者がよろけるなどしてナイフに接近したのか、被害者がナイフをつかみにいったのか、被疑者がその前に何か挑発するような言葉を発したのか、被害者がナイフをつかんだ状態で被疑者が更にナイフを前後に動かすような行動をとったのかなどは、因果関係や負傷の程度の認定などに関わるものであり、詳細に事実が認定されなければならないといえよう。

2　傷害の手段に制限がない点からの留意事項

　前記1のような暴行の結果的加重犯としてだけでなく、傷害罪自体に目を向けてみても、傷害結果は、外傷や内部組織の損傷はもちろんのこと、内部的な健康状態としての身体的機能及び精神的機能を含む生理機能の障害をいうとされ、また、その傷害手段には制限がなく、無形的方法による様々な手段が想定されることから、傷害罪の成立範囲はやはり非常に広いということになる。

　無形的方法による傷害罪の成否を検討するに当たっては、①どのような傷害結果（内部的な健康状態の不良変更）が生じたのか、②その手段・方法に制限がないため、その実行行為性（当該傷害結果を生ぜしめる現実的危険性のある行為といえるか）、③行為と結果との因果関係、④故意（暴行の故意では足りず、少なくとも未必的な傷害の故意）について、それぞれ認定するための証拠を収集する必要がある。

　このうち、前記②に関しては、例えば、**事例2**のような事例においては、長期間にわたり、自宅から隣家に向けて連日連夜ラジオの音声及び目覚まし時計のアラーム音を大音量で鳴らし続ける行為が、傷害の実行行為といえるのかが問題となり、⑴音質がどのようなものか、⑵音量がどの程度のものか、⑶期間、時間帯、時間の長さがどれだけのものかなどを確定することが必要となる。具体的には、⑴については、目覚ましアラーム音の音域、音色の特定（一口にアラーム音といっても、「ピッピッピッ」「ビリビリビリ」「ブーブー」など様々な音色があるし、音も徐々に大きくなるものから大音量で鳴り続けるものもあり、さらには音域が耳障りな甲高いものかどうかなど様々である。）、⑵については、アラーム音自体の音量のみならず、それが被害者方との位置関係・距離と

の関係で、被害者方にどの程度の騒音となっているのかの計測（それ
は、時間帯によっても、被害者方の窓の開閉等によっても異なってくる
であろうから、様々なバリエーションでの計測が必要となる。）、さらに
は、その測定結果がどの程度の騒音といえるのかを、騒音の規制等に関
する公的基準と比較するなどして確定しておくことが必要となり、(3)に
ついても、被害者が記録しているであろうメモ等に基づいて確定するこ
とが必要になろう。

　また、前記**事例2**の場合、本来、音は周囲に拡散するものという特殊
性に着目すれば、被害者方を狙い打ちしていると認められる客観的状況
を示すものとして、周囲の家屋の状況、音声を出す道具の置かれた位置
や向き、被疑者と被害者方との確執の経緯、家族や警察による注意・警
告の無視等の証拠の収集等も、被害者に対する実行行為という意味での
認定に必要となろう。

　また、前記①の傷害結果については、内部的な健康状態としての生理
機能障害であり、その生理機能には身体的機能のみならず、精神的機能
も含まれることは解説のとおりであるところ、特に、精神的機能の障害
のみが傷害結果の場合には、一般的な怪我の立証より格段にその立証が
難しいことは容易に想定できるところである。

　PTSDの項でも紹介したように、医師の診断書があることをもって立
証が足りることにはならないことはいうまでもなく、最終的にはDSM
あるいはICD-10の各診断基準に則って、専門の精神科医による鑑定を
実施することが必要になることも多いと思われるが、診断に必要とされ
る症状、例えばPTSDなら、「再体験症状、回避・精神麻痺症状及び過
覚醒症状」等の各存在を基礎付ける事実を認定するに足る証拠の収集
（例えば、精神科医は、過覚醒症状の表れである「いらだたしさ又は怒
りの爆発」「集中困難」等の訴えを被害者本人から聴取するであろう
が、家族や勤務先等からの裏付け等）が、捜査の範疇であることを忘れ
てはならない。

3　まとめ

　判例等によって認められた傷害罪の成立範囲が広いということは、裏
を返せば、自分の担当する事件処理に当たって、各判例や各裁判例の射

程距離を誤り、同種事例であると即断して飛び付いたり、あるいは、各判例や各裁判例の事実認定に用いた証拠関係を十分精査せず、自分の担当する事件では事実認定に必要な証拠が不十分であるのに、同種事例であるとして飛び付いてしまう危険があるということである。

　自己の担当する事件処理に当たっては、この点に十分に気を付けられて、注目すべき判例や裁判例を役立てられたい。

II　自由に対する罪

設問4

略取及び誘拐の罪

設問

　判例の立場に従って、以下の各事例において、甲の罪責について説明しなさい（略取及び誘拐の罪以外の犯罪の成否は検討しなくてよい。）。

事例1　甲は、産婦人科を訪れた際、病室にいた子供（嬰児）Aがあまりにかわいかったことから、自分で育てたいという衝動に駆られ、Aの母親の目を盗んで、Aを抱いて、自宅に連れ帰った。

事例2　甲は、帰宅途中のA（6歳・男）を見て、同人の親から、身の代金を取ろうと考え、Aに「お母さんが交通事故で入院した。お母さんから頼まれて、迎えに来たので、これから一緒に病院に行こう。」とうそを言って、Aを車に乗せ、Aの母親Bに電話をかけ、「息子を預かった。無事に帰してほしかったら、1,000万円を払え。」と言った。Bは、Aの命には代えられないと考え、直ちに1,000万円を用意し、甲の指示に従って、B方付近の自動販売機のそばに1,000万円を入れたバッグを置いた。甲は、1,000万円を手に入れると、B方から100メートル離れた24時間営業のコンビニエンスストアの前で、Aを車から降ろし、逃走した。

事例3　甲は、A（30歳・男）に1,000万円を貸していたが、返済期日になってもAからの返済はなかった。そこで、甲は、力ずくで、Aに1,000万円を支払わせようと考え、友人2名に協力を依頼し、3人がかりで、A方の玄関ドアをバールで壊して室内に入り、中にいたAに包丁を示して、「死にたくなかったら、来い。」と脅し、Aを、外に停めていた車に無理やり乗せ、Aの手足を縛り、Aに1,000万円を返すように要求した。しかし、Aから「ないものは払えない。」と居直ら

れたことから、甲は、Aの母親に払わせようと考え、友人が運転する
走行中の車内から、Aの母親Bに電話をかけ、「息子を拉致した。無
事に帰してほしかったら1,000万円を払え。」と言った。しかし、Bか
ら、「Aとは親子の縁を切っている。Aがどうなろうと知らん。」と言
われて、一方的に電話を切られてしまった。

事例4　事例3において、Bに電話を切られた甲は、Aの勤務先の社長
Cに1,000万円を支払わせようと考え、Cに電話をかけて、「お宅の社
員のAを預かった。うそだと思うなら、Aの家に行ってみろ。」と
言った。Cは、A方に行き、破壊された玄関ドアを見て、Aをさらっ
たという甲の話は真実であると考えた。その後、甲は、再度、Cに電
話をかけ、「Aを無事に帰してほしかったら、1,000万円を払え。」と
要求した。Cは、Aの命には代えられないと思い、直ちに1,000万円
を用意し、甲の指示に従って、C方付近の自動販売機のそばに1,000
万円を入れたバッグを置いた。甲は、1,000万円を手に入れたもの
の、借金を踏み倒そうというAの態度に立腹していたので、Aを、A
方から100キロメートル離れた人家の全くない山中に連れて行き、真
夜中に、Aを車から降ろして逃走した。

——設問のポイント——

　略取及び誘拐の罪は、条文が多岐に分かれており、的確な捜査を行うため
には、各条文の構成要件要素の正確な理解が必要となる。略取・誘拐と聞く
と、客体が子供のケースが思い浮かぶが、実際の事件では、成人に対する略
取・誘拐の罪が立件されることも少なくない。**事例1**では、最もシンプルな
構成要件である未成年者略取罪（刑法224条）を題材に、略取及び誘拐の罪
の構成要件の基本構造を確認するとともに、**事例2**では、典型的な身の代金
目的の誘拐事案を題材に、身の代金目的略取罪と拐取者身の代金取得罪（刑
法225条の2）及び解放による刑の減軽（刑法228条の2）の構成要件の基本
構造を確認する。**事例3**、**事例4**では、これらの罪の基本的理解を前提に、
実務で問題となり得る具体的事実を想定し、略取及び誘拐の事件について、
何が問題となり、具体的にどのような視点からの捜査が必要となるかを考え

ていく。

---**解　答**---

事例１―未成年者略取罪（刑法224条）が成立する。

　甲は、母親の目を盗んで、未成年者である嬰児Ａを病院から自宅に連れ帰っており、未成年者略取罪が成立する。

事例２―身の代金目的略取罪（刑法225条の２第１項）、拐取者身の代金取得罪（刑法225条の２第２項）が成立し、解放による刑の減軽（刑法228条の２）が適用される。

　甲は、Ａの母親Ｂから身の代金を払わせる目的で、Ａを略取していることから、身の代金目的略取罪が成立し、Ａの安否を気遣うＢの憂慮に乗じて1,000万円を交付させていることから、拐取者身の代金取得罪が成立する。また、甲は、自発的に、Ａを安全な場所であるコンビニエンスストアの前で解放していることから、解放による刑の減軽が適用される。

事例３―営利目的略取罪（刑法225条）が成立する。Ｂに対する拐取者身の代金要求罪は成立しない。

　甲は、Ａに貸した1,000万円を、Ａに支払わせる目的で、Ａを略取していることから営利目的略取罪が成立する。その後、甲は、Ａの母親Ｂに身の代金を要求しているが、Ｂが、Ａの安否について全く憂慮していないため、拐取者身の代金要求罪は成立しない。

事例４―拐取者身の代金取得罪（刑法225条の２第２項）が成立する。解放による刑の減軽（刑法228条の２）は適用されない。

　Ｃは、Ａの安否を憂慮する者に該当し、甲は、Ａの安否を気遣うＣの憂慮に乗じて、1,000万円を交付させていることから、拐取者身の代金取得罪が成立する。また、甲は、その後、略取した甲を解放してはいるが、安全な場所に解放したとはいえないので、解放による刑の減軽は適用されない。

---**解　説**---

　「略取」、「誘拐」とは、人を保護されている状態から引き離して自己又は第三者の事実的支配下に置くことをいう。両者の違いは、その手段の違いであり、「略取」は、暴行又は脅迫を手段とする場合、「誘拐」は、欺罔又は誘

惑を手段とする場合であるとされている。略取と誘拐を併せて拐取という。

　現行刑法は、4 種類の拐取罪を定めている。まず、拐取の目的によって、①営利、わいせつ、結婚又は生命若しくは身体に対する加害の目的で拐取した場合には営利目的等拐取罪、②いわゆる身の代金目的で拐取した場合には身の代金目的拐取罪、③所在国外に移送する目的で拐取した場合には所在国外移送目的拐取罪がそれぞれ成立し、④未成年者を拐取した場合（前記①ないし③のいずれの目的もない場合）には、未成年者拐取罪が成立する。また、人を拐取した後に、近親者その他拐取された者の安否を憂慮する者の憂慮に乗じて身の代金を交付させた場合には、拐取者身の代金取得罪が成立し、身の代金の要求にとどまった場合には、拐取者身の代金要求罪が成立する。他方、身の代金目的拐取罪又は拐取者身の代金要求罪を犯した者については、公訴提起前に、拐取された者を安全な場所に解放した場合、その刑が減軽される。

1　事例 1 について

1　未成年者略取罪の成否

　本罪は、未成年者を略取することで成立し、前記①ないし③以外の目的であれば、そのいかんを問わない。未成年者を保護養育する目的であっても、憐憫を動機とする場合であっても、本罪が成立する。事例 1 では、甲は、母親の目を盗んで、未成年者（嬰児）である A を抱くという有形力の行使（暴行）によって、A を病院（保護された状態）から自宅に連れ帰っている（自己の事実的支配下に置いた）のであるから、未成年者略取罪が成立する。

2　事例 2 について

1　身の代金目的誘拐罪の成否

　身の代金目的拐取罪の構成要件は、「近親者その他略取され又は誘拐された者の安否を憂慮する者の憂慮に乗じてその財物を交付させる目的」で、人を「略取又は誘拐する」ことである。事例 2 では、甲は、A に対して、「お母さんが入院した。」、「お母さんから頼まれてきた。」などとうそを言って、A をだまして、連れ去っていることから、「誘拐」に該当する。

　また、「憂慮に乗じて」とは、拐取された者の安否を憂慮する者が憂慮し

ている状況を利用してという意味である。

　甲は、Aの親が子供の安否を憂慮する状況を利用して、身の代金を取ろうと考えて、Aを誘拐しており、「近親者その他略取され又は誘拐された者の安否を憂慮する者の憂慮に乗じてその財物を交付させる目的」で誘拐したと認められる。よって、甲には、Aに対する身の代金目的誘拐罪が成立する。

2　拐取者身の代金取得罪の成否

　拐取者身の代金取得罪の構成要件は、「人を略取又は誘拐した者が近親者その他略取され又は誘拐された者の安否を憂慮する者の憂慮に乗じて、その財物を交付させ」たことである。**事例2**では、甲は、Aの母親であるBに、「子供を預かっている。」と言って、Aを誘拐したことを告げ、「無事に帰してほしかったら1,000万円を払え。」と言って、息子の安否を気遣うBの憂慮に乗じて1,000万円を要求している。そして、Bは、Aの安否を憂慮して、甲の要求どおりに1,000万円を交付していることから、甲には、拐取者身の代金取得罪が成立する。なお、身の代金目的略取罪と拐取者身の代金取得罪の罪数は、牽連犯となる（最決昭58.9.27刑集37-7-1078）。

3　解放による刑の減軽の適用の有無

　身の代金目的拐取罪又は拐取者身の代金取得罪（要求罪）を犯した者が、公訴提起前に、拐取された者を安全な場所に解放した場合、その刑が減軽される。「解放」とは、拐取された者に対する拘束を自発的に解き、その行動の自由を回復させることをいう。警察の張り込みに気付いて、拐取された者を放置して立ち去った場合であっても、犯人に自発的に解放する意思があったときには本条が適用される。

　「安全な場所」とは、拐取された者が安全に救出されると認められる場所をいう。安全かどうかについては、単にその場所自体が安全であるだけでは足りず、解放の時刻、方法、拐取された者の年齢、知能程度、健康状態、その場所の具体的状況等の諸般の事情を考慮して判断する（最決昭54.6.26刑集33-4-364）。**事例2**では、Aは、6歳の子供であるものの、甲は、Aの自宅から100メートルしか離れていない24時間営業のコンビニエンスストアの前でAを自発的に解放しており、コンビニエンスストアであれば人の出入りも絶えないことから、安全に救出されると認められる場所といえるのであって、本条の適用が認められる事案と思われる。

3 事例３について

1 身の代金目的略取罪の成否

　事例３では、甲は、友人２名と３人がかりで、Ａ方に押し入り、Ａに対し、包丁を示しながら、「死にたくなかったら、来い。」などと言い、かかる脅迫行為を手段として、Ａを、自宅（保護された状態）から、外に停めていた車に無理やり乗せている（自己の事実的支配下に置いた）ことから、甲の行為は、「略取」に当たる。

　そして、甲は、この後、Ａの母親Ｂに電話をかけて、「息子を拉致した。無事に帰してほしかったら1,000万円を払え。」と言って身の代金を要求しており、かかる事実からすると、甲の略取について、身の代金目的略取罪が成立するようにも思える。

　しかし、身の代金目的拐取罪は、「近親者その他略取され又は誘拐された者の安否を憂慮する者の憂慮に乗じてその財物を交付させる」ことを目的とする目的犯である。すなわち、身の代金を得る目的で拐取したこと、換言すると、実行行為時（＝拐取時）に、身の代金を得る目的があったことが必要となる。ところが、事例３の場合、甲がＡの母親Ｂから身の代金を取ろうと発案したのは、Ａを略取した後に、Ａに借金の返済を要求したところ、Ａから、「ないものは払えない。」と言われて居直られたからである。つまり、Ａを略取した時点では、Ａに貸した1,000万円を払わせようという債権回収の意思があったにすぎず、Ｂから身の代金を取ろうとまでは考えていなかったことになる。そうすると、事例３では、甲は、Ａを略取した時には、Ｂから身の代金を取ろうという目的があったとはいえず、甲には、身の代金目的略取罪は成立しないことになる。

2 営利目的略取罪の成否

　では、Ａを略取した甲については、いかなる罪が成立するのか。

　営利目的拐取罪は、営利、わいせつ又は結婚の目的で、人を拐取した場合に成立する。ここでいう「営利の目的」とは、財産上の利益を得又は第三者に得させる目的をいい、取得すべき利益は不法のものであることを必要とせず、債務の弁済に充てる目的であってもよいとされている（大判大14.1.28刑集4-14「自己ニ対スル債務ノ弁済ヲ為サシム目的ノ下ニ之ヲ誘拐スルハ即

チ営利ノ目的ヲ以テ人ヲ誘拐スルモノニ該当シ其ノ受クベキ利益ガ不法ノ利
益ナルコトハ営利誘拐罪ニ於ケル営利ノ観念上必要ナラス」と判示してい
る。）。

　事例3では、甲は、自己の債権を回収する目的でAを略取しているとこ
ろ、前記判例の趣旨に照らせば、営利の目的に該当し、甲には、営利目的略
取罪が成立する。

3　拐取者身の代金要求罪の成否

　事例3では、甲は、Aの母親Bに対して、Aを略取したことを告げて、身
の代金の要求をしており、この点は、**事例2**と全く同様である。異なるの
は、**事例2**では、BがAの安否を憂慮して1,000万円を交付しているが、**事
例3**では、Bは、Aと縁を切ったと言って電話を切っており、Aの安否を全
く憂慮していない点である。

　甲に拐取者身の代金取得罪が成立しないことはいうまでもないが、他方、
拐取者身の代金要求罪の構成要件は、「財物を要求する行為をした」であ
り、「財物を要求する行為」とは、財物を求める意思表示をすることと解さ
れている。そうすると、甲は、Aの親であるBがAの安否を憂慮するのに乗
じて、Aに1,000万円を支払わせようと考え、Bに対し1,000万円を求める意
思表示をしているのであるから、拐取者身の代金要求罪が成立するようにも
思える。

　しかし、ここで注意を要するのは、拐取者身の代金要求罪の「人を略取し
又は誘拐した者が近親者その他略取され又は誘拐された者の安否を憂慮する
者の憂慮に乗じて」というのは客観的構成要件要素であり、実行行為時にこ
のような状況が客観的に存在していなければならない。つまり、同罪が成立
するためには、①相手方が、拐取された者の安否を憂慮する状況が存在し、
かつ、②財物を求める犯人の意思表示が、相手方の憂慮に乗じてなされてい
る状況が存在しなければならず、憂慮するはずの者が全く憂慮しなかった場
合には、財物の要求行為の前提となる相手方の憂慮が存在しないことから、
同罪は成立しない。そうすると、**事例3**では、甲は、Bに対して財物の交付
を要求しているものの、Aの安否を憂慮するはずのBが全く憂慮せずに、電
話を切ってしまっていることから、甲には、拐取者身代金要求罪は成立しな
いことになる（ただし、本設問のテーマは略取・誘拐の罪であるので深くは

触れないが、甲は、Bに対して、息子の生命・身体に対する害悪を告知して財物の交付を要求しているので、恐喝未遂罪が成立する余地がある。)。

4　事例4について

1　拐取者身の代金取得罪の成否

　事例4では、甲は、Aの勤務先の社長であるCに対して、身の代金を要求している。そして、Cは、事例3のBとは異なり、Aの安否を憂慮して、甲に1,000万円を交付している。

　他方、拐取者身の代金取得罪の客体は、「近親者その他略取され又は誘拐された者の安否を憂慮する者」であるところ(なお、正確にいうと、同罪の客体が、「憂慮する者」か「憂慮する者の財物」かについては議論がある。)、CとAの間には血縁関係はなく、Cが、「その他略取され又は誘拐された者の安否を憂慮する者」に該当するかが問題となる。

　この点に関し、判例は、「『近親其他被拐取者の安否を憂慮する者』には、単なる同情から被拐取者の安否を気づかうにすぎないとみられる第三者は含まれないが、被拐取者の近親でなくとも、被拐取者の安否を親身になって憂慮するのが社会通念上当然とみられる特別な関係にある者はこれに含まれるものと解するのが相当である。」とし、「本件のように、相互銀行の代表取締役社長が拐取された場合における同銀行幹部らは、被拐取者の安否を親身になって憂慮するのが社会通念上当然とみられる特別な関係にある者に当たるというべきである。」として、銀行の代表取締役社長が拐取された場合に、同銀行の幹部について、「略取され又は誘拐された者の安否を憂慮する者」に該当すると判断している(最決昭62.3.24刑集41-2-173)。この判例については、「社会通念上、当然に親身になって被拐取者の安否を憂慮せざるを得ないとみられる特別な関係とは、(中略)、憂慮の質は問題ではなく、被拐取者の安全を回復するためにはいかなる財産的犠牲もいとわないというような、(中略)、打算を超えた特別の人間関係にある者のみに限る理由はなく、(中略)、経済的な側面や自己の体面あるいは社会的信用というような、必ずしも純粋とはいえない動機からのものであっても、社会通念としてはそれなりに真摯な憂慮をせざるを得ない立場にあるとみられる者は、すべて含まれるものと解される。」と解説されており(最高裁判所判例解説(昭62年)[池

田])、「その他略取され又は誘拐された者の安否を憂慮する者」の範囲について広めに解していることがうかがわれる。このような判例の考え方からすると、社会通念上、会社の社長は、雇用している社員の安否について、それなりに真摯な憂慮をせざるを得ない立場にある者とみることができるのではないかと思われ、**事例4**におけるCは、「略取され又は誘拐された者の安否を憂慮する者」に該当すると考えてよいであろう。そうすると、甲は、Aの安否を気遣うCの憂慮に乗じて、Cに1,000万円を交付させているので、甲には、拐取者身の代金取得罪（刑法225条の2第2項）が成立する。なお、Aに対する営利目的略取罪とCに対する拐取者身の代金取得罪とは併合罪となる（最決昭57.11.29刑集36-11-988）。

2 解放による刑の減軽の適用の有無

　既述のとおり、身の代金目的拐取罪又は拐取者身の代金要求罪を犯した者が、公訴提起前に、拐取された者を安全な場所に解放した場合、その刑が減軽される。**事例4**では、甲には、Cに対する拐取者身の代金取得罪が成立するので、甲が、Cを安全な場所に解放した場合には、本条による刑の減軽が適用されることになる。しかし、**事例4**の場合には、甲は、真夜中に、A方から100キロメートル離れた人家のない山中でCを車から降ろしているのであって、Aが健康な成人男性であることを考慮しても、安全に救出されると認められる場所とは言い難く、本条の適用はないであろう。

✓ 捜査のポイント

1 拐取時における目的の特定

　これまでの検討から分かるように、略取及び誘拐の罪については、拐取時における犯人の目的によって、成立する罪名が異なってくる。したがって、捜査のポイントとしては、犯人が、どのような目的で被害者を拐取したのかを明らかにすることが不可欠である。他方、目的というのは、犯人の内心であり、客観的に見えるものではないから、犯人すなわち被疑者の供述が重要な証拠となってくるが、被疑者の供述を鵜呑みにして、安易に目的を認定することは避けなければならない。例えば、**事例3**であれば、甲は、取調べにおいて、Aを略取した目的について、「Aに貸した1,000万円を返させる目的であり、A以外の者から身の代金

を取ろうという目的はなかった。」と弁解して、身の代金目的略取の故意を否認するであろう。しかし、甲は、実際には、Aの母親のみならず勤務先の社長にまで電話をかけて身の代金を要求しているのであり、このような甲の行動からすると、甲が、当初から、身の代金を得る目的でAを略取した可能性も認められるのであって、被疑者の供述を鵜呑みにして、安易に、営利目的略取を認定してしまうのは、時として、事案の真相を見誤る危険が高い。

　このような場合、甲がAを拐取した目的を明らかにするためのポイントとしては、拐取後の被疑者の具体的な言動や行動が重要となってくる。例えば、甲が、Aを略取した後、Aに金の支払いを要求することなく、BやCに電話をかけて身の代金の要求をしていたとすれば、「Aに貸した借金を返させる目的であり、A以外の者から身の代金を取ろうという目的はなかった。」との甲の弁解に対しては、「それなら、なぜ、A本人に金の支払いを要求しなかったのか。」との疑問が生じるのであって、むしろ、甲の行動からは、甲が当初から身の代金目的でAを略取しているのではないかとの推認がはたらく。他方、**事例3**では、甲は、まずAに対して1,000万円の支払いを要求している事実や、それに対して、Aが「ないものは払えない。」と居直っている事実があり、これらの事実の後に、甲が、BやCに電話をかけて身の代金の要求をしていることからすると、甲は、当初は、Aから1,000万円を支払わせようと考えていた様子もうかがわれるのであって、甲の弁解もあながち不合理とは言い難い。このように、拐取後の犯人の具体的な言動や行動を子細に分析することによって、犯人の拐取時の目的が推認されるケースは少なくないように思われる。

　また、**事例3**では、甲は友人の協力を得て犯行に及んでいるところ、このような場合、甲は、友人に協力を依頼するに当たり、何かしらの犯行計画を話しているのが通常であって、その際の甲の具体的な説明内容、取り分け、Aを拐取した後に、どのような方法で1,000万円を手に入れるのかについての説明内容は、略取時における甲の目的を推知する重要な資料となる。

　このように、略取及び誘拐の罪の事件捜査においては、拐取時の被疑

者の目的を明らかにすることが重要であり、この点について、被疑者を取り調べて詳細に聴取していくことはもとより、拐取前における被疑者の犯行に向けた計画内容や準備行為に関する言動や行動、拐取後の被疑者の具体的な言動や行動について、関係者から詳細に聴取するなどの丁寧な捜査を行っていく必要がある。

2　拐取者身の代金要求罪のポイント

既述のとおり、拐取者身の代金要求罪が成立するためには、①相手方が拐取された者の安否を憂慮する状況が発生し、②犯人が、その相手方の憂慮に乗じて、財物の交付を要求する行為をしなければならない。**事例3**では、憂慮するはずのBが全く憂慮せずに電話を切ってしまっていることから、前記①②の状況が認められず、甲には、拐取者身の代金要求罪が成立しないという結論となったが、逆にいうと、前記①②の状況が認められれば、身の代金の取得に至らなかったとしても、拐取者身の代金要求罪は成立する。拐取者身の代金要求罪の捜査においては、①相手方が拐取された者の安否を憂慮している状況が認められるか、②犯人が、その憂慮に乗じて、財物の交付を要求している状況が認められるかという視点から、身の代金をめぐる犯人と相手方との会話の具体的なやりとりを明らかにすることが重要である。

3　解放による刑の減軽の適用の有無について

刑法228条の2は、「その刑を減軽する」としており、同条の適用が認められると、その刑は必要的に減軽される。同条の適用があるかどうかは、Aの量刑を大きく左右する事由であり、公判で争点となることも少なくない。そのため、同条の適用の可能性がある事件については、捜査段階において、丁寧な捜査を行い、同条の適用が認められるか否かについても明らかにしておく必要がある。前記最決昭54.6.26は、「安全な場所に解放したとき」の「安全」の意義について、「被拐取者が近親者及び警察当局などによって救出されるまでの間に、具体的かつ実質的な危険にさらされるおそれのないことを意味し、漠然とした抽象的な危険や単なる不安感ないし危惧感を伴うということだけで、ただちに、安全性に欠けるものがあるとすることはできない」と判断している。この判例の事案は、身の代金目的の誘拐犯人が、誘拐された小学校1年生を、夜

間、同児の自宅から数キロメートル離れた場所に解放したというものであり、判例は、「解放地点は、農村地帯の県道から少し入った脇道上で、民家のそばであり、右県道及び脇道沿いにはほかにも民家などが散在しており、場所自体が危険なものであるとは認められず、通行人の少ない時刻であるとはいえ、これらの民家の者らによって救出される蓋然性も見込まれるものであったこと、被告人は、解放に先立って同児の自宅に対し、15分以内に解放して解放場所を通知する旨予告し、解放後ただちに解放場所を通知するため（略）種々努力をしたこと、被告人がした右通知行為は、同児がまもなく通行人に発見、救出されたことに伴う通話の重複などのため効果をあげ得なかつたが、通行人による救出という事情が存在しなかった場合においても、解放場所の位置及び状況並びに被告人の右努力の内容などに照らすと、同児はその両親及び警察官などによってそれほど長い時間の経過をまたずに救出され得たと認められ、その間、危険は皆無とはいえないが、その短時間内に同児が具体的かつ実質的な危険にさらされる実際上の可能性ははなはだ僅少であったと思われることなどを総合すると、（略）被告人の本件解放行為は刑法228条の2の要件を満たすに足りるもの、と認めるのが相当である。」と判示している。

　この判例を踏まえると、捜査のポイントとしては、解放された場所の具体的状況（位置、明るさ、人通りの有無、周囲の状況など）、解放の時刻、方法、拐取された者の年齢、知能程度、健康状態等が重要となるほか、判例が指摘する被拐取者が近親者及び警察当局などによって救出されるまでの間の具体的かつ実質的な危険にさらされるおそれの有無を判断するに当たっては、被拐取者が解放されてから救出されるに至るまでの具体的経緯を明らかにし、救出に至るまでの間の、その生命及び身体に対する具体的かつ実質的な危険の有無について検討することも有効であると思われる。

設問5

強制わいせつ罪等

---設　問---

下記の各事例における甲、乙、丙の罪責について説明しなさい。

事例1　甲（男性）は、通行中のA（当時18歳・男性）に対し、いきなりその腕をつかんで人気のない駐車場内に同人を連れ込み、両手で同人の首を絞めながら「騒いだら殺す。」などと言って脅迫し、その口腔内に自己の陰茎を挿入した。

事例2　乙（男性）は、数年間にわたり、交際中のB及びその娘であるCと同居し、生活費を支出するほか、Cの高校への送迎や生活上の指導をするなどしていたものであるが、自室にいたC（当時16歳）に対し、バイブレーターを見せながら「気持ちいいことをしてあげる。」などと言い、自ら下着を脱いだCの陰部にバイブレーターを挿入した。

事例3　丙（男性）は、自身が担任を務めるクラスの女児であったD（当時7歳）を空き教室に呼び出し、自己の性的欲求を満たすため、DのTシャツ内に手を差し入れてその乳部を直接撫で回した。その後、Dが、親友に対して「先生からエッチなことされて気持ち悪かった。」などと言って打ち明け、同人が別の教師に相談したことから発覚した。

──設問のポイント──

　事例1及び**事例2**は、平成29年法律第72号による刑法の一部改正に係る内容を問うものである。**事例1**は、強制性交等罪（刑法177条）の客体及び対象行為の理解を問うものであり、**事例2**は、監護者わいせつ罪（同法179条

１項）の各要件の理解を問うものである。**事例3**は、強制わいせつ罪（同法
176条）のわいせつ行為に当たるか、特に年少者に対するわいせつ行為の判
断が問題となる。

——解　答——

事例1—強制性交等罪が成立する。

　Aは、男性であるところ、強制性交等罪の客体は、女子に限られず男性も
含まれる。また、Aは、「13歳以上の者」であるところ、甲は、両手でAの
首を絞め、「騒いだら殺す。」などと脅迫しており、Aの反抗を著しく困難な
らしめる程度の暴行、脅迫が行われている。そして、Aの口腔内に自己の陰
茎を挿入した行為は、「口腔性交」に該当するので、甲には強制性交等罪が
成立する。

事例2—監護者わいせつ罪が成立する。

　Cは、「18歳未満の者」であるところ、Cらと同居し、高校へ送迎するな
どしていた乙は、その認識があったと認められる。そして、乙は、数年間、
Cらの生活費を支出するほか、Cらと同居し、高校への送迎や生活上の指導
をするなどしており、継続した経済的・精神的依存関係が認められると考え
られることから、「現に監護する者」に当たる。また、Cの陰部にバイブ
レーターを挿入する行為は「わいせつな行為」に当たり、現に監護する者で
ある乙が行っていることから、「影響力があることに乗じてわいせつな行為
をした」といえる。そして、本罪の趣旨に照らすと、Cが同意していると見
られるような事情があっても本罪は成立するので、乙には監護者わいせつ罪
が成立する。

事例3—強制わいせつ罪が成立する。

　Dは、「13歳未満の者」であるところ、クラス担任の丙は、その認識が
あったと認められる。そして、被害者が13歳未満の者である場合は、強制わ
いせつ罪の要件として暴行、脅迫は不要であり、当該行為が「わいせつな行
為」に当たるかが問題となるところ、Dが7歳の女児で身体が未発達な状態
であったとしても、直接乳部を撫で回すという行為態様に加え、Dは当該行
為について性的な嫌悪感を抱いている上、丙は自己の性的欲求を満たすため
に行ったことなどを考えると、「わいせつな行為」に当たると考えられる。

したがって、丙には強制わいせつ罪が成立する。

──解　説──

1 強制性交等罪（刑法177条）

1　客体及び対象行為について

　改正前の刑法第177条では、客体は「女子」に限定されていたが、改正後は、「者」と定められ、男性も含む人一般が客体となった。また、対象行為について、改正前は、肛門内や口腔内にそれぞれ陰茎を入れる行為は強制わいせつ罪として処罰されたが、改正後は、これらの行為は、「強制性交等罪」として処罰されることとなった。

2　捜査上の留意点

　「肛門性交」や「口腔性交」も、「性交」の場合と同様に解されるため、陰茎を一部でも没入すれば既遂に達する。一方、陰茎を単に舌先でなめさせる行為など全く陰茎を入れない場合には、強制性交等の未遂罪や強制わいせつ罪の成否を検討すべきこととなるため、口淫行為において、口腔内に陰茎を没入させたのか、そこまで至らなかったのかなど、具体的に明らかにする必要がある。

　なお、同条の「陰茎」や「膣」について、性別適合手術によって人工的に形成されたものであっても、生来の「陰茎」や「膣」と実質的に変わりない場合にはこれらに当たり得るため、このような場合は、①形状が生来の陰茎等に近似しているか、②陰茎又は膣としての実質をどの程度有しているか等についても捜査をする必要があろう。

2 監護者わいせつ罪（刑法179条1項）

1　総　論

　監護者わいせつ罪及び監護者性交等罪が新設された趣旨は、実親や養父等の監護者による18歳未満の者に対するわいせつ行為や性交等について、特定の性的行為の場面においては暴行、脅迫が認められず、抗拒不能にも当たらないため、改正前の刑法上の性犯罪として処罰することが困難であった事案について、監護者が、その影響力があることに乗じて18歳未満の者に対して

性的行為を行った場合について、罰則を設けたものである。したがって、13歳以上の者であっても、18歳未満の者であれば、性的行為が行われた場面における暴行、脅迫行為がなくとも、「現に監護する者であることによる影響力があることに乗じて」わいせつ行為が行われた場合には本罪が成立する。

　なお、13歳未満の者に対してわいせつ行為を行った場合は、このような要件を検討することなく強制わいせつ罪が成立するため、本罪の適用対象は、被害者が13歳以上18歳未満の場合となる。

　被害者の年齢ごとに、各性犯罪の類型を整理すると、次の図のようになる。なお、18歳未満の児童に対して性的行為を行った場合、児童福祉法違反や青少年保護育成条例違反等も併せて検討すべきことは、後述のとおりである。

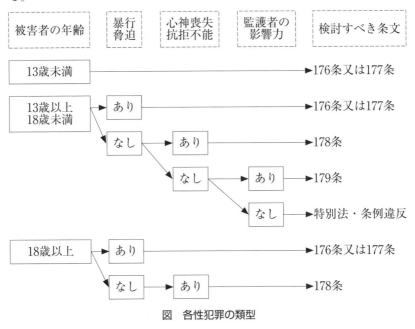

図　各性犯罪の類型

2　「現に監護する者」について

　「現に監護する者」とは、現にその者の生活全般にわたり、衣食住などの経済的観点や、生活上の指導監督などの精神的観点から、依存・被依存ないし保護・被保護の関係が認められ、かつ、その関係に継続性が認められるこ

とが必要と解されている。すなわち、法律上の監護権に基づかなくても、事実上、現に18歳未満の者を監督し、保護する者であれば「現に監護する者」に該当し、他方、親権者等であっても、実際に監護している実態がなければ、これに該当しない。

　具体的には、個々の事案において、諸般の事情を総合的に考慮して判断することとなるが、本件**事例2**のように同居していなくても、生活費等を支出するなど経済的観点における依存・被依存関係が認められ、また、週末などに帰宅した際や、平日は配偶者を介して電話やメール等で指導監督しているなど精神的観点における依存・被依存関係が認められる場合には、「現に監護する者」に該当すると考えられる。

3　「現に監護する者であることによる影響力があることに乗じて」について

　「現に監護する者であることによる影響力があることに乗じて」とは、「現に監護する者であることによる影響力」が一般的に存在し、当該行為時にも影響力を及ぼしている状態で、わいせつ行為等を行ったことをいう。行為者が「現に監護する者」であることが立証されれば、基本的には、行為時においてもその影響力があることに乗じていたことが認定できると考えられる。また、影響力を利用するための具体的な行為を認定する必要はないと解されている。

4　被害者の同意との関係について

　本罪の趣旨は、18歳未満の者は一般的に、精神的に未熟である上、経済的にも精神的にも監護者に依存しているところ、監護者がそのような依存・被依存、保護・被保護関係による影響力があることに乗じて18歳未満の者とわいせつ行為等をすることは、これらの者の性的自由などを侵すものであることから、罰則を新設したものである。このような趣旨から考えると、18歳未満の者がわいせつ行為等について同意していたと見られるような事情があるとしても、本罪の成立は妨げられない。

✓ 捜査のポイント

「現に監護する者」について、被害者が通う学校の教師や、被害者が所属するクラブの指導者などは、一般的には「現に監護する者」に当たらない場合が多いと考えられる。しかし、教師やクラブの指導者であっても、個別具体的な事情によっては、精神的・経済的に依存している関係にある場合も考えられよう。したがって、形式的に判断することなく、行為者と被害者との関係性や被害者の年齢などのほか、①同居の有無や居住場所に関する指定等の状況、②指導状況や身の回りの世話等の生活状況、③生活費の支出など経済的状況、④未成年者に関する諸手続等を行う状況、⑤これら状況の継続性などについても十分捜査を尽くし、「現に監護する者」に当たるかについて実質的に判断する必要がある。

また、教師等の立場や影響力の有無は、強制性交等罪における暴行・脅迫行為や、準強制性交等罪の抗拒不能状態の認定における重要な要素となり得るため、これら犯罪の成否も視野に入れて捜査をする必要がある。なお、参考のため、運動部監督による女子部員に対する準強制わいせつ事案の裁判例について、後述する。

さらに、18歳未満の児童に対して地位・関係性を利用して性行為等を行う場合は、児童福祉法の淫行をさせる罪（同法34条1項6号、60条1項）にも当たり得る。また、地位・関係性に基づく事実上の影響力の利用が認められない場合でも、各地方公共団体の青少年保護育成条例違反に当たる可能性もある。このように、18歳未満の被害者に対して性的行為が行われた場合は、刑法上の犯罪のみならず、特別法違反や条例違反による立件も視野に入れて捜査をする必要があることから、これら適用条文に関する理解も必須である。

加えて、被害児童の対応や保護なども適切に行うことができるよう、所管する部署や関係機関と連携して捜査に当たることが求められる。

5 参考裁判例（秋田地判平25.2.20公刊物未登載）

高校運動部の顧問兼監督である被告人が、女子部員4名（当時16歳から17歳）に対し、合計7回にわたり、部活動に伴う宿泊中ないしは練習中に、被害者らが被告人に逆らうことができない状態にあるのに乗じて、着衣の中に手を差し入れて乳房や陰部を弄ぶなどした事案。

公判で、弁護人は、一部につきわいせつ行為自体を否認し、その他は行為を認めた上抗拒不能に乗じたものではない旨主張した。しかし、裁判所は、わいせつ行為を認定した上、被害者らの抗拒不能に乗じたものか否かについて、①被告人が、被害者らが在籍していた高校の教員であるとともに運動部の顧問兼監督であり、両者は対等の関係に立つものではないことのほか、②被告人は部活動のみならず学校生活全般にわたり被害者らを指導しており、その指導は非常に厳しく、被告人の指示に従わない場合には練習を外されるなどしていたことや、③被害者らは、レギュラーの座を競り合う関係にあり、被告人の機嫌を損ねて練習に参加できなくなることがないよう、被告人の指示に反することはできないという強い意識を持っていたことなどに加え、④本件各行為時において繰り返し被告人が被害者に服を脱ぐよう迫った状況などの事情も併せ考慮し、抗拒不能の状態にあったと認定した。

③ 強制わいせつ罪（刑法176条）の「わいせつな行為」

1 「わいせつな行為」について

「わいせつな行為」とは、「徒（いたずら）に性欲を興奮または刺激せしめ、かつ、普通人の正常な性的羞恥心を害し、善良な性的道徳観念に反する行為」と解されている。具体的には、陰部や乳房、臀部への接触行為など身体的接触行為のほか、裸にして写真を撮影する行為など直接体に触れなくてもわいせつ行為に当たり得る。

2 わいせつな行為に当たるか否かの判断について

最大判平29.11.29（刑集71-9-467）は、「刑法176条にいうわいせつな行為に当たるか否かの判断を行うためには、事案によっては、当該行為が行われた際の具体的状況等の諸般の事情をも総合考慮し、社会通念に照らし、その行為に性的な意味合いがあるといえるか否かや、その性的な意味合いの強さを個別事案に応じた具体的事実関係に基づいて判断せざるを得ないことにな

る。したがって、そのような個別具体的な事情の一つとして、行為者の目的等の主観的事情を判断要素として考慮すべき場合があり得ることは否定し難い。しかし、そのような場合があるとしても、故意以外の行為者の性的意図を一律に強制わいせつ罪の成立要件とすることは相当ではない。」旨判示した。

　この事案は、被告人が、当時7歳の女児に対し、自己の陰茎を触らせ、口にくわえさせ、同児の陰部を触るなどした事案である。裁判所は、「知人から金を借りる際、金を貸す条件として被害児童とわいせつな行為をしてこれを撮影し、その画像データを送信するよう要求されたため行ったものであり、性的意図はなかった。」旨の被告人の主張は排斥できないとしつつ、上記行為について、「当該行為そのものが持つ性的性質が明確な行為であるから、その他の事情を考慮するまでもなく、性的な意味合いの強い行為として、客観的にわいせつな行為であることは明らかである。」旨判示した。

　上記判例は、わいせつ性の判断において一律に性的意図は不要としたものではなく、「個別具体的な事情の一つとして行為者の目的等の主観的事情を判断要素として考慮すべき場合があり得ることは否定し難い。」としつつ、行為者の主観を考慮するまでもなく客観的行為のわいせつ性が明白な場合には、行為者の性的意図が欠けていても強制わいせつ罪は成立し得るとしたものであることに留意する必要がある。なお、上記判例について、前田雅英「最新　刑事判例研究（第45回）」（捜査研究66-12-2）を参照されたい。

3　年少者に対するわいせつ行為について

　乳房への接触行為について、乳房が発達していない年少者であっても、性的意識が全く発達していないとはいえず、社会通念上も性的感情の侵害があると見られることから、乳房が未発達というだけではわいせつ行為にならないとはいえないと解されている。

4　参考裁判例（新潟地判昭63.8.26判時1299-152）

　被告人が、小学校のグラウンドで遊んでいた女児（当時7歳）を認め、同児に甘言を用いて誘い出し、同児を籾殻袋の上に座らせ、ポロシャツの前ボタンを外した上、そこから手を差し入れてその右乳部を多数回撫で回し、さらに、スカート内に手を差し入れてパンツの上からその臀部を撫でた事案。なお、被告人には、5歳から9歳の女児の陰部を手指で弄ぶなどした強制わ

いせつ罪等の複数の前科があった。

　公判で、弁護人は、「乳部も臀部も未だ何ら男児と異なるところはなく、その身体的発達段階と社会一般の通念からして、本件行為はわいせつ行為ということはできない。」旨主張した。しかし、裁判所は、「被害児童は、性的に未熟で乳房も未発達であって男児のそれと異なるところはないとはいえ、同児は、女性としての自己を意識しており、被告人から乳部や臀部を触られて羞恥心と嫌悪感を抱き、被告人から逃げ出したかったが、同人を恐れてこれができずにいたものであり、……一方、被告人は、同児の乳部や臀部を触ることにより性的に興奮をしており、そもそも被告人は当初からその目的で本件行為に出たものであって、この種犯行を繰り返す傾向も顕著であり、そうすると、被告人の行為は、強制わいせつ罪のわいせつ行為に当たるといえる。」旨判示した。

✓ 捜査のポイント

　年少者に対するわいせつ行為について、前記参考裁判例では、7歳の女児の乳部を撫で回すなどの行為がわいせつ行為と認定されたが、これは、被告人の性的傾向や、本件犯行時に陰茎が勃起するなど性的興奮状態にあったことのほか、被害児童は、「乳部を触られた際、気持ちが悪く、恐ろしくて泣き出したくなった。」旨供述し、被害後、祖母に「あのおじさん、エッチなおじさんなんよ。」などと言った言動なども考慮して判断したものと思われる。

　このように、特に年少者に対する行為がわいせつ行為に当たるかどうかは判断が困難な場合もあることから、形式的に判断することなく、被疑者の性的傾向、当該行為に至る経緯、当該行為の態様、被疑者の性的興奮の程度、犯行後の被疑者の言動、被害児童の被害時の心情や、被害後の周囲への言動なども十分捜査をし、適切に判断する必要がある。

　また、性的意図の有無について、前述のとおり、判例は、強制わいせつ罪において一律に性的意図を不要としたものではなく、客観的に見てわいせつな行為であることが明らかとまでは言い難い行為（例えば、単に接吻する行為や、裸体を写真撮影するにとどまる行為など）の場合には、被疑者の性的意図の有無が問題となるものと考えられることから、

従前のとおり、被疑者の性的意図の立証も意識した捜査を行う必要があると思われる。

設問6 住居侵入

集合住宅の共用部分への立入り等

─ 設 問 ─

　下記の事例が住居侵入に当たるかどうかを、理由を付けて説明しなさい。

事例　Aは、宝飾品を訪問販売する目的で、1階出入口扉にオートロック式の施錠設備が設けられ、同出入口扉を入って共用部分である1階ロビーを通らないと各住戸に行くことができない構造になっている5階建て分譲マンションに立ち入ろうと考え、同マンションの居住者Bがオートロックを外して同出入口扉から屋内に入ったのに続いて屋内に入ったが、1階ロビー内のエレベーター前まで来たところで、Aの行動に不審を感じたBにとがめられたため、同出入口扉から外に出て逃走した。なお、同マンションの共用部分は、区分所有者により構成される管理組合によって管理されているところ、同管理組合は、防犯や居住者の生活の平穏・プライバシーを守るなどの目的で、居住者と無関係の者が敷地内に立ち入ることを禁止し、「当マンションに関係のない方が、チラシ・パンフレット類を配布・投函したり、物品を販売するなどの目的で当マンションに立ち入ることを禁止します。管理組合」と記載した張り紙を同出入口扉に貼っており、Aはそのことを認識していた。

　Aが、同マンションの2階201号室に居住するCから宝飾品の購入を検討したいので同室に来てほしいとの要請を受け、Cの承諾の下、インターホンを通じてCにオートロックを外させて上記出入口扉から屋内に入り、1階ロビー内のエレベーターを使って2階に上がった上、同室に入ったが、同室でCとの商談を終えた後、他の居住者にも

宝飾品を販売したいと考えて、隣室である202号室の無施錠の玄関ドアを勝手に開けて同玄関内に入り、同室に単身居住するDから退去するよう求められたのに、しばらく玄関内にとどまってDに宝飾品購入を勧めた場合はどうか。

——設問のポイント——

1　住居（邸宅等）侵入罪の構成要件

住居（邸宅等）侵入罪は、「正当な理由がないのに」、「人の住居若しくは人の看守する邸宅、建造物若しくは艦船に侵入し」た場合に成立する。事例前段・後段では、「住居（又は邸宅）」及び「侵入」の該当性が問題となる。

2　集合住宅の共用部分への立入り

事例前段は、集合住宅の共用部分への立入りが住居侵入に当たるかどうかを問うものである。

刑法130条前段の「住居」とは、人の起臥寝食に日常使用される場所をいうものとされている。集合住宅の各住戸は、居住者の起臥寝食に日常使用されていることから住居といえるが、共用部分は、その部分だけで独立して住居であるとはいえない。共用部分が各住戸と一体となって「住居」といえる場合があるとしても、「住居」といえるかどうかは利用状況や管理状況等によって異なると考えられる。

また、刑法130条前段の「侵入し」について、判例は、人の住居若しくは人の看守する邸宅等に、管理権者の意思に反して立ち入ることとしている（最判昭58.4.8刑集37-3-215）。共用部分への立入りが「侵入」といえるかどうかは、その立入りが管理権者の意思に反するかどうかを具体的に考察する必要がある。

3　一部居住者の承諾に基づく共用部分への立入り等

事例後段は、居住者の一部が集合住宅の共用部分への立入りを承諾していた場合、共用部分や住戸への立入りが住居侵入に当たるかなどを問うものである。ここでも、管理権者が誰であるのかに留意しながら、管理権者の意思に反する立入りといえるかを具体的に考察する必要がある。

——解　答——

事例前段—住居（又は邸宅）侵入に当たる。

　Aが立ち入った5階建て分譲マンション（以下「本件マンション」）の1階ロビーは、オートロック式の施錠設備が設けられた本件マンション1階出入口扉を入った建物内部に位置し、本件マンションの居住者と無関係の者は自由に立ち入ることができない場所にある上、そこを通らなければ各住戸に行けない構造になっており、各住戸と一体的に利用されていると考えられる。また、同1階ロビーを含む本件マンションの共用部分は、居住者らが区分所有者として構成する管理組合によって管理されている。このようなことからすると、同1階ロビーについては、各住戸に付随し、居住者らが管理組合を通じて利用、管理する場所といえることから、各住戸と一体のものとして「住居」に当たると考えてよいと思われる。この点、本件マンションの共用部分を管理するのは、あくまで各住戸の居住者とは別個の管理組合であることを重視し、共用部分を各住戸と一体のものとみることはできないと考えた場合、「住居」には当たらないことになろうが、そのように考えたとしても、同1階ロビーは、居住用建物である本件マンションの一部であり、管理組合の管理する場所であることから、「人の看守する邸宅」には当たることになると思われる。

　Aが、宝飾品を訪問販売する目的で、本件マンションの居住者Bがオートロックを外して1階出入口扉から屋内に入ったのに続いて屋内に入り、同1階ロビー内のエレベーター前まで立ち入った行為は、居住者と無関係の者が物品を販売するなどの目的で立ち入ることを禁じた管理組合の意思に反するものであることが明らかであるから、「侵入」に当たる。

　したがって、Aが同1階ロビーに立ち入った行為は、住居（又は邸宅）侵入に当たると考えられる。

事例後段—共用部分への立入りは住居侵入に当たらないが、202号室玄関内への立入りは住居侵入に当たる。

　Aは、本件マンション2階201号室に居住するCから、宝飾品の商談のための来訪要請を受け、Cの承諾の下、インターホンを通じてCにオートロックを外させて1階出入口扉から屋内に入り、共用部分である1階ロビー等に立ち入っている。既に述べたとおり、同1階ロビーは住居（又は人の看守す

る邸宅）に当たるところ、共用部分の管理権者である管理組合が、居住者と無関係の者の立入りを禁止した趣旨は、防犯や居住者の生活の平穏・プライバシーを守ることなどにあり、商談のため居住者から来訪を要請され、その承諾を得た上で当該居住者の住戸を訪問する目的による立入りまで禁止することはその趣旨に含まれていないと考えられるから、Aが居住者であるCの承諾を得て共用部分である同1階ロビー等に立ち入ったことは、管理権者である管理組合の意思に反する立入りとはいえず、「侵入」には当たらない。

　しかしながら、Aは、Cの居住する201号室でCとの商談を終えた後、他の居住者にも宝飾品を販売したいと考えて、隣室である202号室の無施錠の玄関ドアを勝手に開けて同玄関内に入っている。同室は、単身居住するDが起臥寝食に使用する「住居」であり、その管理権者は、管理組合ではなく居住者D自身であるところ、Aが同玄関内に立ち入ったことについては、防犯や居住者の生活の平穏・プライバシーを守るなどの目的で、居住者と無関係の者の建物内への立入りが管理組合によって禁止されており、Dにとって、何ら関係のないAが宝飾品販売の目的でDの居住する202号室内に立ち入ることは想定外の事態であるといえることや、Aが同玄関内に立ち入った後にDが現実にAに退去を求めていることからすると、それがDの意思に反する立入りであったことは明らかであり、「侵入」に当たると考えられる。

　したがって、Aが本件マンションの共用部分に立ち入った行為は、住居（又は邸宅）侵入に当たらないが、202号室の玄関内への立入りは、住居侵入に当たると考えられる。

―― 解　説――

1 保護法益、「住居」「侵入」該当性について

1　保護法益

　刑法「第12章　住居を侵す罪」の保護法益については、基本的に個人的法益であると解されているところ、その内容については、大別して、(1)住居権と考える住居権説、(2)住居の事実上の平穏と考える平穏説、(3)住居に他人の立入りを認めるか否かの自由、あるいは、住居における管理支配の自由と考える新住居権説の3つの説がある。判例は、「住居侵入罪の保護すべき法律

上の利益は、住居等の事実上の平穏であり、居住者又は看守者が法律上正当
な権限を有するか否かは犯罪の成立を左右するものではない」（最判昭
49.5.31裁判集刑192-571）、「建物の囲繞地を刑法130条の客体とするゆえん
は、まさに右部分への侵入によって建造物自体への侵入若しくはこれに準ず
る程度に建造物利用の平穏が害され又は脅かされることからこれを保護しよ
うとする趣旨にほかならないと解されるからである」（最判昭51.3.4刑集30-
2-79）と判示し、住居の事実上の平穏を保護法益と解していると考えられて
いた。ところが、その後の前記最判昭58.4.8は、刑法130条前段の「侵入」に
ついて、「他人の看守する建造物等に管理権者の意思に反して立ち入ること
をいうと解すべきである」と判示しており、新住居権説を採用したと理解す
ることが可能であると思われる。もっとも、住居の平穏を害するような立入
りと、管理権者の意思に反する立入りは、かなりの部分で重なり合うと思わ
れ、(2)の平穏説、(3)の新住居権説のいずれを採用しても、結論において大き
な違いはないであろう。

2　住居の意義、集合住宅の共用部分の住居該当性

　刑法130条前段は、正当な理由がないのに、「人の住居若しくは人の看守す
る邸宅、建造物若しくは艦船に侵入し」た者は、3年以下の懲役又は10万円
以下の罰金に処するとしている。「住居」とは、既に述べたとおり、人の起
臥寝食に日常使用される場所であるところ、居住者の管理下にあることが前
提となっているから、「人の看守する」という要件は必要とされていない。
客体が住居に当たらず、邸宅、建造物、艦船である場合は、「人の看守す
る」という要件を充たす必要がある。

　集合住宅については、その全体を1つの住居と考える必要はなく、建物内
の区画された各住戸は他の部分と独立して住居に当たるし、専用部分のベラ
ンダやバルコニーについては、それ自体は人の起臥寝食に日常使用されてい
るとはいえないが、居室部分と一体となって住居に当たると考えられる。

　集合住宅には、本件マンションのような分譲マンションのほか、賃貸マン
ション・アパートや、住戸部分と貸店舗等が併存する雑居ビル等様々な形態
のものが考えられる。また、本件マンションのようにオートロック式の施錠
設備を設けている集合住宅がある一方で、そのような設備が設けられていな
い集合住宅も多く、無関係の者の立入りをどの程度防止する管理状況にある

のかについても、集合住宅ごとに違いがある。いわゆる共用部分について
も、ロビー、階段、通路、エレベーター、屋上等様々なものがあり、それぞ
れ利用や管理の形態が異なり得る。

　事例のような分譲マンションの共用部分であれば、利用状況や管理状況等
に照らし、住居といえる場合が多いように思われる。例えば、居住者らで構
成される管理組合が管理している分譲マンションの通路や階段等について
は、管理組合によって居住者と無関係の者の利用が制限され、専ら居住者ら
が各住戸に至る経路等として共同して利用しているのであれば、各住戸と一
体となって住居といえると思われる（仮に、各住戸と一体のものとみること
はできないと考えても、管理組合の管理する場所であり、「人の看守する邸
宅」には当たるであろう。）。他方で、住戸部分と貸店舗等が併存する賃貸住
宅の通路やエレベーター等については、店舗の客といった一般人の出入りが
自由であれば、人の看守する邸宅又は建造物に当たる余地があるとしても、
住居には当たらないであろう。

3　侵入の意義、集合住宅の共用部分への立入りが侵入に当たるか

　既に述べたとおり、判例は、刑法130条前段の「侵入し」を、「管理権者の
意思に反して立ち入ること」としており、侵入に当たるかどうかを判断する
には、まずは管理権者を特定する必要がある。

　集合住宅の各住戸については、そこに住む居住者が管理権者になるが、共
用部分については、一律に決まるものではない。本件マンションのような分
譲マンションの共用部分については、区分所有者で構成される管理組合が管
理権者であるのが一般的であるが、管理組合が管理会社に管理全般を委ねて
いる場合も考えられるし、分譲が完了する前の段階であれば、分譲業者側に
管理権が留保されている場合も考えられる。また、賃貸マンション・アパー
トや、住戸部分と貸店舗等が併存する雑居ビルであれば、建物所有者（賃貸
人）や管理会社が管理権者である場合が一般的であると思われる。

　集合住宅の共用部分のうち、各住戸に至るまでの通路や階段等について
は、新聞受けにチラシ・パンフレット類を配布・投函する目的や、物品の購
入や新聞雑誌の購読を勧めたり、宗教・政治団体等への加入を勧めたりする
ため戸別訪問をする目的で立ち入るなど、居住者と無関係の者が様々な目的
で立ち入ることが考えられる。このような立入りが「侵入」といえるかどう

かについては、管理権者の意思に反するかどうかが基準となるが、事例前段のように、管理権者である管理組合が、居住者と無関係の者が共用部分に立ち入ることを明示的に禁止しているような場合は、居住者と無関係の者の立入りの多くが管理権者の意思に反することになろう。立入りの態様が、オートロック式の施錠設備を設けているセキュリティチェックの厳しい集合住宅であり、他の居住者がオートロックを外して屋内に入ったのに続いて屋内に入るようなものであれば、なおさら、管理権者の意思に反する度合いは強いといえよう。

　しかしながら、管理権者である管理組合が、居住者と無関係の者が共用部分に立ち入ることを明示的に禁止しているような場合であっても、事例後段のように、居住者の一部がその者の共用部分への立入りを承諾していたような場合は、その立入りが管理権者の意思に反するとは必ずしもいえない。居住者以外の立入りが厳しく制限されている学生寮のような場合を除いて、立入りを承諾した当該居住者の住戸を訪問する目的であれば、通常は、その住戸を訪問するまでの経路となっている共用部分への立入りは、管理権者の意思に反しないことになると思われる。もっとも、共用部分に立ち入ったことを奇貨として、立入りを承諾していない別の居住者の住戸に立ち入った場合に住居侵入が成立し得ることは当然である。

　事例前段では、既に述べたとおり、Aの立入りは住居（又は邸宅）侵入に当たると考えられるが、Aが本件マンションの敷地内に立ち入ったものの、マンション建物内に入らないまま立ち去った場合はどうであろうか。Aの立ち入った本件マンションの敷地部分が門扉や塀等により外部と区別されている囲にょう地であるとした場合、その敷地部分は、建物に付属するものとして、住居（又は人の看守する邸宅）の一部に当たると考えてよい。したがって、そのような場合、管理権者である管理組合の意思に反する立入りといえれば、住居（又は邸宅）侵入に当たることになろう。

4　参考裁判例

(1)　分譲マンションの共用部分への立入りにつき、刑法130条前段の罪が成立するとしたもの

　最判平21.11.30（刑集63-9-1765、判タ1331-79）は、共産党のビラを各住戸に配布する目的で、分譲マンションの共用部分である玄関ホール、エ

レベーター、7階から3階までの各階廊下、外階段に立ち入った事案につき、「本件立入り行為が本件管理組合の意思に反するものであることは明らかであり、……本件立入り行為について刑法130条前段の罪が成立するというべきである」と判示した。この判決は、被告人が立ち入った各共用部分について、「住居」、「邸宅」、「建造物」のいずれに該当するのかについて明らかにしていないが、原審の東高判平19.12.11（東時58-119、判タ1271-331）、第1審の東地判平18.8.28（刑集63-9-1846）は、いずれも「住居」に該当するとしている。

(2)　**公務員宿舎の1階出入口から各室玄関前までの部分等が「人の看守する邸宅」に当たるとして、邸宅侵入を認めたもの**

　最判平20.4.11（刑集62-5-1217、判タ1289-90）は、自衛隊のイラク派兵反対などと記載したビラを各室に投函する目的で、防衛庁立川宿舎の敷地内に立ち入った上、各号棟の1階出入口から4階の各室玄関前まで立ち入った事案につき、「立川宿舎の各号棟の構造及び出入口の状況、その敷地と周辺土地や道路との囲障等の状況、その管理の状況等によれば、各号棟の1階出入口から各室玄関前までの部分は、居住用の建物である宿舎の各号棟の建物の一部であり、宿舎管理者の管理に係るものであるから、居住用の建物の一部として刑法130条にいう『人の看守する邸宅』に当たるものと解され、また、各号棟の敷地のうち建築物が建築されている部分を除く部分は、各号棟の建物に接してその周辺に存在し、かつ、管理者が外部との境界に門扉等の囲障を設置することにより、これが各号棟の建物の付属地として建物利用のために供されるものであることを明示していると認められるから、上記部分は、『人の看守する邸宅』の囲にょう地として、邸宅侵入罪の客体になるものというべきである」と判示し、邸宅侵入を認めている。この判決は、集合住宅のいわゆる共用部分が「人の看守する邸宅」に当たるとしたものであるが、防衛庁契約本部（当時）等の国の機関が管理権者である公務員宿舎の事案に関するものであり、民間の分譲マンションとは管理権者や管理形態等が異なることから、この判決の射程が本件のような分譲マンションの共用部分についてまで及ぶとは必ずしもいえないであろう。

✓ 捜査のポイント

1 住居侵入事案の一般的な捜査事項について

住居侵入事案については、まずは、防犯カメラ映像等客観的な証拠の確保・収集のほか、目撃者からの事情聴取、被疑者取調べ等により、被疑者がその場所に立ち入った行為を具体的に解明する必要がある。近年、建物出入口やエレベーター等に防犯カメラが設置されている集合住宅が増えているように思われるが、時間の経過等によりその映像が消失したり削除されたりしないように、速やかにこれを確保すべきである。実務上、捜査官が防犯カメラの動画映像を確認し、再生画面を写真撮影したのみで、映像データを押収しない取扱いをする場合もあると思われるが、映像データがないとその後に画像鑑定が必要となったときなどに支障を来すことになることから、映像データはできる限り押収しておくべきであろう。

被疑者が立ち入った場所の客観的状況を明らかにするとともに、その場所の利用状況や管理状況を明らかにするため、現場の実況見分を実施したり、管理権者や居住者から事情聴取を行うことも重要である。被疑者が敷地内には入ったものの建物内に入っていない場合であれば、立ち入った場所が、門扉や塀等により外部と区別されている囲にょう地であるかどうかについても明らかにする必要がある。

また、被疑者が、外形的な立入り行為を認めながらも、立入りに「正当な理由」があったと主張したり、「立入りは許されていると思っていた」として侵入の故意を否認するような場合も想定されるので、被疑者のなし得る弁解を念頭に置いた上で、被疑者から立入りの動機・目的を聴取するとともに、その裏付捜査等を行うことも重要であると思われる。

2 集合住宅の共用部分への立入りが問題となる場合について

集合住宅の共用部分への立入りが住居（又は邸宅等）侵入に当たるというためには、被疑者の立ち入った場所が、住居（又は人の看守する邸宅等）といえる必要があるところ、集合住宅の共用部分については、ロビー、階段、通路、エレベーター等様々なものがあり、いずれもその部分のみで「住居」に当たるとは言い難い。しかしながら、既に述べたと

おり、共用部分については、利用状況や管理状況等に照らし、住居（又は人の看守する邸宅）に当たる場合が考えられるので、現場の実況見分や、管理権者や居住者からの事情聴取により、当該集合住宅の構造や利用・管理状況を明らかにすることが重要である。

また、「侵入」は管理権者の意思に反する立入りであるから、立ち入った場所が住居であろうと人の看守する邸宅であろうと、侵入罪の成否は、管理権者の意思によって決まることになるため、管理権者を特定するとともに、管理権者の意思を明らかにすることが肝要である。分譲マンションの共用部分については、通常は区分所有者で構成される管理組合が管理権者であるが、分譲の段階によって管理権者が異なり得ると思われるし、管理組合が管理会社に管理を全面的に委託している場合もあると思われることから、管理権者を特定してその意思を明らかにするため、管理組合の役員から事情聴取をしたり、管理規約や総会議事録等を入手することなどが考えられる。公務員宿舎の場合であれば、その管理担当者から事情聴取をすることが考えられるし、賃貸マンションや、住戸部分と貸店舗等が併存する雑居ビルであれば、建物所有者（賃貸人）や管理会社の担当者等から利用・管理状況等について事情聴取をする必要があろう。

集合住宅の共用部分については、管理権者によって居住者と無関係の者の立入りが基本的に禁止されている場合であっても、居住者自身や居住者を訪問する知人らだけでなく、宅配業者や新聞配達員等の立入りが許されている場合もあることから、被疑者が、正当な目的による立入りであると主張したり、管理権者の意思に反するとの認識がなかったと弁解することが十分考えられる。そのような場合、被疑者から立入りの動機・目的を聴取するなどしてこれを明らかにすることに加え、居住者と無関係の者の立入りを禁止している趣旨や、そのことを外部に明示する手段をとっているかどうかなどについても明らかにする必要があろう。例えば、張り紙を出入口に貼って立入り禁止の趣旨を明示している場合は、張り紙が貼られている状況を写真撮影等により証拠化したり、作成者から事情聴取をするなどして、立入り禁止の趣旨を明らかにするとともに、張り紙の大きさや内容、貼った場所、訪問者等への周知状況等を明らかにすることが考えられよう。

Ⅲ　秘密・名誉に対する罪

設 問 7

名誉毀損

設 問

　以下の事例において、甲に名誉毀損罪が成立するかどうか、判例の立場に従って理由を付けて説明しなさい。

事例　甲は、自宅の縁側軒下から炎が立ち上がっていることに気付いて消火するため縁側に向かった際、その先の裏口から駆け足で出ていく人物を見た上、その後ろ姿の特徴から、同人物が自己及び近隣住民との間でトラブルが絶えなかった知人の乙と思い込んだ。なお、乙は、事件当日、県外に滞在しており、甲方に放火をしていなかった。

1　甲は、直ちに自宅にいた妻、長女及び次女の3名に対し、「俺は乙が逃げていくのを確実に見た。やつが放火犯に違いない。俺はやつを捜す。他の家も危ない。やつが家に放火したと近所に言って回って一緒に捜してもらえ。」と発言した。妻、長女及び次女の3名は、約1時間以内に、近隣住民方を手分けして回り、30名に対し、「乙が家に放火したから気を付けた方がいい。甲と一緒に乙を捜してほしい。」と言った。

2　甲は、翌日、自己がインターネット上に開設したホームページに、乙の顔写真と共に、「乙は、我が家に放火した凶悪犯です。現在、逃走中の模様。危険人物です。乙を見かけたら、このホームページに書き込んで居場所を私に教えてください。」などと掲載した。

——設問のポイント——

事例1は、刑法230条1項で規定された名誉毀損罪（以下「本罪」という。）における「公然」の意義をどのように捉えるのかを問うものである。

判例は、本罪における「公然」とは、不特定又は多数人が認識できる状態をいうとしつつ、事実摘示の相手方が特定かつ少数人であっても、伝播して間接的に不特定又は多数人が認識できる状態になる場合も含むとしている。

事例1及び事例2は、いずれも公共の利害に関する場合の特則（刑法230条の2、以下「特則」という。）にいう「真実であることの証明」がなかった場合、行為者を罰しない余地がないのか、いわゆる真実性の錯誤（誤信）の処理を問うものである。

判例は、行為者がその事実を真実であると誤信し、その誤信したことについて確実な資料・根拠に照らし相当の理由があるときは、名誉毀損罪は成立しないとしている。また、判例は、相当の理由の存否を判断するに際し、事実摘示の方法がインターネットを利用したものでも他の表現手段を利用したものでも区別して考える必要はないとしている。

——解　答——

事例1及び事例2—いずれも名誉毀損罪が成立する。

まず、甲が、妻、長女及び次女に対し、「乙が放火犯に違いない。他の家も危ない。やつが家に放火したと近所に言って回って一緒に捜してもらえ。」と発言（以下「第1行為」という。）した際、その相手方が3名にすぎず、特定かつ少数人ではある。しかし、妻ら3名は、第1行為に従い、不特定又は多数人の近隣住民に対し、乙が放火犯であることを伝えなければ、その警戒や捜索依頼の理由が説明できない以上、第1行為時には乙が放火犯である旨の事実が不特定又は多数人に伝播する可能性があったと認められ、「公然」と事実を摘示した場合に当たる。

また、甲が、ホームページに乙の顔写真と共に「乙は、我が家に放火した凶悪犯です。現在、逃走中の模様。危険人物です。乙を見かけたら、このホームページに書き込んで居場所を私に教えてください。」などと掲載した（以下「第2行為」という。）ことにより、第2行為時には乙が放火犯である旨の事実が不特定又は多数人の認識できる状態になったことは明らかであ

り、「公然」と事実を摘示した場合に当たる。

　次に、甲は、乙が放火犯である旨誤信していると認められる。しかし、仮にそうだとしても、その誤信の資料・根拠は、自宅裏口から駆け足で出ていく人物の後ろ姿が乙に似ていたことと自己とのトラブルが絶えなかったことだけであり、それ以上の調査をせず、一方的に乙が放火犯であると決めつけていることからすれば、前記誤信について確実な資料・根拠に照らし相当の理由があったとは認められない。

　以上から、第1行為及び第2行為は、それぞれ名誉毀損罪が成立するが、甲の継続的な犯意に基づき連続的に実行されたものであると認められるため、包括一罪の関係に立つと解される。

――解　説――

1 名誉毀損罪の構成要件該当性等

1　客　体

　本罪の客体は、人の名誉である。判例は、名誉について、外部的名誉、つまり人に対する社会的評価と解している（大判昭8.9.6刑集12-1590）。社会的評価は、本来あるべき評価（規範的名誉）と社会で現実に通用している評価（事実的名誉）に区別されるが、刑法230条では、「その事実の有無にかかわらず」本罪の成立を認めることとしており、たとえ偽りの評価（虚名）であっても本罪の客体になると解される。

　ただし、経済的信用は、信用毀損罪（刑法233条）で保護の対象となるから、本罪の客体にはならないと解される。

　本罪にいう「人」について、判例は、自然人以外に法人等の団体を含むとしている（大判大15.3.24刑集5-117）が、個人として特定されることを要するとし、例えば、「東京市民」、「九州人」といった漠然としたものでは足りず（大判大15.3.24刑集5-117）、少なくとも他の事情とあいまって特定人と推知される必要があるとしている（最判昭28.12.15刑集7-12-2436等）。

2　行　為

　本罪の行為は、公然と事実を摘示して人の名誉を毀損することである。

(1)　公然性（伝播性理論）

判例は、「公然」の意義について、摘示した事実が不特定又は多数人の認識し得る状態と解しており（大判昭6.6.19刑集10-287等）、「不特定」とは相手方が限定されていないこと、「多数人」とは相手方が特定されているが、その数が多数であることをいう。この点、判例は、労働組合の執行委員会で名誉毀損的発言をした事案について、発言の相手方が特定されていても25名を下らない人数であることを理由に公然性を認めている（最判昭36.10.13刑集15-9-1586）。

ところで、本罪は、事実の摘示により人の社会的評価を低下させる行為を処罰するものであり、その低下の程度を現実に測定することはできないことから、判例は、本罪を抽象的危険犯と解しながら（大判昭13.2.28刑集17-141）、摘示の相手方が特定かつ少数人の場合であっても不特定又は多数人に伝播する可能性がある場合、公然性を認める立場（伝播性理論）を採用している（大判昭3.12.13刑集7-766等）。例えば、判例は、自宅でXの実弟ほか2名に、次いでX方でその妻、近隣住民ら3名に、それぞれ「Xは放火犯である。」と言った事案について、不特定又は多数人に伝播する可能性があったことを理由に公然性を認めている（最判昭34.5.7刑集13-5-641等）。

これに対し、判例は、出席者8名の役員会でYの名誉毀損的発言をした事案について、当該出席者には秘密を保持する義務があり、不特定又は多数人に伝播する可能性がなかったことを理由に公然性を認めていない（大判昭12.11.19刑集16-1513）。また、判例は、事件担当検事及び検察事務官2名が在室する取調室で自己を告訴したZの名誉毀損的発言をした事案でも、前同様、公然性を認めていない（最決昭34.2.19刑集13-2-186）。

(2)　事実の摘示

摘示の方法は、口頭、文書、図画、写真等いかなるものであるかを問わない。

判例は、事実の摘示の有無により本罪と侮辱罪（刑法231条）を区別するところ、その摘示した事実は、人の社会的評価を低下させるに足る具体的なものである必要があり、単なる価値判断、評価にわたるものを含まないとしており、摘示した事実が具体的なものでなく、単なる価値判断、評

価にわたる場合は、侮辱罪の成否が問題となる（大判大15.7.5刑集5-303）。ただし、判例は、摘示した事実が噂、風聞であってもよく（最決昭43.1.18刑集22-1-7）、また、公知のものであってもよいとしている（大判昭9.5.11刑集13-598）。そして、例えば、判例は、摘示した事実の時期、場所、手段等の精密な特定は不要であり、「選挙のときに何か不正をして警察に1週間も放り込まれたような人々を町内の衛生委員にしたくない」との程度にとどまる記事の掲載であっても、「事実の摘示」に該当するとしている（大判昭7.7.11刑集11-1250）。

　なお、特則の適用がない場合を除いて、その事実は真実であってもよく、虚偽である必要はない（ただし、摘示の対象が死者に関わる場合は、虚偽である必要がある（刑法230条2項）。）。

(3)　**毀損（既遂時期）**

　判例は、本罪を抽象的危険犯と解しつつ、本罪にいう「毀損した」というためには、人の社会的評価を低下させるに足る行為があればよく、その評価の低下が現実に発生することは不要であり、その評価を低下させるに足る具体的事実が摘示された時点で本罪は既遂に達するとしている（大判昭13.2.28刑集17-141）。

3　故　意

　本罪の故意として、判例は、人の社会的評価を低下させるに足る具体的事実を不特定又は多数人が認識し得る方法で摘示することについての認識、認容があれば足り、人の社会的評価を低下させる意図、目的を持っていることは不要としている（大判大6.7.3刑録23-782、大判昭13.7.14刑集17-608等）。

4　刑法230条の2（特則）

(1)　**趣旨（挙証責任の転換）**

　特則は、憲法21条の表現の自由、知る権利と名誉の保護との調和を図るため、①行為が公共の利害に関する事実に係り、かつ、②目的が専ら公益を図ることにあって、③当該事実が真実であることの証明（以下「真実性の証明」という。）があった場合は、行為者を罰しない（1項）とするものである。また、公訴提起に至っていない犯罪行為は、①の事実とみなし（2項）、さらに、本罪の行為が公務員又は公選による公務員の候補者に関する事実に係る場合は、①と②の証明を不要とする。

　特則は、行為者（被告人）側に真実性の証明等に関する挙証責任を転換するものといえる。

(2)　**要　件**

　ア　公共の利害に関する事実

　　　「公共の利害に関する事実」というためには、社会一般の利害に関係することで足り、その事実自体が公共性を有することまでは不要である一方、公共性のある事実を評価、判断するための一資料になり得ることをいう。そして、判例は、私生活上の行状であっても、その携わる社会的活動の性質や、社会に及ぼす影響の程度等によっては社会的活動に対する評価、判断するための一資料として公共の利害に関する事実に該当する場合があるとしている（最判昭56.4.16刑集35-3-84）。

　イ　目的の公益性

　　　「目的が専ら公益を図ることにあった」とは、その事実を摘示した主たる動機、目的が公益を図ることにある場合をいい、複数の裁判例も同様に解し（福岡高判昭50.1.27刑月7-1-14、東京高判平22.12.24東高刑時報61-1-12-344）、その摘示方法や事実調査の方法・程度等が公益目的の有無を判断する際の事情となる（最判昭56.4.16刑集35-3-84）。

　ウ　真実性の証明

　　　真実性の証明は、行為者が自ら摘示した事実を対象とし、それが真実であることの証明をしない限り処罰を免れないとするものである。複数の裁判例は、その証明の程度について、単なる証拠の優越ではなく、合理的な疑いを容れない程度としている（東京高判昭28.2.21高刑6-4-367、東京高判昭46.2.20高刑24-1-97等）。

　エ　真実性の錯誤（誤信）

　　　真実性の錯誤とは、真実性の証明がない場合でも、行為者がその事実を真実であると誤信している場合をいう。

　　　このような誤信がある場合、行為者を不処罰とすることは可能か、特則の法的性格（不処罰根拠）の理解に関連して争いがあり、当初、判例は、犯罪が成立し処罰のみが阻却されるにすぎないとする考え方

に立脚し（最判昭34.5.7刑集13-5-641）、行為者を不処罰とする理論構成を採用することについて消極的な姿勢であった。

　しかし、判例は、これを変更し、真実性の証明がない場合であっても、「誤信したことについて、確実な資料・根拠に照らし相当の理由があるときは、犯罪の故意がなく、名誉毀損の罪は成立しないものと解するのが相当である。」と判示するに至り（最判昭44.6.25刑集23-7-975）、例えば、継続中の刑事事件の被告人が無罪であることに加え、有罪判決を言い渡した第一審裁判長が外国権力の圧力に屈したものと信じてその名誉を毀損した事案について、その誤信が同事件の一方当事者の主張等断片的で客観性のない資料・根拠に基づくときは、誤信について相当な理由があるとはいえないとしている（最決昭46.10.22刑集25-7-838）。

　また、判例は、インターネットを利用した名誉毀損事案について、インターネットの発達に伴って表現行為を取り巻く環境が変更していることを考慮すれば、より緩やかな要件で本罪の成立を否定すべきものとする被告人側の主張に関し、真実性の錯誤があるとしながらも、「（インターネット上での表現を）閲覧者において信頼性の低い情報として受け取るとは限らない……相当の理由の存否を判断するに際し、これを一律に、個人が他の表現手段を利用した場合と区別して考えるべき根拠はない……インターネット上に載せた情報は、不特定多数のインターネット利用者が瞬時に閲覧可能であり、これによる名誉毀損の被害は時として深刻なものとなり得ること、一度損なわれた名誉の回復は容易ではなく、インターネット上での反論によって十分にその回復が図られる保証があるわけでもない……インターネットの個人利用者による表現行為の場合においても、他の場合と同様……確実な資料・根拠に照らして相当の理由があると認められるときに限り、名誉毀損罪は成立しないものと解するのが相当であって、より緩やかな要件で同罪の成立を否定すべきものとは解されない。」と判示し、前記主張を排斥している（最判平22.3.15刑集64-2-1）。

5　罪　数

　本罪は、被害者ごとに一罪が成立し、それが1個の行為で実行されれば、

複数の本罪の観念的競合になるが、同一人の名誉毀損行為が連続して実行された場合は、行為者の犯意の継続性、行為の連続性等を考慮し、（包括）一罪の関係に立つ場合があると解される（前田雅英『刑法各論講義〔第6版〕』126頁（東京大学出版会、2015））。

6　告訴期間の起算日について

　刑訴法235条1項は、「親告罪の告訴は、犯人を知った日から6箇月を経過したときは、これをすることができない。」と規定する。ここでいう「犯人を知った日」について、判例は、告訴権者が犯罪の継続中に犯人を知ったとしても、その日は親告罪の告訴期間の起算日にならず、同起算日は、犯罪行為終了の日になるとしている（最決昭45.12.17刑集24-13-1765）。

　他方、判例は、前記2(3)のとおり、本罪は公然と名誉毀損行為をした時に既遂に達するとしているため、被害者が犯人を知りさえすれば、その日が告訴期間の起算日になるように思える。この点、本罪を状態犯（既遂に達すると犯罪が終了する性質の犯罪）ではなく継続犯（既遂に達しても法益侵害状態が続く限り犯罪が終了しない性質の犯罪）と解すれば、法益侵害状態が解消されるまでは犯罪が終了せず、告訴期間は進行しないと解する余地が出てくるが、裁判例が、名誉毀損罪を状態犯と解するのか継続犯と解するのか明らかではない。ただし、他人の名誉を毀損する記事をインターネット利用者らに閲覧可能な状態に設定したことにより本罪が成立すると認められる事案について、その設定時に本罪の犯行が既遂に達するが、その記事が削除されない状態が続けば、「被害発生の抽象的危険が維持されているといえるから、このような類型の名誉毀損罪においては既遂に達した後も、未だ犯罪は終了せず、継続している。」とした上、犯人がホームページ管理者に記事の削除を申し入れた時まで犯罪は終了していなかったとし、この前に告訴権者が犯人を知ったとしても、その日は告訴期間の起算日にはならないとする裁判例（大阪高判平16.4.22判タ1169-316）がある。

☑ 捜査のポイント

　以上を踏まえ、名誉毀損罪に関して留意すべき主な捜査事項は以下のとおりである。

1　捜査の端緒、初動捜査等

　本罪は、親告罪（刑法232条）であり、通常、被害者又はその代理人弁護士（以下「被害者側」という。）からの告訴状提出等いわゆる告訴相談をもって捜査を開始することが多いと考えられる。その際、被害者側から、本罪の客観的構成要件該当性判断に必要な証拠（例えば、犯行時の会話・演説等の録音媒体、チラシ・書籍等の文書、インターネットの掲載記事に関するデータ等）の提出があるだろう。ただし、他人の醜聞、噂話等はどうしても広まりやすいという、その性質に照らし、当該判断に必要な証拠が被害者側の知っている以上に拡散している可能性があることから、摘示の態様が、口頭型の場合は、相手方からの聴取を、文書配布型の場合は、配布先からの聴取を、インターネット掲載型の場合は、その運営管理者等からの聴取を、速やかに実施すべきであろう。

　なお、本罪の告訴相談は、名誉毀損を不法行為とする損害賠償請求、発行差止請求等の訴訟提起と同時並行で進められるケースがしばしば見られるため、そのようなケースでは、同訴訟の進捗状況（決定・判決結果）、取り分け対立当事者（被告）から提出された主張書面や反証に関する証拠（写し）の提出を求めるか、同訴訟係属裁判所に記録の閲覧謄写を照会するなどして、幅広い証拠収集に努めるべきであろう。

2　犯人の特定

　名誉毀損事件では、民事裁判に発展するケースもしばしば見られることから、告訴相談があった時点で被害者側が既に犯人（被告訴人）を特定しているケースも多いであろう。

　しかし、インターネットを利用した事案では、その匿名性を悪用し、犯人がいわば覆面をかぶって、時には他者を踏み台にして（いわゆる遠隔操作をして）公然と犯行に及んでいるようなものであるから、被害者側において、何者が犯人か明らかにできず、氏名不詳者を被告訴人として告訴せざるを得ない事案もあろう。

　したがって、何者が犯人かを明らかにするため、インターネットを利用した他種の犯罪事案と同様、ホームページ等の運営管理者やプロバイダ等の協力を仰いで（時には強制捜査を活用し）、どの端末からの犯行であったのか、そのＩＰアドレスや、ログ（痕跡）を明らかにしつつ、契約名義・登録状況、利用開始終了時期、利用料金の支払状況等の基礎捜査に加え、特に当該端末が押収できた場合は、その解析（遠隔操作を可能とするプログラムの有無等）を徹底する必要がある。

　さらに、本罪特有の捜査事項としては、摘示した事実の特殊性（単なる誹謗中傷か、限定した者しか知り得ない内容か）、摘示した時期（なぜ、その時点での摘示なのか）等を明らかにすることにより、犯行動機の形成事情を有する者や、犯行が可能であった者を絞り込むこともできるだろうから、摘示した事実の詳細を分析することも有効であろう。

3　行為の特定

　本罪は、人の社会的評価を低下させる危険のある事実を摘示することによって成立するものであるから、その危険があったか否かが本罪成否の分水嶺となる。

　確かに、社会的評価の低下の程度を現実的には測定できず、本罪は抽象的危険犯であることから、行為の「結果」に関する事項は捜査の対象とはならないだろう。しかし、当該摘示に係る事実が果たして人の社会的評価を低下させる危険があるものか否か（特に事実の摘示の相手方が特定かつ少数人にとどまる場合、不特定又は多数人に伝播する可能性もあるか否か）、その判断を左右する間接事実として行為態様を分析的に検討する必要があろう。すなわち、

　①　当該情報の性質・内容

　　　例えば、社会的関心の高さ等、容易に社会に拡散しやすいものか否か（話題性の程度（他人の興味、好奇心を煽るような内容であれば、拡散の危険は相対的に高い）、公知性の程度（既に知られている事実であれば拡散の危険は相対的に低い））などに着目すべきであろう。特に犯罪行為や心身障害に係る情報は、人の社会的評価を容易かつ大幅に低下させる性質、内容を有することは明らかであり、自己の出自や不道徳な行為（民法上の不法行為が成立するよう

な不倫等の不貞行為）に係る情報も同様であろう。

②　当該情報摘示の形式

　　例えば、情報が拡散しやすい電子情報等として発信されたものか否か（特にツイッター等のいわゆるＳＮＳ等で容易に拡散可能か否か）などに着目すべきであろう。

③　事実摘示の相手方の立場

　　例えば、守秘義務の有無（相手方の口の堅さの程度）などに着目すべきであろう。

④　行為者の言動

　　例えば、当該情報の拡散を求めていたか、口止めをしていたか否かなどに着目すべきであろう。

等の諸事情から総合的に判断すべきだろう。

　なお、こうした社会的評価の低下の危険があったか否かを判断する間接事実として、どの程度の広範囲で、さらには当該事実の摘示によっていかなる悪影響が生じたのかも、できる限り明らかにするのが肝要な事案もあろう（本罪の情状にも影響するだろう。）。この点、捜査機関において、当該事実の摘示があったことを知らない者らにあえて当該事実を告げて、事態を悪化させることは厳に差し控えるべきであるが、例えば、当該事実の摘示の相手方に限り、その受け止め方、被害者に対する印象の変化等を聴取することが考えられるし、例えば被害者側が客商売をしている法人等であれば、客離れの状況（売上高の減少等）、名誉毀損回復のための措置（経費の増加等）等を明らかにするなど、被害者に生じた悪影響も捜査事項に加えるべき事案もあろう。

4　故意、真実性の誤信

　本罪に係る事案では、直接的には特定かつ少数人にしか事実を摘示せず、不特定又は多数人に伝播する可能性の有無が問題になり、行為者（被疑者）において、当該可能性に関する認識がなかった旨弁解するケースも想定される。

　このようなケースでは、弁解の合理性を検討する前提として前記３で指摘した行為態様に関する間接事実に着目し、行為者がその伝播可能性を認識していたか否か検討すべきであり、特に事実摘示の相手方から、

その行為状況（相手方に守秘義務があったか、そもそも摘示の必要性、理由はあったか、行為者の言動として摘示した事実の取扱いについて何らかの要望をしていたか等）を十分聴取すべきである。

　また、本罪に係る事案では、行為者は、摘示した事実を真実であると認識しているからこそ、公然と、つまり社会に向けて堂々と公表するケースも往々にしてあろう。したがって、摘示した事実が果たして真実であったのか否かについても、捜査機関において、積極的に解明しなければならないことは当然であり、立証責任が転換されているとはいえ、決して行為者任せにしてはならない。

　そして、仮に摘示した事実が真実でなくとも、確実な資料・根拠に照らし相当の理由がある場合、本罪は成立しない以上、捜査機関において、そのような相当の理由があったか否か、前同様、積極的に解明すべきことも当然であり、例えば、当該資料・根拠の①入手源の信頼性（入手源の事実認識・記憶（記録）・伝達経過の各正確性が十分担保されており、誤解が混在するおそれがなかったか否か等）、②客観性（単なる自己主張か、裏付け証拠を伴うのか等）、③具体性（単なる噂で断片的なものではないか、筋は通っているか等）等情報としての客観的価値（一般人であれば社会通念に従い真実と確信したか否か等）を見極めるのが肝要であろう。

5　告訴の有効性

　名誉毀損罪の被害者は、前記①6のとおり、その行為終了後、犯人を知っている場合、6か月以内に告訴をしなければ、その有効性が認められず、訴訟条件に欠けることから、被害者から犯人をいつ知ったのかはもとより、名誉毀損行為がいつ終了したと評価できるのかを明らかにする必要がある。例えば、同行為が1回のビラ配りで終了したような事案ではなく、インターネット上に名誉毀損に該当する記事が継続的に掲載されていたような事案では、行為者側が、その状態の解消に向けて所要の措置を講じたのか否か、その時期がいつだったのか、行為者等から聴取するなどして明らかにする必要がある。

Ⅳ　財産的法益に対する罪

設　問8　窃盗1

保護法益、占有

─設　問─

　判例の立場に従って、以下の各事例が窃盗に当たるかどうかを、理由を付けて説明しなさい。

事例1　貸金業を営む甲は、乙との間で、いわゆる自動車金融の形式によりX車に関する買戻約款付自動車売買契約を締結して融資を行った後、乙が買戻期限までに融資金を返済しなかったことから、乙が保管していたX車を乙に無断で引き揚げた。

事例2　甲は、乙が公園内のベンチの上にセカンドバッグを置き忘れたまま、その場から立ち去ろうとするのを認め、乙がベンチから約25メートル離れた時点で、ベンチの上から同バッグを持ち去った。

事例3　新聞販売所の従業員の甲は、同僚従業員の乙が同販売所の近所まで買い物に行く間、乙から頼まれて預かっていた集金バッグを無断で開披し、同バッグ内にあった現金を抜き取った。

──設問のポイント──

　事例1ないし**事例3**は、いずれも窃盗罪の客体について問うものである。

　ポイントとなるのは、まず、「**他人の財物**」といえるためには、当該財物に被害者の所有権まで及んでいる必要があるのか、単に被害者の占有（所持）があれば足りるのかという問題である。

　現在の判例は、後者（被害者の占有があれば足りる）の立場に立つことから、当該財物について被害者の占有が認められるか否かは、窃盗罪が成立するか占有離脱物横領罪が成立するかの区別において重要な意味を持つ。

　また、当該財物を誰が占有しているかという点も、窃盗罪と委託物横領罪を区別する上で重要となる。

　以上の関係を図解すれば、基本的には次の図のとおりである。

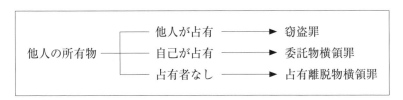

——解　答——

事例1—窃盗罪に当たる。

　甲乙間の売買契約に基づき、X車の所有権は甲に帰属している（甲にとって「自己の財物」である）ものの、X車自体は依然として乙が保管し、乙の事実上の支配内にあったことから、乙の占有が認められる。そして、乙の占有が認められる以上、刑法242条により、甲にとって、X車は「他人の財物」とみなされるため、窃盗罪の客体に当たる。

　したがって、甲の引揚行為は、窃盗罪の構成要件に該当し、甲には窃盗罪が成立すると考えられる。ただし、違法性阻却の観点から、甲による行為態様が社会通念に照らして違法なものであったか否かという点も、窃盗罪の成否についての判断のポイントとなる。

事例2—窃盗罪に当たる。

　甲がベンチの上からセカンドバッグを持ち去った時点で、乙はベンチから約25メートルしか離れていなかったことから、いまだ同バッグに対する乙の実力支配は失われておらず、依然として乙の占有が継続していたと評価できる。

　したがって、刑法235条の「他人の財物」に該当するため、甲がこれを持ち去った行為には窃盗罪が成立すると考えられる。

事例3—窃盗罪に当たる。

　甲は乙から委託を受けて集金バッグを預かっていたことから、同バッグ自体の占有は甲に移っていると評価できる。もっとも、甲が乙に無断で同バッグを開披したという事情からすると、いわゆる封緘物として、同バッグの在

中現金については、いまだ乙の占有が留保されていると評価すべきである。

　したがって、甲がこれを無断で開披して、その在中現金を抜き取った行為には窃盗罪が成立すると考えられる。

　——解　説——

1 窃盗の保護法益

1 判例の立場（＝占有説）

　窃盗罪の保護法益をめぐっては、従来から、所有権その他の本権であるとする立場（**本権説**）と、財物の占有そのものであるとする立場（**占有説**）の対立がある。本権説は、民事上の権利関係を前提として、占有を正当化する民事上の財産権を保護しようとする考え方であるのに対し、占有説は、民事上の権利関係とは別個に、人が物を占有しているという事実状態を保護しようとする考え方である。

　判例は、「所持者が法律上正当にこれを所持する権限を有するかどうかを問わず**物の所持という事実上の状態それ自体**が独立の法益として保護され（る）」として、基本的には、占有説を採用しているものと理解されている（最判昭34.8.28刑集13-10-2906、最判昭35.4.26刑集14-6-748）。

　占有説は、財産をめぐる権利関係が複雑多様化した現代社会において、まず第一に財物の占有自体を保護することにより、財産的秩序維持を図る必要性があることを根拠としており、民事上の権利関係を明らかにすることなく、当該財物の事実上の占有の有無という外形的・客観的な見地から、窃盗罪の成否を判断することができるというメリットがある。

　また、占有説は、自力救済の禁止という法治国家としての要請にも応えるものである。社会秩序維持の見地からすれば、私人の権利保護は国家に一元的に委ねられるべきであって、たとえ民事上の権利者であっても、無権利者が占有する財物を自らが取り戻す行為は原則として許されないという前提に立つと、占有説の考え方のほうが妥当である。

　したがって、窃盗罪の成否の検討に当たっては、同罪の保護法益との関係において、まずは、（事後的にではあるが）犯行時の客観的状況を観察し、当該財物の事実上の占有者は誰であったかということを確定することが極め

て重要となる。

2　刑法242条との関係

　刑法242条は、「**自己の財物であっても、他人が占有**……**するものであるときは、**……**他人の財物とみなす。**」と規定している。

　同条の「他人が占有」の意義についても、本権説と占有説の間で解釈が分かれており、本権説は、所有権その他の民事上の財産権に基づいて占有する場合に限るとするのに対し、占有説は、民事上の財産権とは関係なく、事実上の所持で足りるとする。

　前述のとおり、判例は占有説を採用していることから、無権利者が占有する場合も、「他人が占有」に当たり、刑法242条が適用されることになる。そのため、無権利者が占有する財物については、その所有権者との関係においても、窃盗罪の客体である「他人の財物」とみなされる（ただし、刑法犯でない森林窃盗による森林法違反の事案において、判例（最決昭52.3.25刑集31-2-96）は、刑法242条の適用を否定している点に留意が必要である。）。

　そのため、自己が所有する財物であっても、これを占有する者に無断でその占有を移転させると、窃盗罪が成立することとなり得る。

> 自己の所有物 ──── 他人が占有 ＝ 他人の財物 ──────▶ 窃盗罪

　このように、刑法242条の適用に当たっても、占有説に立つ以上、民事上の財産関係を明らかにするまでもなく、当該財物の事実上の占有状態にのみ着目すれば足りるということになる。

3　占有説からの具体的アプローチ

　さらに、具体例として、以下のケースについて検討してみたい。

> **事例ア**　財物の所有者が、当該財物を盗んだ窃盗犯人Ａから、当該財物を取り返す場合
>
> **事例イ**　財物を買い受けた買主が、当該財物の引渡しを拒む売主Ｂから、当該財物を持ち去る場合
>
> **事例ウ**　財物を貸し渡した貸主が、返却期限到来後、当該財物の返却を拒む借主Ｃから、当該財物を取り返す場合

　事例アないし**事例ウ**は、民事上の権利を有する者が無権利者（ＡないしＣ）が占有する財物について、その占有の回復を図ったケースである。

　占有説を形式的に当てはめれば、いずれの事例でも、「自己の財物」を「他人が占有」する場合に該当し、刑法242条により、「他人の財物」とみなされることになる。

　ただし、**事例ア**におけるＡの占有は明らかに違法な占有であると認められるのに対し、**事例イ**におけるＢの占有については、民事上、代金支払との同時履行の抗弁権（民法533条）等の当該財物の引渡しを拒絶する正当な権限が存在する場合がある。また、**事例ウ**におけるＣの占有についても、返却期限の定めに争いがあるなど、当該財物の返却に応じないことに正当な事由が存在する場合が考えられる。

　そのため、近時の学説においては、占有者が当該財物を平穏に占有する場合に限って保護の対象とする立場（**修正占有説**）も有力となっている。

　しかしながら、民事上問題となり得る財産的な権利関係を一義的に解明することは容易でないため、まずは、従来の占有説の考え方にのっとって、**事例ア**ないし**事例ウ**いずれのケースについても、刑法242条を適用して窃盗罪の構成要件該当性を認め、その後、具体的事情が明らかになった段階で、個別に違法性の有無を判断すべきことになろう。

4　違法性阻却との関係

　構成要件該当性が認められる行為は、類型的に違法であると推定されるが、例外的に**違法性を阻却**する事情が存在すれば、犯罪は成立しない。

　最決平元.7.7（刑集43-7-607）は、**事例1**と類似の事案について、「被告人が自動車を引き揚げた時点においては、自動車は借主の事実上の支配内にあったことが明らかであるから、仮に被告人にその所有権があったとしても、被告人の引揚行為は、刑法242条にいう他人の占有に属するものを窃取したものとして窃盗罪を構成するというべきであり」として、占有説の立場から、構成要件該当性を認定しつつ、「その行為は、**社会通念上借主に受忍を求める限度を超えた違法なもの**というほかはない」と判示している。これは、他人の占有する自己の財物を窃取する行為について、直ちに窃盗罪が成立するのではなく、社会通念に照らし、占有者に受忍を求める限度を超えなければ違法性が阻却されることを示唆したものと解される。

　そこで、民事上の権利行使に伴う占有回復行為について、どのような場合に違法性阻却が認められるかが重要な問題となる。

　占有説が、自力救済の禁止という法治国家の要請から導かれるものであることに鑑み、権利者による占有回復行為について、原則として違法性阻却を認めるべきではない。もっとも、社会通念上一般に許容すべきと認められる程度の正当な権利行使であれば、例外的に違法性阻却を認めてもよいと考えられる。その際の正当性の判断は、個別の事案における権利者と占有者双方の具体的事情を総合的に勘案してなされることになる。

　その際の具体的事情としては、

① 　占有者による事実上の所持の内容

　　占有者が契約終了後も引き続き当該財物を保管・使用している経緯、態様等

② 　権利者が有する権利利益の内容

　　契約終了に伴い、権利者が当該財物について取得・回復する立場、権限等（約款の記載内容及び当事者間の口頭でのやり取り）

③ 　権利者による占有回復行為の態様

　　権利者による当該財物の占有回復の時期、手段等

に着目すべきである。

2　他人の占有

1　占有の有無

　「占有」とは、人が財物を事実上支配又は管理する状態のことをいう。

　判例（最判昭32.11.8刑集11-12-3061）は、「人が物を**実力的に支配する関**係であって、その支配の態様は**物の形状その他の具体的事情**によって一様ではないが、必ずしも物の現実の所持又は監視を必要とするものではなく、物が**占有者の支配力の及ぶ場所に存在**するを以て足りる」としている。

　簡単に言えば、被害者が当該財物を現実に所持・監視している状態のほか、現実に所持・監視していなくても、その支配力が及んでいると認められる場合、占有があると判断されることになる。被害者に占有があると認められれば窃盗罪の客体である「他人の財物」に該当する一方、これが認められなければ占有離脱物横領罪が成立するにとどまるため、占有の有無の判断は

極めて重要である。

2　判断要素

　占有の有無は、被害時の客観的事情と行為者の主観的事情に着目して判断する必要がある。

(1)　客観的事情

　典型的事情は、被害者による現実の所持・監視であり、それが認められない場合には、「物の形状その他の具体的事情」を考慮して、被害者による実力支配が及んでいるか否かを総合的に判断することになる。

　具体的事情として考慮すべき要素としては、以下のものが挙げられる。

　ア　財物の特性（種類・性質・形状等）

　　　財物自体の大小、軽重や性質などから移動の容易性を吟味し、小さくて軽く移動が容易なものほど、実力支配の程度は弱くなり、大きくて重く移動が困難なものほど、実力支配の程度は強くなる。

　イ　財物の置かれた場所の状況

　　　財物の置かれた場所が、不特定・多数人が容易に出入りできる場所であれば、実力支配の程度は弱くなり、閉ざされた空間であったり、人の出入りが制限されている場所であれば、実力支配の程度は強くなる。なお、被害者の実力支配が失われたと認められる場合でも、当該場所（施設）の管理者による占有が認められないかという別の観点からの考察も必要である。

　ウ　財物と被害者との場所的隔たり

　　　財物と被害者の場所的隔たりに着目し、これが離れれば離れるほど、実力支配の程度は弱くなり、反対に、近ければ近いほど、実力支配の程度は強くなる。ただし、この場合、単に被害者との物理的な距離だけでなく、被害者の現実の所持・監視を離れてからの時間的経過にも着目する必要がある。

(2)　主観的事情

　客観的には実力支配が及んでいると認められる場合でも、被害者において、財物に対する事実上の支配をする意思（**占有の意思**）が必要である。この占有の意思は、財物に対して個別具体的である必要はなく、一定の範囲にある物全体についての包括的なもので足りる。被害者が当該財物の所

在を具体的に認識・把握している場合は、占有の意思が肯定されやすいが、その存在自体を失念している場合、占有の意思が否定されることがある。

　また、占有の意思は、あくまでも客観的な実力支配を補充するにすぎないものであることに留意すべきである。

3　主な裁判例

　最決平16.8.25（刑集58-6-515）は、**事例２**と類似の事案について、「被害者がこれ（ポシェット）を置き忘れてベンチから約27メートルしか離れていない場所まで歩いていった時点であったこと」を指摘し、被害者の占有が失われていなかったと判断している。

　この事案では、財物の特性（前記ア）やそれが置かれた状況（前記イ）は被害者の実力支配を否定する方向に働くものの、財物と被害者の場所的隔たりや時間的経過（前記ウ）を踏まえて総合的に判断し、被害者の実力支配を肯定したものといえる。

　ほかにも、占有を肯定した裁判例として、

- ・　行列でバスを待っていた者が付近のコンクリート台にカメラを置き忘れたまま約20メートル進んだ後、カメラを置き忘れたことに気付いて引き返すまでの約５分間にカメラを持ち去った事案（最判昭32.11.8刑集11-12-3061）
- ・　駅の券売窓口で特急券を購入した者が窓口カウンターに財布を置き忘れたまま、約15メートル離れた別の券売窓口に移動した後、財布を置き忘れたことに気付いて引き返すまでの約１、２分の間に財布を持ち去った事案（東京高判昭54.4.12判時938-133）

などがある一方、占有を否定した裁判例として、

- ・　スーパーマーケットの６階のベンチで飲食した者が財布を置き忘れ、エスカレーターで地下１階まで移動した後、財布を置き忘れたことに気付いて引き返すまでの10分余りの間に財布を持ち去った事案（東京高判平3.4.1判時1400-128）

などがある。

4　占有の帰属

　ある財物の実力支配に複数の者が関与している場合、当該財物について占

有があると認められること（**占有の有無**）と、その占有が誰に属するかということ（**占有の帰属**）は、別の問題である。

　ただし、ある財物を複数の者が同時に現実に所持（握持）している事態というのは想定しがたいので、占有の帰属が問題となる場面としては、Aが現実に所持する財物について、同時にBの占有も及んでいると評価される場合であろう。

　このような場合、主として、占有に関与する者同士（AとB）の関係に着目することになるが、それに加え、**事例3**のように、財物それ自体の封緘状態に関係することもある。

⑴　共同占有の場合

　互いに対等な関係にある数人が共同占有している財物について、そのうちの1人が他の者の同意を得ずに自己の単独占有に移す場合がある。

　この場合、共同占有であっても、「他人が占有」していることに変わりがないので、窃盗罪が成立する。

⑵　上下主従関係がある場合

　上下主従の関係にある場合（例えば、雇用主と従業員など）、下位者が上位者の指示・依頼を受けて財物を現実に所持している場合がある。

　この場合、下位者に与えられた当該財物についての管理権限の内容により、下位者の占有が認められるか否かの判断が分かれることになる。

　すなわち、下位者に与えられた管理権限が大きければ下位者の単独占有とする評価もあり得ようが、一般に上位者の実力支配を排除するほどの管理権限が認められることはまれであり、基本的には、上位者との共同占有又は下位者は上位者の占有補助者にすぎないと評価されるであろう。

　そうすると、下位者が上位者に無断で当該物を持ち去る行為には、窃盗罪が成立することになる。

⑶　封緘物の場合

　事例3のように、在中品のある鞄やバッグ等を他人に委託した場合、当該財物の占有は、委託者にあるのか受託者にあるのかが問題となる。

　原則として当該財物を現実に所持する受託者に占有が移転していると捉えるべきであるが、鞄やバッグ等の取出口を閉めたり施錠をしたりして容易に取り出せない状態になっている場合に限り、例外的に、その在中品の

占有は委託者に留保されることになる。

　東京高判昭59.10.30（刊月16-9/10-679）は、**事例３**と類似の事案について、「集金かばんは、施錠されていなかったとはいえ、上蓋の止め金はかけられていて、被告人がその在中物を取り出すことは許されていたものではないことにかんがみると」と指摘した上で、在中現金について委託者の占有を認めている。

　もっとも、**事例３**で、受託者である甲が集金バッグをそのまま持ち去っていれば、在中現金を含む同バッグ全体についての委託物横領罪が成立すると考えられる（その後、甲が在中現金を領得した場合は不可罰的事後行為となる可能性がある。）。しかしながら、当該集金バッグや在中現金について、更に捜査を尽くすことにより、例えば、その在中現金が新聞販売所従業員である乙が顧客から集金した新聞購読料であって、同販売所店主である丙と乙との上下関係に基づき、同バッグ自体が上位者である丙の占有（又は共同占有）に属することが立証できれば、たとえ甲が同バッグを持ち去った場合であっても、丙が占有する財物についての窃盗罪として評価する余地はあろう。

✓ 捜査のポイント

　占有の有無や帰属に関して、留意すべき捜査事項は以下のとおりである。

1　被害時の客観的状況の特定

　占有の有無や帰属を判断する上では、当該財物が窃取された時点の客観的状況を可能な限り明らかにして証拠化する捜査が求められる。

　まず、被害品自体については、捜査機関において、証拠物として領置して保管していることもあり得るが、通常、被害者に還付されたり、既に廃棄されていることが多いため、発見時に写真撮影報告書を作成した上、さらに、その寸法や重量を計測しておくことが望ましい。仮に、被害品の発見に至らなかった場合には、同種同型の類似品を入手して、同様の捜査を遂げておく必要がある。

　また、被害品が置かれていた場所の状況についても、漫然と被害現場の実況見分を実施するのではなく、犯行時刻と思料される時間帯に特化

した形での当該場所における人の出入りや混雑状況、周囲の見通し状況を明らかにするための実況見分等を行うほか、犯人である被疑者については当然として、事案によっては、被害者の位置関係や移動経路についても、防犯カメラ映像等の入手・解析、被害者立会の現場引当りを行って具体的に特定する必要がある。

2　被害品の保管状態の確認

被害品の保管状態についても、関係者から詳細に聴取し、必要に応じて、その再現実況見分を行う必要がある。

特に、被害者による被害品の一時委託の可能性が認められる事案においては、被害者から、委託の趣旨について、その理由も含めて詳しく聴取するほか、被害品を委託した後の立ち回り先との物理的距離関係や時間経過に関する補充捜査が必要となる。また、被害品の開閉状況や施錠の有無といった封緘状態を確認し、再現実況見分を実施しておくべきである。

3　行為者の認識（故意）について

客観的に「他人の占有」の侵害が認められたとしても、行為者に窃盗の故意がなければ、窃盗罪は成立しない。

この点、行為者が「他人の占有」を基礎付ける客観的事実関係を認識した上で、その占有を不法に自らに移転した場合、仮に正当な権利行使であると確信していたとしても、法律の錯誤にとどまり、窃盗の故意は阻却されず、窃盗罪が成立する。一方、行為者において、他人の占有はないと確信していた場合には、占有離脱物横領の故意にとどまるため、抽象的事実の錯誤の問題として、占有離脱物横領罪が成立することになる。

そこで、被疑者の取調べにおいては、単に被疑者の犯意に関する認識の有無を確認するだけでなく、「持ち去った物は、どこに、どのような状態で置かれていたのか。」、「そのときの周囲の状況はどうだったのか。」、「どのような理由から、持ち主が捨てたものだと思ったのか。」など、被疑者がそのような認識を有するに至った客観的事情や具体的根拠について、できるだけ細かく聴取する必要がある。

設　問9　窃盗2

既遂時期・不法領得の意思

設　問

　判例の立場に従って、下記の各事例が窃盗に当たるかどうかを、理由を付けて説明しなさい。

事例1　甲は、自宅近くの路上において、駐輪中の自転車に以前から欲しかったK社製警音器（ベル）が取り付けられているのを見付けてこれを盗むことにし、所携の工具を使って自転車から警音器を取り外し、これを上着のポケットに入れた。その直後、甲は、自転車の持ち主に見付かったため走って逃げ出したが、その途中で転んで警音器を路上に落とし、これを放置したままその場を離れた。

事例2　甲は、タイヤを窃取する目的で、1階に自動精算機が設置され管理人が常駐する料金精算所のある立体駐車場に立ち入り、同駐車場2階において、高価そうなタイヤを装着した自動車を物色し、所携の工具を使って駐車中の自動車からタイヤ4本を取り外してこれを一旦その場に置いた。その直後、甲は、他の利用者に呼び掛けられたため、取り外したタイヤをその場に放置したまま、付近に停めていた自己の自動車を運転して逃走した。

事例3　甲は、近所に住む知人Aの自宅駐車場に駐車中のA所有自動車（時価200万円相当）にエンジンキーが付いたままになっているのを見付けた。
　(1)　甲は、半日ほど乗り回してから元の場所に戻す意図で、Aに無断で同車に乗り込み、同車を運転してその場を離れた。
　(2)　甲は、Aに嫌がらせをする目的で、エンジンキーを抜き取り、すぐに現場から100メートルほど離れた排水溝に捨てた。

──設問のポイント──

1 窃盗の既遂時期（事例１、事例２）

事例１、事例２は、いずれも窃盗の既遂時期を問うものである。

窃盗の実行の着手時期については、目的物に対する他人の占有を侵害する行為を開始したときであると考えられているが、他方で、既遂時期については、犯人が、目的物に対する他人の占有を排除して、自己又は第三者の占有に移したときとする取得説が判例・通説である。

それでは、どのような場合に、目的物に対する他人の占有を排除して、自己又は第三者の占有に移したと認められるかであるが、占有とは、人が物を事実上支配又は管理する状態のことであり、目的物の性質・形状、犯行の日時・場所等の諸般の事情を勘案し、目的物が被害者の実力支配を離れて犯人の実力支配に移ったかどうかを事案ごとに判断することとなる。

2 不法領得の意思（事例３）

事例３は、不法領得の意思を問うものである。

判例は、窃盗の主観的要件として、故意のほか、いわゆる不法領得の意思を必要としており、これを、「権利者を排除し他人の物を自己の所有物と同様にその経済的用法に従いこれを利用し又は処分する意思」（最判昭26.7.13刑集5-8-1437）と定義している。

このうち、「権利者を排除し他人の物を自己の所有物と同様に」の要件は、可罰性のない一時使用目的の占有侵害と区別する観点から、「その経済的用法に従い」の要件は、単なる毀棄・隠匿目的の占有侵害と区別する観点から、それぞれ設けられたものである。不法領得の意思を欠くと構成要件を充足せず、窃盗は成立しないことになる。

──解 答──

1 事例１について

窃盗既遂に当たる。

窃盗の目的物は、自転車の警音器（ベル）という比較的小型の財物であり、着衣のポケットに入れるなどして容易に実力支配を及ぼすことが可能な大きさである。

まず、甲が工具を使って警音器を取り外す行為を開始した時点で、警音器

の占有を侵害する具体的な危険が発生したといえるから、窃盗の実行の着手が認められる。既遂時期については、甲は、路上に駐輪中の自転車から警音器を取り外し、これを上着のポケットに入れており、その時点で、警音器は被害者の実力支配を離れ、甲が実力支配を及ぼすに至ったと認められるから、窃盗は既遂となる。

　ところで、甲は、逃走中に転んで警音器を路上に落としてしまい、これを放置してその場を離れたため、結局、警音器を手中にすることはできていない。しかしながら、これは窃盗が既遂に達した後に生じた事情にすぎず、甲の罪責が窃盗未遂にとどまることにはならない。

2　事例2について

窃盗未遂に当たる。

　窃盗の目的物は、タイヤという比較的大型の財物であり、実力支配を及ぼすことが必ずしも容易ではない大きさである。

　まず、甲は、工具を使って駐車中の自動車からタイヤ4本を取り外しているところ、取り外す行為を開始した時点で、タイヤの占有を侵害する具体的な危険が発生したといえるから、窃盗の実行の着手が認められる。

　ところが、甲は、取り外したタイヤをその場に置いた段階で、他の利用者に呼び掛けられて逃走している。犯行場所が、1階に自動精算機が設置され、管理人が常駐する料金精算所のある立体駐車場であり、利用者又は駐車場関係者以外の者が自由に出入りすることはできないと考えられることからすると、タイヤを取り外してその場に置いただけでは、被害者又は駐車場管理者の実力支配を離れて、甲がタイヤに実力支配を及ぼしたとは認められないであろう。

　そうすると、甲は、取り外したタイヤの占有を取得しないまま、これらを駐車場内に置いて逃走したことになるから、甲の罪責は窃盗未遂にとどまると考えられる。

3　事例3について

事例3⑴──窃盗既遂に当たる。

　甲は、A所有自動車を勝手に運転してその場を離れ、その占有を取得しているから、窃盗の客観的構成要件を充足することは明らかである。ところが、甲は、半日ほど乗り回して元の場所に戻す意図であったことから、「権

利者を排除し他人の物を自己の所有物と同様に」扱う意思があったのか、不法領得の意思の有無が問題となる。

　甲が運転したのは、時価約200万円相当の財産的価値が高い自動車であり、これを半日もの長時間にわたって権利者Aに無断で乗り回すことは、その自動車の価値を減じる可能性の高い行為であるとともに、元の場所に戻されるまで権利者Aの利用を完全に排除することになるから、甲には、権利者を排除し他人の物を自己の所有物と同様に扱う意思が十分に認められると考えられる。したがって、**事例3**⑴では、甲に不法領得の意思が認められ、窃盗既遂に当たると考えられる。

　事例3⑵─**窃盗に当たらない。**

　甲は、A所有自動車のエンジンキーを抜き取り、その占有を取得していることから、窃盗の客観的構成要件を充足することは明らかである。

　しかしながら、甲は、Aに嫌がらせをする目的で、エンジンキーを抜き取った後すぐに捨てていることから、当初から投棄目的のみを有し、エンジンキーを使用したり売却・譲渡したりするなど経済的用法に従って利用又は処分する意思を欠いていると考えられる。したがって、**事例3**⑵では、甲に不法領得の意思は認められず、窃盗は成立しないと考えられる。

───**解　説**───

1　窃盗の既遂時期・不法領得の意思

1　保護法益等

　窃盗は、目的物たる財物の占有者の意思に反して、その占有を侵害し、その財物を自己又は第三者の占有に移す犯罪であり、判例は、財物の所持という事実上の状態そのものが保護法益であるとしている（最判昭34.8.28刑集13-10-2096）。

2　窃盗の既遂時期

⑴　未遂・既遂の区別

　　刑法235条は、「他人の財物を窃取した者は、窃盗の罪とし、10年以下の懲役又は50万円以下の罰金に処する。」としているが、窃盗については、刑法243条に未遂処罰規定が設けられている。構成要件的結果の発

生が認められず、犯行が未遂にとどまる場合は、刑法43条により刑を「減軽」することが可能となるから、窃盗において、未遂・既遂の区別は、罪名と罰条が異なるというだけではなく、量刑上も重要な意味を持つ。

(2)　**既遂時期の判断基準**

窃盗の事案では、犯人が実行に着手し、一旦は目的物たる財物に実力支配を及ぼしたものの、様々な事情から、その財物を結局手中にできなかったということがあり得るが、そのような場合、窃盗が既遂に達したかどうかが問題となることが多い。

事例1の警音器のように、身に付けることのできるような小型の財物については、犯人がそれを自己のポケットや鞄に入れたりすることによって容易に実力支配をすることが可能であり、その時点で既遂となるから、既遂時期を比較的容易に判断できることが多い。

(3)　**判断が難しい場合**

これに対し、**事例2**のタイヤのような大型の財物については、搬出・運搬等が困難で、実力支配を及ぼすことが必ずしも容易ではないから、被害者の実力支配を離れて犯人の実力支配に移ったかどうかの判断が難しい場合も想定される。そのような場合、その財物の性質・形状、犯行の日時場所に加え、その財物の従前の管理状況、犯人が最終的に財物を手中にできなかった経緯等の諸般の事情を勘案して、犯人の実力支配に移ったかどうかを判断することになる。

事例2では、既に述べたとおり、取り外したタイヤをその場に置いただけでは、甲がタイヤに実力支配を及ぼしたとはいえないであろう。しかし例えば、甲が取り外したタイヤを近くに停めていた自己の自動車のトランク内に収納した上、同車を運転して1階の料金精算所に移動し、自動精算機で料金を精算した後、同車を発進させようとしたところ、管理人からトランクを開けるよう求められてこれに応じ、管理人にトランク内のタイヤを発見されて取り上げられた場合であればどうであろうか。

自動車のトランクの開閉が甲に委ねられ、甲がその内部にある物に実力支配を及ぼしていると考えられる上、立体駐車場は、1階に管理人が常駐しているものの、料金を精算すれば自動車を運転してトランク内の

物を駐車場外に搬出することが容易であると考えられることからすると、タイヤについては、甲がトランク内に収納した段階で、被害者又は駐車場管理者の実力支配を離れて、甲が実力支配を及ぼすに至ったと考えられ、その時点で、窃盗は既遂に達したと評価できよう。甲が、その後、管理人にタイヤを発見されて取り上げられてしまい、結局、これらを手中にすることができなかったとしても、これは、窃盗が既遂に達した後に生じた事情にすぎず、甲の罪責が窃盗未遂にとどまることにはならない。

⑷　**主な裁判例**

　窃盗の既遂時期が問題となった主な裁判例としては、以下のようなものがある。

ア　既遂とされたもの

①　東京高判昭63.4.21（判タ670-252）は、被告人が、道路からの出入りが自由な駐車場において、駐車中の普通乗用自動車からタイヤ4本を取り外し、出入り口近くの路上に止めていた、共犯者が待ち受ける車に運び込もうと、そのうち2本を抱きかかえるようにして、出入り口の方に戻りかけたところ、被害者に発見誰何されたため、タイヤ4本全部をその場に放置して逃走した事案において、「被告人らは、右タイヤ四本を完全に手中に収めることができなかつたとはいえ、これを被害者の支配内から自己の支配内に移していたものということができる」として、窃盗既遂を認めた原判決の判断を是認した。

②　東京高判平24.2.16（東時63-31）は、被告人が、プラモデル等を万引きしようとした事案において、「被告人は、プラモデル等をトイレの個室に持ち込み、被害店舗関係者が把握困難な場所に移動させた後、その値札をはがすなどし、持参したリュックサックやバッグ等に詰めてその全てを携帯し、持ち去ることが可能な状態に置いた。現実にはトイレ内でAに声を掛けられて抵抗することもなく連行されているが、隙を見て、あるいは抵抗するなどしてその場から逃走し、隣接した階段を降りるなどして店外に向かうことも可能な状態にあったということができるのであって、プラモデル等を被害

店舗の支配内から自己の支配内に移したものとして、窃盗は既遂となったということができる」として窃盗既遂の成立を認め、弁護人の「被告人がプラモデル等を店舗外に運ぶことは到底不可能であったから、その支配は被告人の下には移っていなかった」旨の主張に対しては、「被告人において、プラモデル等を持ったまま逃走することが不可能な状態にあったとはいえない」として、これを排斥した。

イ　未遂とされたもの

大阪高判昭60.4.12（判時1156-159）は、被告人が、宝石店店内において、ショーウインドー内の指輪差しから指輪1個を抜き取り、これを手中にして手前に引き寄せたが、店主らに感付かれたと思って直ちにショーウインドー内に指輪を落としたという事案において、「被告人は指輪差しから指輪を抜き取り一旦手中にしたが、直ちにもとの場所近くに戻しているのであるから、指輪に対する被害者の支配を侵し、これを自己の事実的支配のもとに移したとは認められず、本件は窃盗の未遂にとどまる」として、窃盗既遂の成立を否定した。

3　不法領得の意思

(1)　問題となる場合

実務上、不法領得の意思の有無が問題になるのは、目的物を一時使用する目的で被害者の占有を侵害した場合、目的物を毀棄・隠匿する目的で被害者の占有を侵害した場合の二つの類型に大きく分けられる。前者については、犯人が**目的物を「権利者を排除し他人の物を自己の所有物と同様に」扱う**意思があったと認められるか、後者については、**目的物を「その経済的用法に従い」利用又は処分する**意思があったと認められるかについて検討する必要がある。

(2)　一時使用目的の場合

犯人が目的物を一時的に使用する目的で被害者の占有を侵害した場合、目的物を元の場所に戻す意図があれば、それだけで不法領得の意思が欠けることになるのではなく、その目的物の性質、従前の管理方法、一時使用目的の具体的内容等に照らし、「権利者を排除し他人の物を自己の所有物と同様に」扱う意思があったかどうかを判断する必要がある。

　　元の場所に戻す意図があっても長時間利用する目的がある場合や、その目的物の財産的価値が高かったり、厳重に管理されていたような場合には、不法領得の意思は認められやすくなるであろうし、また、一時使用によりその財産的価値が減少するなど、権利者にとって許容し難い事情があれば、やはり不法領得の意思は認められやすくなろう。

(3)　毀棄・隠匿目的の場合

　　単に毀棄又は隠匿する目的で他人の占有する物の占有を奪う場合、「経済的用法に従い利用・処分する意思」が欠けることになるから、判例の立場からは不法領得の意思が認められず、窃盗は成立しないことになる。**事例3**(2)のように、単に毀棄目的で物の占有を奪い、実際にその直後に物を捨てたような場合は、その典型例である。

　　ところで、最終的には毀棄するつもりであっても、それまでに経済的用法に従い利用・処分する意思があれば、不法領得の意思が欠けることにならないことには留意すべきである。

　　例えば、読んだ後に捨てるつもりで、好意を持っている相手の日記帳を勝手に持ち出し、その内容を読んだ後にこれを捨てたとしても、その日記帳の経済的用法に従って読む意思を有していた以上、「経済的用法に従い利用・処分する意思」に欠けるところはなく、不法領得の意思は認められると考えられる。

(4)　参考判例

ア　一時使用目的

　　最決昭55.10.30（刑集34-5-357）は、他人所有の普通乗用自動車を長時間乗り回した事案について、「（被告人は）他人所有の普通乗用自動車（時価約250万円相当）を、数時間にわたって完全に自己の支配下に置く意図のもとに、所有者に無断で乗り出し、その後4時間余りの間、同市内を乗り回していたというのであるから、たとえ、使用後に、これを元の場所に戻しておくつもりであったとしても、被告人には右自動車に対する不正領得の意思があったというべきである」として、不法領得の意思を認めている。

　　また、その後の高松高判昭61.7.9（判時1209-143）は、被告人が、金融機関強盗を決行するに当たり、自己の自動車を使用することに

よって犯行が発覚するのを避ける目的で、パチンコ店駐車場から他人所有の自動車を無断で運転して金融機関に赴き、犯行後、同駐車場に戻って、同自動車を元の駐車位置近くに返し、それから自己の自動車に乗り換えて逃走した事案について、「無断使用時間が約30分、走行距離が15キロメートル余に止まるといっても、……被告人の所為は不可罰的な使用窃盗にとどまるとは到底認められず、一時的にもせよ、本件自動車に対する所有者の権利を排除し、あたかも自己の所有物と同様にこれを使用する意思があったものと認めるのが相当」として、不法領得の意思を認めている。

イ　毀棄目的

　大判大4.5.21（刑録21 663）は、小学校教員が校長の失脚を意図して、その管理下にある教育勅語謄本等を持ち出して自己の受持教室の天井裏に隠匿した事案において、「右被告の行為は故意に校長の支配を侵して学校所蔵の物を自己の支配内に移したる事実なりとするも固より其物を自己に領得するの意思に出でたるものに非ざれば窃盗罪を持って論ずべきに非ず」として、不法領得の意思を否定している。単に物を損壊又は隠匿する意思で他人の占有物を奪取する行為に不法領得の意思を認めないのは、判例のほぼ一貫した流れである。

☑ 捜査のポイント

1　窃盗の既遂時期が問題となる場合の捜査事項について

　窃盗が既遂に達したというためには、必ずしも目的物である財物を奪還されるおそれのない安全な場所に移動するまでの必要はないが、占有の移転は必要である。特に、一旦は犯人が財物に対する実力支配をしたのに、最終的にこれを手中にできなかった場合には、将来の公判で窃盗未遂にとどまるとの主張が予想される。捜査においては、このような事態をも想定して、財物が被害者の実力支配を離れて犯人の実力支配に移ったかどうかに関する証拠収集が重要である。

　事案にもよるが、そのような場合の捜査事項は、被害品である財物の性質・形状、犯行の日時・場所・態様のほか、被害者による従前の占有

状況、犯人が最終的に財物を手中にできなかった経緯等にわたり、具体的には、被害者（又は管理者）の取調べ、被害品の捜索押収（少なくとも性質・形状の証拠化）、目撃者の取調べ、犯行現場の実況見分、防犯カメラ映像の確保、被疑者（犯人）の取調べ等が考えられる。

例えば、**事例1**では、犯行状況や甲が警音器を手中にできなかった経緯等を明らかにするため、被害者・被疑者の取調べ、被害自転車の駐輪場所と甲が警音器を落とした場所の位置関係に関する実況見分、甲が着用していた上着の押収、警音器の性質・形状の証拠化等の捜査が考えられよう。

また、**事例2**では、犯行状況に加え、被害者・駐車場管理者による被害自動車（及びタイヤ）の占有・管理状況、駐車場の人の出入り状況、甲がタイヤを放置して逃走した状況等を明らかにするため、被害者及び管理人の取調べ、甲に呼び掛けた駐車場利用者の取調べ、被疑者の取調べ、防犯カメラ映像の確保、防犯カメラ設置状況を含む現場の実況見分、被害品であるタイヤの性質・形状の証拠化等の捜査が考えられる。さらに、駐車場内の放置物に対する被害者・駐車場管理者の実力支配の程度を明らかにするため、放置車両や遺失物の取扱い等について捜査をすることが有用な場合もあろう。

2　不法領得の意思が問題となる場合の捜査事項について

窃盗の事案においては、外形的には通常の窃盗と変わるところがないのに、「少し借りるつもりだっただけで、すぐ返すつもりだった。」という一時使用目的の弁解や、「最初から捨てるつもりで持ち出した。」という毀棄・隠匿目的の弁解がなされることがあり得る。不法領得の意思は、これを欠くと構成要件を充足せず、窃盗が成立しないことになるから、一時使用目的や、毀棄・隠匿目的の弁解がなされたときは、必要な捜査を遂げて、不法領得の意思の有無を明らかにする必要がある。

一時使用目的の弁解がなされた場合は、実際にその財物が返還されたかどうかのほか、一時使用目的の具体的内容、実際の使用時間、一時使用によって目的物である財物の財産的価値が減少したかどうか、権利者が一時使用を許容できない事情の有無等について捜査を尽くす必要があり、具体的には、一時使用の時間や使用状況を明らかにするため、被疑

者・関係者の取調べ、防犯カメラ映像の入手や解析、その財物の性質・形状の証拠化等の捜査が考えられるほか、犯行前後の占有・管理状況等を明らかにするため、被害者（又は管理者）の取調べを実施するなどの捜査が考えられよう。また、実際に財物が返還されていない場合には、弁解内容が真実であるかどうかについても捜査を尽くす必要があろう。

　例えば、**事例3**(1)の捜査事項としては、甲が被害自動車を運転した状況（走行時間・距離・立寄り先等）を明らかにするため、立寄り先関係者の取調べや防犯カメラ映像の確保等が考えられるほか、被害自動車の財産的価値や事件前後の自動車の管理状況等について被害者であるAの取調べを実施するなどの捜査が考えられる。また、甲が一時使用目的を有していたことの真偽や、その具体的内容を明らかにするため、甲の取調べを実施した上、その裏付捜査を行うことも重要である。

　他方で、毀棄・隠匿目的の弁解がなされた場合には、実際に財物が毀棄等されたかどうかのほか、毀棄・隠匿目的の具体的内容、占有移転から毀棄等されるまでの時間や、それまでに経済的用法に従って利用等がなされていないかなどについても捜査を尽くす必要があり、具体的には、被疑者の取調べのほか、その財物の性質・形状を証拠化したり、毀棄等の日時・場所・態様等を明らかにするため、被害者・目撃者の取調べや防犯カメラ映像を確保するなどの捜査が考えられよう。

　事例3(2)の捜査事項としては、被害品であるエンジンキーが抜き取られた状況や、その従前の管理状況等を明らかにするために被害者の取調べを実施することのほか、エンジンキーの捜索押収、エンジンキーの投棄・発見状況を明らかにするための実況見分や、エンジンキーが抜き取られたAの自宅駐車場と投棄場所である排水溝の距離を測定するなど位置関係を証拠化すること等が考えられる。

設問10　強盗 1

強　盗

──設　問──

　判例の立場に従って、下記の各事例が強盗に当たるかどうかを、理由を付けて説明しなさい。

事例 1　犯人が、夜間アパートで独り暮らしをしている男性の部屋にベランダから立ち入り、就寝しようとしていた男性に、刃渡り10センチメートルの果物ナイフの刃先を突き付け、「金を出せ」と強い口調で言って脅した。男性は、傷つけられるのではないかと恐怖心を抱き、財布に入っていた一万円札を犯人に渡したところ、犯人は、その札をズボンのポケットに入れて逃走した。

事例 2　事例 1 において、男性が空手の高段者で剛胆な人物であり、そのように犯人から脅されても抵抗することは可能と考えていたが、軽く恐怖心を抱いたことから、自らの意思で財布に入っていた一万円札を犯人に渡したところ、犯人は、その札をズボンのポケットに入れて逃走した。

事例 3　犯人が、夜間人通りのない路上を自動車で走行中、一人で歩行中の女性を認め、運転している自動車の窓から右手を伸ばし、女性が腕に通して提げていたハンドバッグの持ち手部分を右手でつかんで引っ張り、これをひったくろうとした。女性がその持ち手部分を握りしめて離さず、これを取られないようにしたが、犯人は、自動車を走行させながら、なおも持ち手部分をつかんで同バッグを取ろうとしたため、女性を路上に転倒させた上、10メートルくらい引きずって加療約 2 週間の擦過傷を負わせた。最終的に女性が持ち手部分から手を離したため、犯人は、同バッグをそのまま奪って自動車で走り去った。

───設問のポイント───

事例１は、典型的な強盗の事案を事例として取り上げ、その構成要件を理解してもらうためのものである。

また、事例２は、強盗の構成要件「強取」の該当性を、事例３は、いわゆるひったくり事案における擬律をそれぞれ問うものである。

───解　答───

1　事例１

事例１において、犯人が被害者に加えた脅迫は、社会通念上一般に、被害者の反抗を抑圧するに足りるものであると評価することができるところ、被害者は、そのような脅迫に基づき犯人に一万円札を交付していることから、強盗罪に当たると考えられる。

2　事例２

事例２において、「強取」といえるかどうかが問題となるところ、強取とは、他人の占有する財物を暴行・脅迫によって自己又は第三者の支配下又は占有に移すことをいう。事例２のように相手方の反抗を抑圧するに足りる暴行を加えたが、相手方が現実には反抗を抑圧されずに自らの意思で財物を交付した場合であっても、判例上、暴行・脅迫と財物交付との間に因果関係があるのであれば、「強取」に当たるとされている。事例２では、脅迫と財物交付との間に因果関係は認められることから、自らの意思で財物を交付する場合であっても、強盗罪に当たると考えられる。

3　事例３

事例３は、いわゆるひったくりの事案であり、この種事案が強盗に当たるか否かは個別具体的な事実関係いかんによることになると考えられるが、事例３のように、自動車を使用して被害者を引きずってけがを負わせるまでの暴行を加えている場合には、強盗（致傷）罪に当たると考えられる。

───解　説───

1　保護法益及び構成要件

1　保護法益

　強盗は、暴行・脅迫を手段として、被害者の意思に反して財物又は財産上の不法な利益を得る犯罪であり、財産的利益のほか身体的・人格的法益をもその保護法益とする。

　すなわち、強盗は、犯罪の手段が暴行・脅迫とされている点において、身体の安全を害するおそれがあるとともに、意思決定の自由をも害するおそれがあり、これらの法益を保護する面も有する。

2　構成要件

(1)　暴行・脅迫

ア　意　義

　　暴行は、身体に向けられた不法な有形力の行使をいう。いわゆる傷害行為や殺害行為もここにいう暴行に含まれる。

　　脅迫は、害悪の告知をいう。

イ　暴行・脅迫の程度

(ア)　強盗罪における暴行・脅迫は、被害者の反抗を抑圧するに足りるものであることを要する。

　　その程度の判断は、社会通念上一般に被害者の反抗を抑圧するに足りる程度のものかどうかという客観的基準によって判断すべきである。具体的な事案における被害者の主観によって反抗の抑圧があったかどうかを判断すべきではない。

　　したがって、例えば、客観的に被害者の反抗を抑圧するに足りる程度の暴行・脅迫が加えられれば、仮に、被害者が現に反抗を抑圧されなくても、本罪の暴行・脅迫に当たる（最判昭23.11.18刑集2-12-1614。なお、現実に被害者が反抗を抑圧されたことは、暴行・脅迫の程度がより強いものであったことを推認し得ることに留意しておく必要があろう。）。

　　一般に、ナイフなどを突き付けて金品を要求するように、凶器を用いる場合は、被害者の反抗を抑圧するに足りる暴行・脅迫があったといえることが多いと思われるが、他方、裁判例の中には、夜間、公園のベンチにいるアベックにジャックナイフを突き付けて金品を交付させた事案につき、そのような暴行・脅迫があったとはいえないとしたものがある（東京高判昭37.10.31東高刑事報13-10-

267）。反対に、被害者が助けを求め得ないような状況の場合には、凶器を用いないで被害者に対し殴る蹴るなどの暴行を加えて金品を奪取した場合に強盗罪の成立を認めている裁判例もある（東京高判昭和32.3.7東高刑事報8-3-42）。

(イ)　他方で、一般には反抗を抑圧するに足りない程度の暴行・脅迫が加えられたところ、被害者が臆病であったために、実際に反抗が抑圧された場合については見解が分かれているが、裁判例としては、「被害者が臆病であるため犯人の言動を過大に感得したとしても、かかる事情も他の事情と相まって場合によっては強盗罪として評価させるに足りるもの」等と判示したものがある（名古屋高判昭35.9.21下刑2-9-10-1194）。

(ウ)　ひったくりは、一般的には、被害者の油断を見透かしてハンドバッグ等の所持品をつかんで逃げ出す行為ということができ、所持品を保持している身体の一部に衝撃を加えるものであるので暴行を加えているということはいえるものの、通常、その暴行は比較的軽微なものであって、被害者の反抗を抑圧するに足りるものとまではいえないであろう。

　　もっとも、事案によることにはなるが、例えば、①夜間人通りの少ない路上で、自動車の窓から、歩いている女性のハンドバッグのバンドに手を掛けてひったくろうとしたが、相手が奪われまいとして手放さなかったため、更にこれを奪取しようとして、バンドをつかんだまま自動車を走らせ、被害者を引きずって路上に転倒させたり、車体に接触させたり、道路脇の電柱に接触させたりした行為（最決昭45.12.22刑集24-13-1882）、②同様の状況下で、自転車に乗っていた女性の背後から原動機付自転車の速度を上げて追い越しざまに、女性が右手でハンドルと共にバンドを握っていたハンドバッグを無理に奪おうとした行為（東京高判昭38.6.28高刑16-4-377）については、いずれも被害者の反抗を抑圧するに足りる暴行と認めて、強盗（致傷）罪の成立を認めている。

ウ　暴行・脅迫と奪取との因果関係

(ア)　暴行・脅迫を用いて財物を奪取する犯意の下に、まず被害者が所

　　　持していたハンドバッグを奪取し、次いで暴行を加えてその奪取を
　　　確保した場合には、事後強盗ではなく、強盗罪を構成する。
　(イ)　既に暴行・脅迫が財物奪取の意図とは無関係に行われた後で財物
　　奪取の意思が生じ、財物を奪取した場合、具体的には、強姦（強制
　　性交等）の目的で暴行・脅迫を加えた後に、財物奪取の意思を生
　　じ、先の暴行・脅迫による被害者の畏怖の状態を利用して財物を奪
　　取した場合、どのように擬律すべきか。
　　　この点に関し、「刑法の一部を改正する法律」（平成29年法律第72
　　号。同年7月13日施行。以下「刑法改正法」という。）により、そ
　　の施行前後で成立する罪が異なるので、①施行前の行為、②施行後
　　の行為に分けて、簡単に触れておくこととする。
　a　まず、施行前の行為につき、裁判例としては、強姦し終わった
　　　後に強盗の犯意を生じ被害者からその所持金を強取した行為につ
　　　いて、強姦罪と強盗罪の併合罪が成立するとしている（最判昭
　　　24.12.24刑集3-12-2114）。
　　　　強盗の犯意に基づく新たな暴行・脅迫については、①これらを
　　　加えていないときでも強盗罪が成立する（東京高判昭57.8.6判時
　　　1083-150）とするものもあるが、②同様の事案で強盗罪が成立す
　　　るためには、新たな暴行・脅迫と評価できる行為が必要であると
　　　した上で、被害者が緊縛された状態にあり、実質的には暴行・脅
　　　迫が継続していると認められる場合に、これに乗じて財物を奪取
　　　したときは、新たな暴行・脅迫がなくとも、強盗罪が成立すると
　　　したものもある（東京高判平20.3.19判タ1274-342）。
　　　　この問題については、①と②の考え方で、実際上は大きな差異
　　　があるものとは考え難く、例えば、犯人が先の暴行・脅迫で反抗
　　　抑圧状態に陥っている被害者に対し「金をよこせ。」と申し向け
　　　るだけでも、既にそのような状態に陥っている被害者にとって
　　　は、その言辞自体が被害者の反抗を抑圧するに足りる程度の脅迫
　　　というべきものであるほか、事案によっては、現場に存在するこ
　　　と自体が、財物奪取を拒めば更にどのような暴行・脅迫を加えら
　　　れるかもしれない気勢、態度と評価することができる場合もあろ

う。

　b　次に、施行後の行為について論ずる。

　　刑法改正法による改正前は、強盗犯人が強姦をした場合には刑法241条前段の強盗強姦罪（無期又は7年以上の懲役）が成立するが、これとは逆に、強姦行為後に強盗の犯意を生じて強盗をした場合には、前記最判昭24.12.24のとおり、強姦罪と強盗罪との併合罪が成立する（この場合、処断刑は、5年以上30年以下の懲役となる。）ものとされていた。

　　しかし、同一の機会に、それぞれ単独でなされても悪質な行為である強盗の行為と強制性交等の行為との双方を行うことの悪質性・重大性に鑑みると、強盗の行為と強制性交等の行為との先後関係や犯意の発生時期の違いをもって、科すことのできる刑に大きな差異があることを合理的に説明するのは困難であると考えられたことから、刑法改正法により、それらの先後関係を問うことなく、「強盗・強制性交等罪」が成立するものとして、同一の法定刑で処罰することとされた（改正後の刑法241条1項）。したがって、施行後の行為については、同罪が成立することとなる。

　　なお、刑法改正法による刑法241条1項の改正の趣旨が上記のような趣旨に基づくものであることから、改正部分以外については、従来の解釈を変更するものではない。したがって、強盗・強制性交等罪は、同一の機会に強盗の行為と強制性交等の行為との双方が行われることを前提としており、かかる強盗についての解釈に変更はないことから、強制性交等の行為が先行した際に後に行われる強盗の暴行・脅迫の程度等については、従前のとおりであって、基本的にはaで述べたところと同様の議論が当てはまるであろう。

(2) 他人の財物

　財物の意義は、窃盗罪におけるものと同様である。

　したがって、不動産については、不動産侵奪罪が制定された以上、窃盗罪における財物には含まれないと解されることから、強盗罪においても同様に含まれないと解される（財産上不法の利益を得たと評価できる

場合には、本条2項の強盗利得罪が成立するものと考えられる。)。

財物には、法禁物も含まれると解される。

(3)　**強　取**

ア　強取とは、他人の占有する財物を暴行・脅迫によって自己又は第三者の支配下又は占有に移すことをいう。

被害者から財物を奪取する場合はもとより、被害者が交付した財物を受領することも、それがその自由な意思に基づくものでない限り、強取に当たる。例えば、暴行を加えられて失神中の被害者の所持品を奪うように、暴行・脅迫により反抗を抑圧された被害者が気付かないうちに財物を奪取した場合も、強取に当たる。

イ　暴行・脅迫を加えられたため被害者が財物をその場に放置して逃走した際に、その財物を領得する行為も強取といえる。

被害者の反抗を抑圧するに足りる暴行を加えたが、被害者が現実には反抗を抑圧されずに自ら財物を交付した場合であっても、暴行・脅迫と財物交付との間に因果関係があるのであれば、強取に当たる（最判昭24.2.8刑集3-2-75）。

(4)　**財産上不法な利益を得た**

ア　**意　義**

「財産上不法な利益を得た」というために、被害者の処分行為は必要ではない。したがって、例えば、タクシーに乗車した者がその運賃の支払を免れるために、運転手に暴行・脅迫を加えてその支払を免れた場合には、強盗罪が成立する。

そのような利益を得たといえるためには、1項の強盗との対比上、同行為にいう財物の取得と同視し得る程度の具体性・現実性を有する利益の移転があると認められることを要するが、必ずしも被害者の処分行為を要するものではない（最判昭32.9.13刑集11-9-2263）。したがって、例えば、無銭飲食をしてその代金の支払を免れるため暴行を加えて被害者が失神した場合にも本罪が成立すると考えられる。

債務の返済を免れるために債権者を殺害した場合、相続人が不存在で請求を受ける可能性がなくなったときはもとより、相続人がいても債務者である犯人を把握して債務の弁済を請求することが著しく困難

になったときは、財産上の利益を得たといえる（大阪高判昭59.11.28高刑37-3-438）。

イ　その他参考事案

犯人が、住居に侵入した後、キャッシュカードの窃取に着手し、その占有を容易に取得できる状態に置き、被害者に脅迫を加えて同カードの暗証番号を聞き出した行為は、同カードと同暗証番号を用いて、事実上、ＡＴＭを通して当該預金口座から預貯金の払戻しを受け得る地位という財産上の利益を得たものといえるとした裁判例がある（東京高判平21.11.16判時2103-158）。

欺罔の手段を用いて飲食物を提供させる行為と、その後の暴行・脅迫によってその代金の支払を免れる行為とは、それぞれ別個独立の法益侵害行為とみるべきであるから、飲食物に対する詐欺罪が成立することは、その後の２項強盗罪の成立を妨げるものではないとした裁判例がある（大阪地判昭57.7.9判時1083-158）。

(5)　**罪数等**

ア　強盗罪の罪数は、その保護法益である財産的利益と身体的・人格的利益の両者を基準として決することができる。

例えば、同一の機会に数人の被害者に暴行・脅迫を加えてそれぞれから財物を強取した場合には、被害者の数だけ強盗罪が成立し、その暴行・脅迫行為が１個の行為と評価できる場合には観念的競合、別個の行為と評価できる場合には併合罪になるものと考えられる（例えば、タクシーの助手席に押し入って刃物をちらつかせて運転手と乗客１人を脅してそれぞれから現金を強取した場合、２個の強盗罪が成立した上で、脅迫行為が１個の行為と評価できれば、各強盗罪は観念的競合の関係になるものと考えられる。）。

イ　同一の機会に窃盗と強盗とが同一の占有を侵害する形で犯された場合には、包括して強盗一罪で処断される。

家屋内で財物を窃取した後、これを発見した家人に強盗目的で暴行・脅迫を加えて財物を強取する、いわゆる居直り強盗の場合には、強盗罪のみが成立する（高松高判昭28.7.27高刑6-11-1442）。他方、同様に家屋内で財物を窃取後、強盗目的で暴行・脅迫を加えたが新たに

財物を強取できなかった場合には、いまだ窃取した財物の取得を確実にしていなかったのを暴行・脅迫により確実にしたなどの事情がない限り、包括して強盗未遂罪が成立する（大阪高判昭62.9.10判時1297-145）。

✓ 捜査のポイント

犯人性の特定以外の主な捜査事項は以下のとおりである。

1　総　論

(1)　全　般

　強盗に限ったものではないが、概略、①犯行を決意するに至った状況、犯行に至る経緯、②犯行状況、③犯行後の状況をそれぞれ解明するとともに、④共犯関係の有無についても問題意識を持って捜査すべきである。

　そして、これも強盗に限ったものではないが、以上の各捜査事項について、近時、携帯電話の通話履歴、路上の防犯ビデオやタクシーのドライブレコーダーなどの客観的証拠が多数存在し得るので、その収集及び内容の吟味を徹底すべきである。被疑者が詳細に自白している、あるいは目撃者が具体的事実を臨場感をもって供述しているといっても、その供述の内容の一部でも上記の客観的証拠と矛盾していたり、整合しない場合には、その供述の当該部分を用いることはできないことはもとより、その全体の信用性にまで深刻な影響を及ぼし、事案によっては、公訴の提起や維持まで難しくすることになりかねないことに留意すべきである。

(2)　被害状況の吟味

　上記のとおり、被害者に加えられた暴行・脅迫が反抗を抑圧するに足りる程度に達していたか否かは客観的に判断されることとなるが、これは、①被害者及び被疑者の属性（性別、年齢、体格、人相・風体、人数等）、②犯行の際の状況（犯行場所、その明暗、犯行時刻、人の往来の有無、救助要請の容易性等）、③犯行態様（凶器の有無、用法、脅迫文言の内容、声の大きさ等）等に基づき決せられることとなるので、これらの事実を証拠化していくことが必要

である。

2 取調べ

　被害者及び被疑者の取調事項は、もとより事案によることとはなるが、おおむね共通するところを取り上げると、以下のとおりである。

　(1)　**被害者**

　　ア　通常の財産犯と同様に、被害金品の種類・数量・金額及び所有関係、事後の被害弁償の状況及び被害感情のほかに、強盗に特有のものとして、①被害現場の状況に関する認識（例えば、夜間薄暗く人通りも少なくて一人歩きに恐怖を感じていたか等）、②暴行・脅迫を加えられた状況（例えば、刃物を突き付けられた事案の場合には、刃物の刃先の向き、刃先と被害者の身体の距離等）、③②によりどのような気持ちになり、それでどうしたか、④被害を受けたことによる財産的、精神的被害や影響などが挙げられる。

　　イ　特に、②の凶器と被害者の距離については、催涙スプレーを吹き付けたような事案でも同様であるが、被疑者は、公判段階に至ると、往々にしてその距離に関する供述を後退させる（より離れていたと弁解する）ことがあるので、捜査段階で明確に調書化しておくべきである。

　　　また、前記の強制性交等（強姦）の目的で暴行・脅迫を加えた後に強盗の犯意が生じて財物を奪取したような事案においては、被疑者の強盗の犯意発生後の些細な言動でも新たな強盗の暴行・脅迫になり得ることから（この場合、刑法改正法施行後の行為については、強盗・強制性交等罪が成立することは前記のとおりである。）、詳細にその被害状況を聴取して調書化すべきである。

　(2)　**被疑者**

　　ア　まず、犯行前のものとして、①犯行に至るまでの経済状態及びその認識、②犯意の発生時期（なぜ、他の手段を取り得なかったかも含む。）、③計画性、特に下見や凶器等の準備状況があるが、これらと共になぜその犯行場所を選んだか、なぜ凶器等を使用しようとした（又は使用しようとしなかった）か、事前に被害者に

狙いを付けていた場合には、なぜその被害者に狙いを付けたのか等の理由も詳細に聴取して明らかにすべきである。

　また、常習性の有無は、犯情に大きく影響するので、前科前歴として把握されているか否かにかかわらず、過去の同種犯罪歴や同種余罪をも確認し、その常習性を明らかにすべきである。

イ　次に、犯行時のものとして、①犯行時の周囲の状況、②被害者の性別、年齢、体格や体力についての認識、③暴行・脅迫を加えた状況（暴行が殴打の態様による場合には、その具体的な回数）、④犯行時、暴行・脅迫の程度、すなわち、これが被害者の反抗を抑圧するに足りる程度のものであったと認識していたか否か（例えば、取調べ時に、「今思えば、私が加えた暴行は、被害者が抵抗できないようなものだと思いますが、事件を起こしたときは、そこまで重いものとの認識はなく、場合によっては被害者から反撃されるのではないかと思っていました。」と供述しただけでは、強盗の暴行の認識はなく、恐喝罪が成立するにとどまる。）、⑤暴行・脅迫により、被害者はどのような言動をし、最終的にどうしたかを聴取して、可能な限り、犯行状況をリアルに感得できるように明らかにすべきである。

　③につき、例えば、刃物を使用した場合の距離関係について聴取すべきは(1)と同様であるが、殴打行為の回数についても、被疑者は、同様に供述を後退させることがあるので、捜査段階で明確に証拠化しておくべきである。

ウ　最後に、犯行後のものとして、①逃走状況、②強取した金品を確認した状況及びその内訳、③その費消・処分状況、④被害弁償の状況等も聴取して調書化すべきである。

設　問11　強盗 2

事後強盗

---設　問---

　下記の各事例における、甲、乙及び丙の罪責について説明しなさい。

事例1　甲は、A方に侵入して金品を窃取したが、Aに犯行を目撃され
　て追跡を受け、数十メートル逃げたところでAに現行犯逮捕され、A
　と共に交番に向かうこととなった。しかし、甲は、約30メートル進ん
　だところで、逮捕を免れるため、Aに暴行を加えた。

事例2　乙は、留守中のB方に侵入して金品を窃取した後、B方の天井
　裏に潜んでいたところ、犯行から約3時間後、帰宅したBに発見さ
　れ、逮捕を免れるため、Bに暴行を加えた。

事例3　丙は、隣人であるC方に侵入して金品を窃取した後、誰からも
　追跡されることなく自宅に戻った。しばらくして、丙は、C方で物色
　中に隣室から物音が聞こえたことを思い出し、Cに自己の犯行を目撃
　されたのでないかと考え、罪跡隠滅のため、犯行から約20分後にC方
　に戻り、Cを殺害した。

——設問のポイント——

　事例1ないし**事例3**は、いずれも事後強盗罪の成否を問うものである。

　事後強盗罪における暴行・脅迫は、窃盗の機会の継続中に行われる必要が
あるとするのが判例・通説であるが、いかなる場合に窃盗の機会の継続性が
認められるか、その判断基準の理解が重要となる。

　一般に、財物奪取と暴行・脅迫との間に時間的・場所的近接性があれば窃
盗の機会の継続性が認められるが、時間的・場所的近接性がなくとも、「被

害者等から容易に発見されて、財物を取り返され、あるいは逮捕され得る状況」が継続している場合には、窃盗の機会の継続性が認められるとするのが、判例の立場である。

　なお、窃盗の機会の継続性の判断基準を考えるに当たっては、事後強盗罪が典型的な強盗罪には該当しないにもかかわらず、「強盗として論ずる」こととなった趣旨を理解することが肝要である。

——解　答——

事例1—事後強盗罪が成立する。

　甲は、現場から数十メートルの場所で一旦現行犯逮捕されているものの、その身柄確保はいまだ不確実な状態にあるから、「被害者等から容易に発見されて、財物を取り返され、あるいは逮捕され得る状況」が継続していたといえる。

　したがって、甲には事後強盗罪が成立する。

事例2—事後強盗罪が成立する。

　乙の暴行は、財物奪取から約3時間後であり、財物奪取と暴行との間に時間的隔たりが認められるが、乙は、財物奪取の直後から現場の直近である天井裏に潜んでおり、「被害者等から容易に発見されて、財物を取り返され、あるいは逮捕され得る状況」が継続していたといえる。

　したがって、乙には事後強盗罪が成立する。

事例3—窃盗罪及び殺人罪が成立する。

　丙は、財物奪取後、誰からも追跡されることなく自宅に戻っており、その時点でCの支配領域から安全な場所に完全に離脱しているから、「被害者等から容易に発見されて、財物を取り返され、あるいは逮捕され得る状況」が継続していたといえない。

　したがって、丙には窃盗罪及び殺人罪が成立するのみであり、強盗殺人罪（事後強盗罪）は成立しない。

——解　説——

1　総　論

1　刑法238条の趣旨

　強盗罪は、暴行・脅迫を手段として、被害者の意思に反して財物又は財産上の不法な利益を得る犯罪である。他人の住居に侵入し、窃盗に着手した後、財物を奪取する前に（又は財物奪取後に）家人に発見され、なおも財物を奪取しようと家人に暴行・脅迫を加え、財物を得るという場合なども、暴行・脅迫が財物奪取の手段として用いられており、強盗罪に該当する（いわゆる居直り強盗）。

　これに対し、事後強盗罪は、犯人が、窃盗に着手後、刑法238条所定の目的をもって相手方に暴行・脅迫を加える犯罪である。

　暴行・脅迫が財物奪取の手段として行われた場合と、財物奪取後に逮捕免脱などの目的で行われた場合とでは、その危険性・実質的違法性に差異はない。しかし、仮に刑法238条の規定がない場合、前者は強盗罪が成立するのに対し、後者はせいぜい窃盗罪と暴行・脅迫罪（併合罪関係）が成立するだけであるため、法定刑や量刑に不均衡が生じることとなる。そこで、刑法は、後者のような事案を事後強盗罪とし、「強盗として論ずる」こととしたのである。

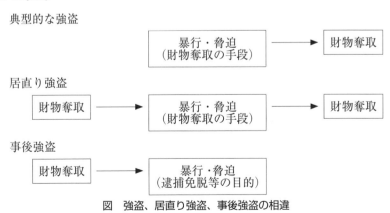

図　強盗、居直り強盗、事後強盗の相違

2　「強盗として論ずる」の意義

　刑法238条の「強盗として論ずる」とは、窃盗犯人による暴行・脅迫行為について、窃盗罪、暴行・脅迫罪などとは別個独立した罪（事後強盗罪）が成立するとした上、これを刑法上強盗として取り扱うという意味である。

　そのため、事後強盗罪の法定刑は、刑法236条所定の「5年以上の有期懲役」ということになるし、事後強盗罪を犯した者は、刑法240条（強盗致死傷）、同241条（強盗・強制性交等及び同致死）の主体である「強盗犯人」として取り扱われることになる。

☐2　主　　体

　事後強盗罪は、窃盗犯人が刑法238条所定の目的で暴行・脅迫を加えるという犯罪類型であるから、行為主体は窃盗犯人である。したがって、事後強盗罪が成立するためには、犯人が財物奪取行為に着手している必要があり、例えば、窃盗目的で民家に侵入したが、いまだ財物奪取行為に着手していない段階で家人に発見され、逮捕を免れる目的で暴行・脅迫を加えたという場合、窃盗犯人に該当しないから、住居侵入罪のほか、暴行・脅迫罪が成立するにすぎない（東京高判昭24.12.10高刑2-3-292）。

　また、窃盗犯人には、既遂犯だけでなく、未遂犯も含まれる（ただし、窃盗未遂犯の場合、財物奪取が完了していないから、「財物の取り返しを防ぐ」ことはあり得ず、同目的で暴行・脅迫を加えるとの構成は取り得ない。）。

　なお、事後強盗罪の既遂・未遂は、窃盗が既遂か未遂か、つまり犯人が財物の占有を取得したといえるか否かによって区別される。

☐3　暴行・脅迫

1　財物奪取と暴行・脅迫との関連性

(1)　窃盗の機会の継続性

　判例・通説は、事後強盗罪における暴行・脅迫は、窃盗の機会の継続中に行われなければならないとしている。これは、事後強盗罪が刑法236条の強盗罪と同視できるといえるためには、そこで行われる暴行・脅迫が、場所的、時間的関係などを総合的に判断して財物奪取との間に密接な関連性を有すると認められる必要があるからである。

　一般に、窃盗犯人が、窃盗をした直後、窃盗の現場の直近において、刑法238条所定の目的をもって暴行・脅迫を加えた場合、暴行・脅迫と財物奪取との間に時間的・場所的近接性を有しているといえるから、窃盗の機会の継続中に行われたものと認められるだろう。

(2)　窃盗の機会の継続性の判断基準

　では、暴行・脅迫が、窃盗をした直後でない場合、又は窃盗の現場の直近でない場合には、どのように考えるべきか。

　判例は、暴行・脅迫が窃盗の機会の継続中に行われたか否かについて、**「被害者等から容易に発見されて、財物を取り返され、あるいは逮捕され得る状況」**が継続していたか否かという基準により判断することとしている（最決平14.2.14刑集56-2-86、最判平16.12.10刑集58-9-1047）。

　判例の基準によれば、具体的な事実関係をもとに、財物奪取と暴行・脅迫との間の時間的・場所的近接性に加え、被害者側からの追及可能性が継続していたか否か、言い換えれば、被害者側の支配領域から安全な場所に完全に離脱したといえるかを検討することになろう。

(3)　裁判例による検討

　次に、実際の事件において、窃盗の機会の継続性を判断するに当たってどのような事実が重視されているかについて検討する。

　窃盗の機会の継続性に関する裁判例は、財物奪取と暴行・脅迫との時間的・場所的近接性の観点から、

　　ア　犯人が犯行現場から追跡されている場合（逃走追跡型）

　　イ　犯人が現場に滞留していた場合（現場滞留型）

　　ウ　犯人が犯行現場に舞い戻ってきた場合（現場回帰型）

に分類されることが多いため、以下、この分類に従って検討する。

　　ア　逃走追跡型

　　　　逃走追跡型に関する裁判例は多数あるが、そのうち窃盗の機会の継続性が肯定された裁判例は、

　　　①　被告人が、ぶどう園でぶどうを窃取し、犯行現場から約330メートル離れた道路を通行中、犯行を目撃して追跡してきた者から取り押さえられそうになり、逮捕を免れるため、所携の草刈鎌の破片で切り付けた事案（大判昭8.6.5刑集12-648）

② 被告人が、ラジオ１台を窃取し、犯行から約30分後、犯行現場から約１キロメートル離れた場所を逃走中、窃盗被害の電話連絡を受けて現場に向かっていた被害者と鉢合わせし、前記ラジオを取り戻されそうになり、取返しを防ぐとともに、逮捕を免れるため、暴行を加えた事案（広島高判昭28.5.27高判特報31-15）

などがある。①事案は、窃盗と暴行の間にそれほど時間的・場所的な隔たりがないことに加えて、窃盗の直後から目撃者に継続して追跡されたことが重視されたと考えられる。②事案は、窃盗と暴行との間に時間的・場所的近接性は認め難い上、犯行現場から継続して追跡されていたわけではないものの、被告人が逃走中に被害の連絡を受けて犯行現場に向かう被害者と遭遇した結果、被告人はこの時点で安全な場所に完全に離脱したとまではいえないと判断されたと考えられる。

　他方、窃盗の機会の継続性が否定された裁判例は、

③ 被告人が、被害者方に侵入して籾２俵を窃取し、犯行現場から約200メートル離れた路上を逃走中、警ら中の警察官に職務質問されそうになり、逮捕を免れるため、暴行を加えた事案（東京高判昭27.6.26高判特報34-86）

④ 窃盗未遂の犯人である被告人が、犯行現場から追跡を受けることなく逃走し、現場から約100メートル離れたところで１時間ほど休憩した後に帰途についたところ、そこから百数十メートル離れた路上で、被害者から通報を受けて捜査中の警察官に発見され、誰何されて逃走したが警察官に組み付かれ、逮捕を免れるため、暴行を加えて殺害した事案（福岡高判昭29.5.29高刑7-6-866）

などがある。③事案は、窃盗と暴行との間にそれほど時間的・場所的な隔たりがない点では①事案に類似しているが、この警察官は、警ら活動を行う中でたまたま被告人を呼び止めたにすぎず、窃盗事件との関係が認められないことが重視されたと考えられる。④事案は、窃盗と暴行との間に時間的近接性が認められない上、被告人は追跡されることなく現場を離れて１時間休憩しており、この時点で安全な場所に完全に離脱したといえること、警察官による追跡は、犯行から１時間以上経過した後に開始されているため、犯行現場から継続して追跡し

たものではないし、これと同視できるような状況とも言い難いと判断されたと考えられる。

　以上によると、逃走追跡型の事案では、窃盗の機会の継続性を判断するに当たり、財物奪取と暴行との間の時間的・場所的近接性に加え、**窃盗の現場から継続して犯人を追跡しているか、又はこれと同視できるような状況にあるといえるかが重要である**。例えば、窃盗の犯行後、程なくして追跡が開始された場合や、追跡が一旦中断したものの、現場からさほど離れておらず、時間的にもさほど経過していないうちに発見された場合などは、窃盗の現場から継続して犯人を追跡しているのと同視できるといってよいと思われる。この場合、犯行から追跡まで（又は中断から再発見まで）の時間的な隔たりや移動距離のほか、その間の被害者及び犯人の行動などを総合的に考慮することになろう。

　このように考えると、更に進んで、被害者側による追跡がない場合、例えば、路上で被害者から多額の現金の入ったバッグを窃取し、犯行現場から追跡を受けることなく自動車で逃走した犯人が、犯行直後に被害者から通報を受けた警察官の緊急配備検問で停止を求められ、逮捕を免れる目的で、検問中の警察官に自動車を衝突させたような場合には、犯人はいまだ安全な場所に完全に離脱したとはいえないであろうから、犯行と暴行との時間的・場所的な隔たりの程度にもよろうが、窃盗の現場から継続して犯人を追跡しているのと同視できることを理由に、窃盗の機会の継続性を肯定できる場合があるのではなかろうか。

　最決昭33.10.31（刑集12-14-3421）は、**事例１**と類似の事案について、「窃盗犯人が現行犯として被害者に一応逮捕せられ警察官に引き渡されるまでの間、被逮捕状態を脱するため、被害者に暴行を加えこれを傷害した場合は、刑法238条にいう『逮捕ヲ免レ』るため暴行をなしたときとして強盗をもつて論ずべく、強盗が人を傷害したものとして同法240条前段を適用すべき」と判示し、強盗致傷罪の成立を認めている。被告人は一旦現行犯逮捕されてはいるものの、交番に向かっていた時点では被害者に完全に制圧されていたわけではないこ

と、被害者に暴行を加えた場所は窃盗の現場からさほど離れておらず、時間的にもさほど経過していないことなどの事実関係からすると、その暴行は、広い意味で追跡中に行われたものと評価できよう。

イ　現場滞留型

現場滞留型では、窃盗の機会の継続性が否定された裁判例は見当たらない。窃盗の機会の継続性が肯定された裁判例としては、

⑤　被告人が、一緒に酒を飲んでいた被害者が寝入ったところで背広から財布を窃取し、罪跡隠滅のため、被害者の殺害を決意したが、友人が来訪したため、窃盗から約11時間後、寝入ったままの被害者を殺害した事案（千葉地木更津支判昭53.3.16判時903-109）

⑥　被告人らが、被害者に睡眠薬を服用させて眠らせてクレジットカードを窃取した後、罪跡隠滅のため、被害者の殺害を決意し、睡眠薬の影響により意識がもうろうとした被害者をマンションの一室に留め置いたまま外出し、クレジットカードを利用して詐欺などの犯行を繰り返した上、被害者をマンションから連れ出し、窃盗から約40時間後、マンションから約百数十キロメートル離れた山中で殺害した事案（名古屋高判平15.7.8高刑速報705-123）

などがある。⑤事案は、窃盗と暴行との間に大きな時間的隔たりがあるものの、場所的な移動がほとんどない上、被告人は窃盗の犯行直後から罪跡隠滅の目的で殺害の機会をうかがっていた事実が重視されたと考えられる。⑥事案は、財物奪取と殺害行為との間には時間的・場所的近接性が認められないものの、被告人らが、窃盗の現場で、窃盗の直後から、被害者に繰り返し睡眠薬を飲ませて意識朦朧状態を継続させた上で、被害者を山中に連れ出して殺害しており、このような一連の行為が「窃盗をした直後、犯行現場において、暴行・脅迫を加えた場合」と同視し得ると判断されている。

以上によると、現場滞留型の事案では、**場所的近接性が維持されることが多いため、多少の時間的経過があっても、窃盗の機会の継続性が肯定される傾向にある**といえる。とはいえ、財物奪取から暴行までに数日程度の隔たりがある場合には財物奪取と暴行との間に密接な関連性を有するとは言い難いであろうから、その場合には窃盗の機会の

継続性を肯定するのは困難であろう。そうすると、現場滞留型においては、「現場」に滞留したといえるか否かが重要であり、これは、**どの範囲までを「窃盗の現場」に含めるかによって判断が分かれること**になるだろう。

　最決平14.2.14（刑集56-2-86）は、**事例２**と類似の事案について、窃盗を終えてから暴行を加えるまでに３時間が経過しており、時間的隔たりは大きいものの、「窃盗の犯行後も、犯行現場の直近の場所にとどまり、被害者等から容易に発見されて、財物を取り返され、あるいは逮捕され得る状況が継続していた」と判示し、強盗致傷罪の成立を認めている。

ウ　現場回帰型

　現場回帰型に関する裁判例のうち、窃盗の機会の継続性が肯定されたものは、

⑦　被告人らが、自動車学校内で金品を窃取して自動車で逃走したが、犯行に気付いた学校関係者に自動車で追跡され、一旦は逃がれたものの、その後道に迷い、窃盗から約20分後、約2.5キロメートルを走行したところで再び自動車学校に現れてしまい、再度学校関係者に自動車で追跡され、約４キロメートル走行したところで追いつかれたため、逮捕を免れるため、学校関係者を包丁で刺して殺害した事案（福岡高判昭42.6.22下刑9-6-784）

がある。⑦事案では、一旦は被害者らの追跡を免れたようにみえるが、窃盗の直後から関係者に追跡されていたこと、犯行から近接した時間に現場に戻った後は、被害者に継続して追跡されたことが重視されたと考えられる。

　なお、同事案は現場回帰型として分類されているが、このような事情からすると、逃走追跡型と分類し、「追跡の継続性」の問題として捉えることもできるように思われる。

　他方、窃盗の機会の継続性が否定された裁判例としては、

⑧　被告人が、被害者方に侵入して財布等を窃取した後、誰からも発見、追跡されることなく犯行現場から約１キロメートル離れた公園まで移動し、盗んだ現金を確認したが、目標としていた金額に足り

ていないと考え、約30分後に再度金品を窃取する目的で被害者方に
侵入したところ、被害者に発見され、逮捕を免れるため、所携のナ
イフを示して脅迫した事案（最判平16.12.10刑集58-9-1047）
などがある。⑧事案では、被告人が、「財布等を窃取した後、誰から
も発見、追跡されることなく、一旦犯行現場を離れ、ある程度の時間
を過ごして」いることが重視され、「被告人が被害者等から容易に発
見されて、財物を取り返され、あるいは逮捕され得る状況でなくなっ
た」と判示されている。

　以上によると、現場回帰型の事案では、**被害者側から追跡を受ける
ことなく現場を離れ、ある程度時間が経過したといえるか**が重要であ
り、このような場合、たとえ犯行に近接した時間に再度現場に戻った
としても、窃盗の機会の継続性が否定される傾向にあるといえる。こ
れは、犯人が被害者側から追跡を受けずに犯行現場を離れて安全な場
所に至った時点で、犯人は逮捕され得る状況から脱しており、かつ、
財物も完全に確保したものとみることができるからであろう。

　東京高判平17.8.16（判タ1194-289）は、**事例3**と類似の事案につい
て、被告人が、「（被害者方から）手提げバッグを窃取した後、誰から
も追跡されずに自宅に戻ったのであり、その間警察へ通報されて警察
官が出動するといった事態もなく、のみならず、盗品を（被告人の）
自宅内に置いた上で被害者が在宅する○○方に赴いたこともあきらか
であ」り、「被告人は、被害者側の支配領域から完全に離脱したとい
うべきであるから、被害者等から容易に発見されて、財物を取り返さ
れ、あるいは逮捕され得る状況がなくなったと認めるのが相当であ
る」と判示し、強盗殺人罪の成立を否定している。

2　暴行・脅迫の相手方

　刑法236条の強盗罪における暴行・脅迫は、財物奪取の障害となり得る者
であればよく、必ずしもその財物の所有者、占有者に限定されない。

　これと同様に、事後強盗罪における暴行・脅迫も、窃盗の被害者に限られ
ず、同罪の構成要件要素となっている目的を遂げるのに障害となり得る者で
あればよいと解されている。

　したがって、例えば、窃盗犯人を逮捕しようとしたスーパーの警備員や、

通報により駆けつけた警察官などに向けられたものでもよい。

3　暴行・脅迫の程度

　刑法236条の強盗罪との均衡上、事後強盗罪における暴行・脅迫は、刑法236条の強盗罪における暴行・脅迫と同程度のものであることが必要である。したがって、事後強盗罪の暴行・脅迫についても、被害者の反抗を抑圧するに足りる程度のものであることを要する。

　そして、事後強盗罪における暴行・脅迫の程度の判断は、刑法236条の強盗罪におけるそれと同様、社会通念上一般に被害者等の反抗を抑圧するに足りる程度のものかどうかという客観的基準によって決すべきであり、その判断に際しては、暴行・脅迫の態様はもとより、犯行場所、犯行時刻、周囲の状況、相手方の性別・年齢・体格等も考慮すべきである。

　なお、事後強盗罪では、刑法238条所定の目的で暴行・脅迫が行われれば足り、目的が達成されたかは無関係である（大判昭7.6.9刑集11-778）。とはいえ、目的が達成されなかったということは、暴行・脅迫の程度が、反抗を抑圧するに足りる程度のものでなかったことを推認し得る一事情として評価される可能性があるため、検討に当たっては注意を要する。

　これまで述べてきた強盗罪と事後強盗罪の暴行・脅迫に関する構成要件要素を比較すると、以下の図のようになる。

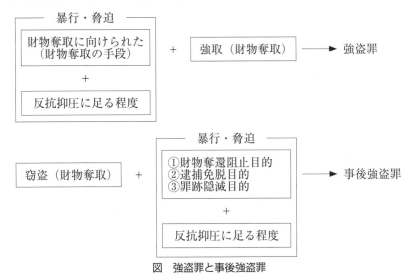

図　強盗罪と事後強盗罪

✓ 捜査のポイント

1　主体について

　事後強盗罪の成否を検討する上では、行為主体が「窃盗犯人」であることを明らかにする必要がある。

　窃盗の犯行に関する防犯カメラ映像、被害者等による目撃供述といった直接証拠が存在する場合には、これらを証拠化すれば足りよう。直接証拠が存在しない場合でも、被疑者が被害品を所持している場合には、被疑者から被害品の任意提出を受け、又は差押えをした上、いわゆる被害付けの捜査を実施すればよいし、被害現場に明らかな物色の痕跡が残っている場合には、実況見分を実施することにより、窃盗への着手を立証することができよう。問題はこのような客観的証拠が存在しない場合であるが、現場の痕跡から被疑者の行動が明らかにならない場合には、被疑者の取調べによって明らかにせざるを得ないであろう。その場合、被疑者からは、各種の窃盗罪における実行の着手時期に関する裁判例を念頭に（例えば、侵入盗であれば物色行為がなくとも着手が認められる場合がある。）、窃盗の現場における被疑者の行動をつぶさに聴取する必要があろう。

2　暴行・脅迫について

　事後強盗罪における「暴行・脅迫」については、基本的には強盗罪と同様、暴行・脅迫を受けた被害者から、暴行・脅迫を受けた日時、場所、態様のほか、被害当時の周囲の状況等を聴取するとともに、被害現場の実況見分を行うことにより、暴行・脅迫の程度、財物奪取と暴行・脅迫との時間的・場所的近接性を明らかにする必要がある。

　暴行・脅迫が財物奪取の直後、直近の場所で行われていない場合、まず当該事案がどの類型に当たるかを検討した上、逃走追跡型であれば、被害者その他の関係者から、追跡開始までの状況（例えば、110番通報が行われ、警察官が出動するようなことがあったか否か）を聴取するほか、具体的な追跡状況を実況見分などで明らかにする必要がある。また、現場滞留型であれば、被疑者の取調べにおいて、現場にとどまることにした理由や、具体的にどこにどのようにとどまっていたのかなどを

聴取するとともに、実況見分を実施して客観的に「現場」に滞留していたことを明らかにする必要がある。現場回帰型については、被疑者から、現場を離れてから戻るまでの時間及び移動距離はもちろんのこと、その間どこでどのようにしていたのかを具体的に聴取する必要がある。その上で、現場回帰型では、窃盗の機会の継続性が否定される傾向があることから、移動距離が近く、現場を離れてから間もなく戻ってきたような場合には、被疑者がいまだ安全な場所に完全に離脱したとはいえないと説明できないかどうか、また、窃盗の現場と被疑者の移動先との位置関係などから現場滞留型の事案として説明できないかどうかを検討することも必要であろう。

Column

事後強盗罪は身分犯か結合犯か

　事後強盗罪の主体との関係で、事後強盗罪の構造をどのように理解するかについて、①事後強盗罪は「窃盗犯人」であることを身分とする身分犯であるとする説（身分犯説）と、②事後強盗罪は「窃盗罪」と「暴行・脅迫罪」が結合したものであるとする説（結合犯説）がある（なお、「①身分犯説」には、①′真正身分犯説、①″不真正身分犯説などがある。）。

　この問題は、Aが、窃盗後、被害者に発見されて逮捕を免れるため暴行・脅迫行為をしていたところ、Bが、暴行・脅迫行為だけに関与した場合、Bにどのような犯罪が成立するかということに関連し、①身分犯説によれば、いわゆる「共犯と身分」の問題として処理することになるし、②結合犯説によれば、いわゆる「承継的共同正犯」の問題として処理することになる。具体的には、

① 　身分犯説によれば、
　①′真正身分犯説からは、事後強盗罪を窃盗犯人だけが実現できる真正身分犯と理解した上、Bに事後強盗罪の共同正犯が成立する（刑法65条１項）
　①″不真正身分犯説からは、事後強盗罪を暴行・脅迫罪の加重類型と理解した上、Bに暴行・脅迫罪の共同正犯が成立する（刑法65条２項）
　ことになろう。
② 　結合犯説によれば、
　②′承継的共同正犯を認める立場からは、Bに事後強盗罪の共同正犯が成立する（ただし、Aの窃盗を認識した上で加担する必要がある。）
　②″承継的共同正犯を否定する立場からは、Bに暴行・脅迫罪の共同正犯が成

　　立する

　ことになろう。

　これまでは身分犯説が有力説ではあるが、近時は、結合犯説が有力に主張され
ている（この点に関する理解を深める論文として、山口厚「事後強盗罪再考」研
修660号（平成15年６月）３頁があるので参考にされたい。）。

設問12　強盗3

強盗致死傷罪

─設　問─

　下記の各事例における、甲、乙及び丙の罪責について説明しなさい。

事例1　甲は、財物奪取の意思で、Aに対し、その反抗を抑圧するに足りる程度の暴行を加え、Aの金品を強取し、その場から逃走した。甲は、犯行を目撃した通行人Bに追跡され、Bに犯行現場から100メートル先で追い付かれたため、逮捕を免れる意図でBの顔面を殴打して傷害を負わせた。

事例2　乙は、Cが運転するタクシーに乗車中、Cに対し、後部座席から拳銃に見せ掛けたモデルガンの銃口を向け、「金を出せ。」と言ってその反抗を抑圧するに足りる程度の脅迫を加えた。Cは、同脅迫により畏怖し、難を逃れるために運転席ドアを開けて車外に飛び降りたところ、路上に転倒して傷害を負った。

事例3　丙は、飲食店店員Dに対し、包丁の刃先をその胸部に示しながら、「レジを開けて金を出せ。」と言ってその反抗を抑圧するに足りる程度の脅迫を加えたが、D及びその場にいた同店経営者Eに激しく抵抗され、Eに同包丁を取り上げられた。そして、丙がEから同包丁を奪い返そうとしてEともみ合いになったところ、Eは、丙に同包丁を奪われまいとして同包丁をDに渡すためにDに向かって投げた。折しもDは、携帯電話で警察に通報しており、同包丁に気付くのが遅れたため、同包丁がDの大腿部に刺さり、傷害を負った。

——設問のポイント——

　事例1ないし事例3は、いずれも強盗致傷罪の成否を問うものである。

　事例1は、①刑法240条が規定する強盗致死傷罪が成立するためには、人の死傷結果が強盗犯のいかなる行為から生じたことを要するのか、換言すれば、死傷結果を発生させる強盗犯の行為（以下「原因行為」という。）はいかなる範囲に限定されるのか、事例2は、②脅迫から死傷結果が生じた場合における強盗致死傷罪の成否、事例3は、③強盗致死傷罪の成否を検討する上で、①とは別個の問題として、原因行為と死傷結果との因果関係の存否が問題となり得ることをそれぞれ理解してもらうためのものである。

——解　答——

1　事例1について—強盗致傷罪が成立する。

　強盗致死傷罪における人の死傷結果は、強盗の手段である暴行・脅迫から生じる必要はなく、原因行為が「強盗の機会」に行われれば足りる。そして、原因行為が「強盗の機会」に行われたといえるためには、原因行為が強盗の遂行と一定の関連性・牽連性を有することが必要である。

　Bの傷害結果の原因行為となる甲の暴行は、甲が強盗行為に及んだ後に犯行現場から逃走を図る過程で行われ、甲としても、強取した財物を取り返され、あるいは逮捕され得る状況が継続している中で、Bから財物を取り返されたり、逮捕されるのを免れ、強盗を実質的に完遂するために行ったものであり、強盗の遂行と一定の関連性・牽連性を有するため、「強盗の機会」に行われた行為と認められる。

　なお、強盗致死傷罪における人の死傷結果は、強盗の被害者に生じた場合に限られず、Bのように犯行を目撃し、犯人を追跡した者に生じた場合でもよい。

　以上によれば、甲には強盗致傷罪が成立する。

2　事例2について—強盗致傷罪が成立する。

　強盗致死傷罪は、暴行から死傷結果が生じた場合のみならず、脅迫から死傷結果が生じた場合でも成立する。

　乙のCに対する脅迫は、強盗の手段としての脅迫そのものであり、これによりCが傷害を負ったものと認められる。

したがって、乙には強盗致傷罪が成立する。

3　事例3について—強盗致傷罪が成立する。

　Dの傷害結果の原因行為として検討すべき丙の行為は、丙がEから包丁を奪い返そうとする行為である。このような丙の行為は、当初の強盗行為の直後に犯行現場において犯行用具を回収し、更なる強盗行為に及ぶ意図、あるいは、自己の犯跡を残さずに逃走する意図で行われたものと認められ、強盗の遂行と一定の関連性・牽連性を有することから、「強盗の機会」に行われた行為といえる。

　そして、丙がEから包丁を奪い返そうとする行為は、Eにとっては、丙から再び包丁で危害を加えられかねない危険なものであるから、Eが包丁をDに投げ渡してその危険を回避しようとしたとしても不自然ではない。また、突如として包丁を投げ渡されたDが、これを受け取り損ねたり、避けきれずに受傷することも十分あり得る事態である。そうすると、Dの傷害結果は、Eから包丁を奪い返そうとする丙の行為の危険性が現実化したものといえ、丙の当該行為とDの傷害結果との因果関係は認められる。

　以上によれば、丙には強盗致傷罪が成立する。

——解　説——

1　強盗の機会

1　問題の所在

　刑法240条は、「強盗が、人を負傷させたとき」「死亡させたとき」に強盗致死傷罪が成立すると規定しているにとどまり、人の死傷結果が強盗犯のいかなる行為から生じたことを要するかについては、条文上、明確に定められているわけではないため、様々な見解が主張されている。

　この点、判例は、強盗の手段としての暴行・脅迫から生じた場合に限らず、その原因行為が「**強盗の機会**」に行われれば足りるとしているが、いかなる場合に「強盗の機会」に行われたと認められるかについては、事例判断が集積されているにとどまり、一般的な判断基準が示されているわけではない。もっとも、判例も、強盗行為を契機として死傷結果が生じたとしても、およそ強盗とは関係のない行為により死傷結果が生じた場合に無条件で強盗

致死傷罪が成立すると解しているわけではない。判例の基本的な立場については、下記のような個々の事例判断を分析することを通じて理解しておく必要があるが、実質的には、学説の多数説である修正機会説（原因行為が強盗の遂行と一定の関連性・牽連性を有するものであることを要する見解）と大きく異なるものではないと考えられ、死傷結果の原因行為が強盗の遂行と**一定の関連性・牽連性**を有していれば、「強盗の機会」に行われたものと解してよいであろう。

2　参考判例等

　死傷結果の原因行為が、強盗の手段たる暴行・脅迫ではない場合において、「強盗の機会」に行われたことを肯定した裁判例としては、

① 　被告人が、強盗に押し入った家屋の表入口から逃走するに当たり、追跡してきた家人をその表入口付近において日本刀で刺殺した事案（最判昭24.5.28刑集3-6-873）

② 　被告人が、タクシーを運転する被害者に対し、背後から拳銃を突き付けて金員を強取しようとしたが、被害者がこれに応じず一旦同タクシーから下車し、次いで、被告人を同タクシーに乗車させて警察に連行しようと考えた被害者から「乗れ。乗れ。」と言われて乗車するよう促され、再び同タクシーに乗車したが、約5、6分後に約6キロメートル離れた地点で、被害者が警察に届け出るために同タクシーを停車させたことを察知し、逃走するために同拳銃で同運転手の頭部を殴打して傷害を負わせた事案（最決昭34.5.22刑集13-5-801）

③ 　被告人が、実母を殺害して金品を強取する目的で、実母の頸部を締め付けて意識不明の状態に陥れて金品を強取した後、そのうち実母が死亡するものと考えてそのまま自宅に放置していたところ、その4日後に、新聞の集金人の来訪を受けたことを契機として、周囲に不審に思われて自己の犯行が発覚するのではないかとの不安と焦りが高じて、自己の犯跡を隠蔽するため実母にとどめを刺そうと決意し、実母の頸部を締め付けて殺害した事案（和歌山地判平17.4.27裁判所ウェブサイト）

などがある。

　①の事案も②の事案も、人の死傷結果の原因行為と当初の強盗行為との時間的・場所的近接性が認められることに加え、原因行為が、当初の強盗行為

を実質的に完遂する目的でなされており、実際にも、当初の強盗行為を実現するのに役立っていることが重視され、「強盗の機会」性が肯定されていると考えられる。

　これに対し、③の事案は、①の事案や②の事案と異なり、原因行為と当初の強盗行為との間に時間的な隔たりがあるものの、被告人の犯意の前後一体性、継続性が重視され、「強盗の機会」性が肯定されていると考えられる。すなわち、そのような時間的な隔たりがあったとしても、実質的には、実母が意識を取り戻した場合にその実母によって財物を取り返されたり、その実母が通報するなどして警察によって逮捕され得る状況の継続性が一応観念できる上、強盗を完遂するのに障害となり得る状況から回避しようとする犯意も継続していたと評価でき、このような状況下で実母を殺害する行為は、通常、実質的には当初の強盗行為を実現するのに役立つものであって、これらの点が重視されていると評価し得るのではないだろうか。そのような意味においては、原因行為と当初の強盗行為との時間的・場所的近接性は、「強盗の機会」性の重要な判断要素の一つではあるものの、仮に、③の事案のようにこの判断要素の一部を欠いたとしても、直ちに「強盗の機会」性が失われるわけではなく、むしろ、これに代わる判断要素として、実質的に、財物を取り返されたり、逮捕され得る状況が継続していたかという点に着目するとよいであろう。

　他方で、死傷結果の原因行為が、「強盗の機会」に行われたことを否定した判例としては、

④　被告人らが、岡山県下で強盗を行って得た品物を船で運搬し、約26時間30分が経過した後に神戸市内で陸揚げしようとする際に警察官に発見され、逮捕を免れる目的で同警察官に暴行を加えて傷害を負わせた事案（最判昭32.7.18刑集11-7-1861）

⑤　被告人が、共犯者2名と共謀を遂げて、被害者宅に居住する家族を殺害して金品を強取した後、犯行の発覚を防ぐために、改めて共犯者2名と被告人らが犯行直前に被害者宅を訪問していたことを知っていた第三者を殺害しようと相談し、金品強取から約5時間後に、被害者宅付近にある空き地に当該第三者を呼び出した上で殺害した事案（最判昭23.3.9刑集2-3-140）

などがある。

　④の事案は、原因行為と当初の強盗行為との間の時間的・場所的近接性を欠き、実質的にも、財物を取り返されたり、逮捕され得る状況が継続していなかったことが重視されて「強盗の機会」性が否定されたと評価できるであろう。

　これに対し、⑤の事案においては、人の死亡結果は、当初の強盗行為から約6時間後に比較的近い場所で発生しており、少なくとも原因行為と当初の強盗行為の場所的近接性は認められる。時間的近接性があるかについては評価が分かれるであろうが、⑤の事案は、時間的近接性があると評価される余地があることを前提として、第三者に対する殺害行為については、先行する強盗殺人行為が終了した後に、他の共犯者と相談した上で行ったものであるとして、「新たな決意に基づいて別の機会に殺害した」と認定した上で、そのような場合には、たとえ時間的に先の強盗殺人の行為に接近しその犯跡を隠蔽する意図の下で行われた場合であっても、「強盗の機会」性を否定している。そうすると、⑤の事案は、原因行為と当初の強盗行為との時間的近接性の有無よりも、犯行の意図が当初の強盗殺人行為から継続していないことに重点が置かれたものといえるであろう。

　以上のとおり、裁判例においては、いかなる場合が「強盗の機会」に当たるのかにつき、事例判断が集積されているにとどまるが、「強盗の機会」であるか否かは、㋐原因行為と当初の強盗行為の時間的・場所的近接性（これに代わる判断要素として、**財物を取り返されたり、逮捕され得る状況の継続性**）や㋑**犯行意図の継続性**を踏まえ、㋒**その他の事情**（原因行為が実質的に**強盗を実現するのに役立っているかなど**）を総合考慮しつつ決せられることになろう。そして、㋑に関し、原因行為が「新たな決意に基づく別の機会」に行われたと評価される場合には、「強盗の機会」性が否定される傾向にあると思われる。

　なお、④の事案のように、一見すると、原因行為と当初の強盗行為との時間的・場所的近接性を欠くような事案であっても、仮に、警察官らが岡山県下での強盗発生の通報を受け、被告人らの船での運搬ないし逃走状況を追跡捜査しており、神戸市内での陸揚げを待ち構えていたような特段の事情があれば、実質的には、被告人らにとって、財物を取り返されたり、逮捕され得

る状況が継続しており、待ち構えていた警察官に対して暴行に及べば、まさに強盗を完遂するための行為であるとして、「強盗の機会」性が肯定される余地はあるであろう。また、⑤のような事案においても、仮に、被告人が、共犯者らとの間で、当初の強盗殺人行為に及ぶ時点で、目撃者であっても犯行を完遂するために障害となり得る者は全て殺害するとの計画を立てていたという特段の事情が認められるのであれば、後行する第三者殺害行為の時点まで犯意が継続していたとして、「強盗の機会」性が肯定される可能性は十分あると考えられる。

②　脅迫から死傷結果が生じた場合における強盗致死傷罪の成否

1　問題の所在

強盗致死傷罪が成立するために、少なくとも暴行の意思が必要であるか否かについては、学説上争いがある。暴行の意思が必要であるとすると、脅迫から死傷結果が生じた場合、脅迫の故意しかなく、暴行の故意を有しないため、強盗致死傷罪が成立しないこととなる。この点につき、判例は必ずしも明確な判断を示しておらず、今後の事例判断の集積が待たれるところではあるが、強盗罪の構成要件には、実行行為の内容として、暴行と脅迫が並列的に規定されている上、強盗の機会において残虐な行為を伴うことが少なくなく、被害者やその場に居合わせた者らに死傷の結果が生ずる可能性があることは、暴行を手段とするものと脅迫を手段とするもので別異に解する合理的な理由はない。

したがって、脅迫から死傷結果が生じた場合においても、強盗致死傷罪が成立すると解すべきである。

2　参考裁判例

脅迫から死傷結果が生じた場合（脅迫の故意しかない場合）においても強盗致死傷罪の成立を肯定した裁判例としては、

⑥　被告人が、ミニバイクに乗車していた被害者に対し、その脇腹に登山ナイフを突き付け、「騒ぐな殺すぞ。」と脅迫して別の場所に連行し、被害者の左手と同ミニバイクのハンドルを手錠で連結固定するなどの暴行を加えて、その反抗を抑圧した上で、被害者に「倒れろ。」と命じて脅迫し、これに従った被害者をしてその場に転倒させて受傷させ、同ミニ

バイクのかごにあった現金等を強取した事案（大阪高判昭60.2.6判タ
555-342)

⑦　被告人が、駐車中の自動車の運転席に被害者が乗り込んだのを認め
て、いきなり同車の運転席ドアを開け、被害者の右脇腹付近に果物ナイ
フを突き付け、被害者を助手席に移動させた上、自ら同車運転席に乗り
込んで同車を発進させ、いつでも同果物ナイフを取り出せる状態に置き
つつ、同車を運転中、被害者に対し、「金を出せ。」などと脅迫してその
反抗を抑圧したところ、被害者が隙を見て走行中の同車の助手席ドアを
開けて飛び降りて脱出したため、被害者の現金を強取し、被害者は脱出
に際し、路上に転倒して受傷した事案（福岡地判昭60.11.15判タ591-81）
などがある。

他方で、脅迫から死傷結果が生じた場合に強盗致死傷罪が成立することを
正面から認めた判例は不見当である。判例においては、暴行概念を緩和し
て、物理力の行使が人の身体に接触することまでは不要であるとし、脅迫で
はなく暴行から傷害結果が生じたものと理論構成して強盗致傷罪の成立を認
めた例が散見される。例えば、最判昭33.4.17（刑集12-6-977）は、強盗犯人
である被告人が、被害者にナイフを突き付け、金員を要求しつつ、首やあご
のあたりにナイフを突き出し、この間、ナイフの刃が被害者の首やあごに触
れてかすり、被害者に擦過傷を負わせた事案において、ナイフの突き出し行
為につき、脅迫ではなく暴行と認定し、当該暴行を原因行為として傷害結果
が生じたものと理論構成して強盗致傷罪の成立を認めている。

③　原因行為と死傷結果との因果関係

1　問題の所在

強盗致死傷罪の成否を検討する上で、「強盗の機会」性の判断に着目され
ることが多いため、「強盗の機会」性を判断しさえすれば因果関係の検討は
不要であると誤解されがちである。しかしながら、死傷結果が生じている事
案においては、その原因行為が「強盗の機会」に行われたか否かを判断し、
原因行為を限定ないし特定する必要があるとともに、それとは別個の問題と
して、当該原因行為と死傷結果との間に因果関係が存在するかを判断する必
要がある。要するに、原因行為が「強盗の機会」に行われたと判断されたと

しても、因果関係が否定される場合があり得るのであり、この点に十分留意すべきである。

2　参考裁判例

　原因行為と死傷結果との因果関係が争点となり、これを肯定した裁判例としては、横浜地判平21.6.25（判タ1308-312）がある。本設問の**事例3**は、この裁判例を題材としたものであるが、この裁判例は、**事例3**の解答に記載した内容とほぼ同様の理由により、被告人が行った原因行為と被害者の傷害結果との因果関係を肯定したものと考えられる。

　また、このほかに因果関係を肯定した裁判例としては、

⑧　被告人が、共犯者と共謀の上、ビル2階にあるエステ店において、同店店長ほか3名を同店の出入口付近にある受付に集めた上、拳銃に見せ掛けたエアガンを突き付けるなどして脅迫してその反抗を抑圧した上、現金を強取し、その際、同店内の個室におり、被告人がその存在を認識していなかった別の店員が、被告人の脅迫行為を見て、恐怖心の余り、同店の2階の窓から脱出を試みたところ、誤って足場に降り損ね、そのまま地面に転落して負傷した事案（東京地判平15.3.6判タ1152-296）

などがある。

　他方で、因果関係を否定した裁判例としては、

⑨　窃盗犯人である被告人が、逮捕を免れるために被害者と取っ組み合っているとき、被害者の父親が後方から被告人の襟首をつかんで引っ張った際、被告人が後方に転倒し、これによって被害者の父が被告人の下敷きになって負傷した事案（札幌高函館支判昭25.7.3高判特報13-203）

⑩　被告人が、被害者に対して手斧を突き付けて脅迫し、現金を強取しようとしたが、被害者から「まあ待て、待て。」などと言われ、一旦振り上げた手斧を下に下ろしたところ、その隙に被害者が手斧を奪い取った際、傍らの板塀に手をこすって負傷した事案（神戸地姫路支判昭35.12.12判タ119-108）

などがある。

　⑨の事案は、被害者の父親の傷害結果に向けた被告人の積極的行為を認めるに足りる証拠が十分ではなく、被告人の行為と同傷害結果との因果関係が否定されたもののようである。これに対し、例えば、被告人が、周囲に取っ

組み合いの相手である被害者のみならず、背後に被害者の父親もいることを十分認識しながら、目の前にいる被害者の胸ぐらをつかんで激しく前後左右に揺さぶる暴行を加えていたなどという事情があれば、その暴行自体、周囲にいる被害者やその父親の傷害結果を招来し得る危険性を内在しており、被害者の父親の傷害結果もそのような被告人の行為の危険性が現実化したものと評価されて因果関係が肯定される余地はあるであろう。

⑩の事案では、証拠上、被告人が被害者を手斧で切り付ける意思がなく、かつ、その手斧が被害者の身体に接触するおそれもないと認定されており、その上で、被害者が自ら危険を顧みずに被告人から手斧を奪って受傷した可能性が払拭できないとして、因果関係が否定されたもののようである。この点、もとより具体的事情いかんによって結論が異なり得るが、被告人が、手斧が被害者の手が届く位置にあることを認識しながら、被害者に向けて手斧を振りかざしたという事情があれば、手斧が被害者の身体に接触しなくとも、それ自体、被害者に対する暴行と評価できる危険な行為と評価されることが多いと思われるし、そのように評価されるような状況下であれば、被害者がその危険を回避するために手斧を取り上げ、その際受傷することは十分考えられることから、因果関係が否定されるようなことも少ないのではなかろうか。

✓ 捜査のポイント

1 「強盗の機会」性が問題となる事案の捜査事項について

　死傷結果の原因行為が「強盗の機会」に行われたか否かは、既述のとおり、①原因行為と当初の強盗行為との時間的・場所的近接性、②犯行意図の継続性、③原因行為が実質的に強盗を実現するのに役立っているかなどの考慮要素を総合的に勘案して判断することになるので、これらの考慮要素に着目して、これらを基礎付ける証拠、取り分け客観証拠を可能な限り収集していく姿勢が求められる。

　「強盗の機会」性が問題になるのは、死傷結果の原因行為が当初の強盗行為と異なる時間、異なる場所で行われた事案が多いであろうが、当初の強盗行為から原因行為までの経過時間や両行為が行われた位置関係

を特定し、時間的・場所的近接性の程度を客観的に明らかにする必要がある。また、例えば、**事例１**のように犯行を目撃して犯人を追跡し、犯人の暴行により受傷した者がいる場合は、当該追跡者から、犯人の暴行態様、受傷状況を聴取するのはもとより、当初の強盗の犯行を目撃した状況、犯人を追跡した経緯及びその状況、犯人の逃走状況及びこの間の犯人の言動等の詳細を聴取し、必要に応じて、追跡者立会による実況見分を実施するなどしてこれらを証拠化しておくことが考えられる。

　他方で、形式的には時間的・場所的近接性を欠くような場合や追跡者が追跡の過程で一旦犯人を見失ったような場合であっても、直ちに「強盗の機会」性が否定されるわけではなく、実質的に犯人が財物を取り返され、逮捕され得る状況が継続しているかどうかに着目し、この点に関する証拠を収集することが必要不可欠となるであろう。

　また、犯行意図の継続性は、被疑者の主観面にも関わるものであり、究極的には被疑者の取調べを経て解明されるものではあるが、必ずしも被疑者が真相を供述するとは限らない。このようなことからすれば、被疑者がいかなる意図で当初の強盗行為から死傷結果の原因行為に至るまでの一連の犯行に及んだのかについては、これを基礎付ける諸事情、すなわち、当初の強盗行為の内容、当初の強盗行為から原因行為に至るまでの被疑者の言動の詳細、被疑者が原因行為を行うことによって達成できた事柄やこれにより得た利益、原因行為後の被疑者の言動等に関する証拠を収集するほか、被疑者が強盗とは無関係に原因行為に及んで被害者に死傷結果を生じさせる動機の存否等に関する証拠を可能な限り収集することが肝要であろう。

２　脅迫から死傷結果が生じた場合の捜査事項について

　脅迫による強盗致死傷罪の成立を明確に認めた裁判例がないことを踏まえれば、一見すると、死傷結果の原因行為が脅迫といえるような事案であっても、まずは、一連の被疑者の言動の中で、被害者に対する不法な有形力の行使（必ずしも物理的接触を必要としないとするのが判例）と評価し得るものがあり、暴行による強盗致死傷という理論構成で妥当な結論を見出すことが可能であるのかなどといった観点で、被害者や被疑者らから、被害者が傷害を負った経緯、受傷状況、被疑者の言動、被

疑者との位置関係を詳細に聴取するとよいであろう。

　他方で、被疑者の言動の中に暴行と評価し得る行為がなく、脅迫行為に及んだにとどまる場合には、脅迫による強盗致死傷という理論構成を採用するほかないであろう。もっとも、脅迫から死傷結果が生じる事案というのは、被疑者の行為と被害者との間に物理的接触があるわけではなく、被疑者の脅迫から被害者の死傷結果が生じるまでの間に、**事例2**における運転席ドアを開けて車外に飛び降りるという被害者の行為のように、脅迫により畏怖した被害者の行為が介在するので、原因行為である脅迫と死傷結果との因果関係が争われる余地が十分にあるのであり、このような問題意識を持ち、後記のような視点を踏まえて捜査を進めることが肝要である。

3　原因行為と死傷結果との因果関係が問題になる事案の捜査事項について

　近時の裁判例は、因果関係の存否につき、行為の危険が現実化したか否かで判断している。このような裁判例の傾向を踏まえれば、①強盗犯人が行った原因行為に内在する危険性を明らかにした上で、②原因行為から死傷結果が生じるまでの現実の因果経過が当該危険の範囲内に収まる事態といえるのかについて明らかにする必要がある。

　例えば、**事例2**の場合であれば、拳銃が殺傷能力が高い凶器であることから、密室であるタクシー車内において、乙が拳銃に見せ掛けたモデルガンの銃口をCに向ける脅迫行為は十分危険性を帯びており、特段の事情がない限り、因果関係は肯定されるであろうが、捜査するに当たっては、乙が持つモデルガンの銃口の向きやCとの距離、当該脅迫に至るまでに、乙があたかも発砲行為に及びかねないような言動に及ぶ兆候があったかどうかなどにつき、Cの聴取等によって明らかにする必要がある。そして、これらの事情を踏まえ、Cの傷害結果は、乙の脅迫行為の危険性が現実化したものと評価できるかを検討することになる。

　次に、参考裁判例として紹介した⑧の事案に関し、どのような点に着目して捜査すべきかについて検討する。この事案は、脅迫による強盗致傷という理論構成を採用して妥当な解決を図るほかないと思料されるが、エステ店の2階の窓から脱出を試みて地面に転落して負傷した店員

（以下「被害店員」という。）の傷害結果は被告人の強盗の手段としての脅迫そのものから生じているので、「強盗の機会」性については特段の問題なく肯定されるであろう。もっとも、被告人による脅迫と被害店員の傷害結果との因果関係については、例えば、被害店員は、被告人の行為とは無関係に自己の意思で店外に脱出して負傷した可能性が払拭できないなどと主張され、争点になることが想定できよう。

　したがって、このようなことを念頭に置きつつ、捜査を進めていく必要があるが、まずは、強盗犯が行った原因行為に内在する危険性について、特に、被告人の脅迫が被害店員をして店の窓から脱出することを余儀なくさせるほどの危険性を有する行為であったか否かを明らかにすべきである。そのためには、被告人の脅迫態様、被告人と被害店員との位置関係、その他の被害店員を取り巻く四囲の状況等に関する証拠収集が必要である。具体的には、被告人が脅迫に用いたのは拳銃に見せ掛けたエアガンであるところ、離れた場所から人を殺傷し得る凶器であるとの外形をきちんと備えたものであったかどうか、店舗の構造に関する事情として、被告人が押し入った同店の受付は、被害店員がいた個室から近く、被害店員にもすぐに接触可能な位置にあるのか、被害店員がいた個室は壁で仕切られるなどして独立性のあるものなのか、逆に、被告人の言動や被告人が持っていたエアガンの存在が被害店員にも容易に認識できるような独立性の乏しいスペースにすぎないのか、被告人の脅迫態様に関する事情として、店内にいた被害店員以外の特定の店員だけを脅迫していたのか、店内にいた不特定の店員を次々と受付付近に呼び出して脅迫しており、いずれ被害店員も被告人がいる受付付近に呼び出されて、被告人から、直接脅迫を受ける可能性が高く、そのような危険を回避する必要性も高い状況にあったのか、被害店員の危険回避の手段に関するものとして、出入口は被告人が押し入った場所以外にはなく、被告人に発見されずに店外に脱出する場所としては現に被害店員が脱出した店の窓しかなかったのかなどにつき、捜査を遂げて明らかにする必要があるであろう。

　そして、これらの捜査を遂げるなどして、被告人の脅迫行為の危険性に照らし、被告人の脅迫から被害店員の傷害結果が生じることが十分想

定し得ることなのかを証拠上明らかにし、その上で、因果関係の存否を
判断することになる。

| 設 問13 | 詐欺 1 |

欺罔行為

┌設 問─

　下記の各事例が詐欺に当たるかどうかを、理由を付けて説明しなさい。

事例1　甲は、洋服店において、店長乙に対し、洋服の試着をしたいと申し出て、試着室に行くふりをして同洋服を手に持って店外に出て、そのまま持ち逃げした。

事例2　甲は、化粧品店において、店長乙に対し、高級化粧品を注文した上、「妻が外で待っているから、先に渡してくる。」とうそを言って、同化粧品を持って店外に出て、そのまま持ち逃げした。

事例3　甲は、銀行窓口において、行員乙に対し、預金通帳等を第三者に譲渡する意図を秘して、自己名義の預金口座の開設を申し込み、預金通帳等の交付を受けた。

事例4　甲は、携帯電話機販売代理店において、店長乙に対し、プリペイド式携帯電話機を第三者に譲渡する意図を秘して、自己名義でプリペイド式携帯電話機の購入を申し込み、その交付を受けた。

──設問のポイント──

　事例1ないし**事例4**は、いずれも詐欺罪における欺罔行為の該当性を問うものである。

　事例1及び**事例2**については、だます行為が相手方の財産的処分行為に向けられたものであるかが問題となる。具体的には、各事例において、甲は店長乙をだましているが、そのだました行為が、乙の財産的処分行為に向けられたものといえるか否かである。人をだましたとしても、それが相手方に財

産的な処分行為をさせることに向けられたものでなければ、**欺罔行為**には当たらず、詐欺未遂罪も成立しない。

　事例3及び事例4については、だます行為が「**財産的処分行為の判断の基礎となるような重要な事項**」を偽ったものであるか否かが問題となる。具体的には、各事例において、甲は第三者に譲渡する目的を秘して申込みを行っているが、自己名義で申し込んでおり積極的な虚偽申告はしていないことから、それが「財産的処分行為の判断の基礎となるような重要な事項を偽った」といえるか否かである。また、欺罔行為の該当性が認められるとして、それがいわゆる「**挙動による欺罔**」として構成できるか否かも問題となる。

　　――解　答――

事例1―詐欺罪は成立しない（窃盗罪が成立する。）。

　甲は、乙に対し、洋服の試着をしたい旨の虚偽を申し向けているが、甲は同洋服を試着室に持っていくことについて乙の許可を得たにすぎず、同洋服について事実上の占有を取得したとはいえないから、結局、甲が乙をだました行為は、乙の処分行為に向けられたものとは認められず、欺罔行為には当たらない。

事例2―詐欺罪が成立する。

　甲は、乙に対し、店外に妻が待っている旨の虚偽を申し向けているが、化粧品を店外に持ち出すことによって化粧品に対する事実上の占有を取得できるから、甲が乙をだました行為は、乙の処分行為に向けられたものと認められ、欺罔行為に当たる。

事例3―詐欺罪が成立する。

　甲は、乙に対し、預金通帳等を第三者に譲渡する意図を秘してはいるものの、自己名義での預金口座の開設を申し込んだのみであり、積極的な虚偽申告はしていないようにも見える。

　しかし、一般に銀行において設けられている預金規定等の内容や、銀行は法律によって預金契約締結時の本人確認を義務付けられていることなどから、銀行にとって、預金口座及び預金通帳等を名義人本人が利用するのかどうかは、預金契約締結に当たっての重要な判断要素であり、「財産的処分行為の判断の基礎となるような重要な事項」といえ、甲の行為は欺罔行為に当

たる。

　また、名義人本人が口座を利用することや口座や通帳を第三者に譲渡することが禁止されていることは社会常識となっていると認められることから、「挙動による欺罔」として構成できる。

事例4―詐欺罪が成立する。

　甲は、乙に対し、第三者に譲渡する意図を秘してはいるものの、やはり、自己名義でプリペイド式携帯電話機の購入を申し込んだのみであり、積極的な虚偽申告はしていないように見える。

　しかし、法律によって携帯電話機の第三者への譲渡に関して制限（携帯音声通信事業者による承諾を得ることが義務付けられていることなど）されている上、一般に契約上の義務としても同様の制限が定められていることなどから、乙にとって、自己名義でプリペイド式携帯電話機の購入を申し込んだ者がそれを自ら利用するかどうかは、それを販売するかどうかを決する上での判断の基礎となる重要な事項といえ、甲の行為は欺罔行為に該当する。また、その欺罔行為は、「挙動による欺罔」として構成できるものと思われる。

　――解　説――

1 欺罔行為の該当性

1　問題の所在

　詐欺罪は、人を欺いて錯誤を生じさせ、その錯誤による瑕疵ある意思に基づいて財物又は財産上の利益を得る犯罪である。

　窃盗罪と同じく占有移転罪であるが、占有者の意思に反する占有移転ではなく、瑕疵はあるものの、意思に基づく占有移転である点で、窃盗罪と異なる。

　詐欺罪の構成要件を図解すれば、次のとおりとなるが、**事例1**ないし**事例4**は、いずれも①の欺罔行為の該当性の有無に関して検討を要するものである。

> ①欺罔行為━━▶②錯誤━━▶③財産的処分行為━━▶④財物・利益の移転

(1)　財産的処分行為に向けられていること

　詐欺罪においては、財産的処分行為が要件であり、1項詐欺罪における財産的処分行為とは、財物の占有を移転する交付行為である。そして、1項詐欺罪における欺罔行為は、この交付行為に向けられたものでなければならない。だます行為が財産的処分行為に向けられたものであるか否かは、欺罔行為と財産的処分行為の因果関係の問題ではなく、あくまで欺罔行為の該当性の有無に関するものである。そのため、だます行為が財産的処分行為に向けられたものと認められない場合、そもそも欺罔行為に該当せず、詐欺未遂罪も成立しない。

⑵　**財産的処分行為の判断の基礎となるような重要な事項を偽ること**

　詐欺罪は、前述のとおり、欺罔行為によって、被害者から財物を交付させた場合又は財産上の利益を得た場合に成立する。

　しかし、人をだまして財物を交付させれば、常に詐欺罪が成立すると解すべきではなく、詐欺罪としての処罰を正当化するような法益侵害性が認められる必要がある。

　そのため、近時の判例においては、欺罔行為の解釈によって、詐欺罪が成立する範囲を画定しようとしており、欺罔行為に当たるためには、「財産的処分行為の判断の基礎となるような重要事項」を偽ることが必要とされている。

　この「財産的処分行為の判断の基礎となるような重要事項」の該当性を明らかにするためには、もしその事項を知っていれば被害者が財物等を交付しなかったといえる関係が存在するだけでは不十分であり、被害者がその事項を重要視することについて客観的にも合理性があることが要求されていると解される。

⑶　**挙動による欺罔**

　「挙動による欺罔」とは、例えば、無銭飲食における注文行為であり、注文行為それ自体が代金の支払意思・能力があることを前提とされているような場合である。

　「挙動による欺罔」と区別すべきものとして、「不作為による欺罔行為」がある。欺罔行為は、作為によって虚偽事実を示すほか、ある事実を告知すべき義務がある場合において、それを告知しないという不作為によっても実現することができる。「挙動による欺罔」は、作為による欺罔行為の

一種であって、不作為による欺罔行為に必要な告知義務の有無を論じる必要がない。

「挙動による欺罔」と「不作為による欺罔行為」との区別は、一定の挙動それ自体が虚偽の事実を表示していると評価できるか否かである。無銭飲食の事例でいえば、飲食店で料理を注文すれば代金を支払うのが当然であるという社会通念が形成されているといえ、注文者が料理を注文すれば、代金を支払う意思を表示していると解釈できることから、支払意思・能力を有していない場合には、挙動によって虚偽の事実を示しているとして欺罔行為と評価できる。

なお、一般に「挙動」という表現が用いられることが多いが、行為者の態度が重要というわけではなく、飲食店における注文行為でいえば、それが社会通念として代金支払の意思・能力を表示していると解釈されていることが重要となる。

2 各事例の具体的な検討及び一般的捜査事項

1 事例1及び事例2について

(1) **事例1の検討**

事例1を見ると、甲は、乙に対し、洋服の試着をしたい旨の虚偽を申し向けているが、乙がだまされてこれを許可したとしても、乙は、甲に対して試着室における洋服の試着を許可するだけであり、甲に対して洋服を交付することにはならない（言い換えると、乙が甲に対して洋服の試着を許可したとしても、依然として洋服に対して乙の占有支配が及んでいるといえる。）。

そのため、甲による洋服の試着の申出は、乙による洋服の交付に向けられたものとは認められず、欺罔行為には該当しない。

なお、甲が、洋服に対する乙の占有支配を排除したのは、甲が洋服を手に持ったまま店外に出た時点であると認められ、乙の意思に反して占有移転が行われているから、その時点において窃盗罪が成立する。

(2) **事例2の検討**

次に、**事例2**を見ると、甲は、乙に対し、店外にいる妻に対して先に化粧品を渡してくる旨の虚偽を申し向けているが、乙がだまされてこれを許

可すれば、甲は化粧品を店外に持ち出すことができ、化粧品は甲の事実上の支配下に置かれる状態となるから、甲が乙をだました行為は、乙による化粧品の交付に向けられたものと認められ、欺罔行為に該当する。

　したがって、**事例2**においては、窃盗罪ではなく、詐欺罪が成立する。

✓ 捜査のポイント

　事例1と**事例2**は、よく似た事例のように見えるものの、乙がだまされることによる乙の各商品への占有支配の状態の変化の有無に大きな違いがあり、それが詐欺罪と窃盗罪の境界になっている。

　詐欺と窃盗の区別は微妙であることも多いが、だます行為が財産的処分行為に向けられたものかどうかを判断するには、財産の処分権者がだまされることによってその財産の占有支配の状態にどのような変化が生じるのかに着目するとよいと思われる。

　被害者及び被疑者から、その点についての認識をよく聴取する必要があるとともに、被疑者からは、財物を事実上の支配下においた時点及びだました行為との関連についても丁寧に聴取する必要がある。

2　事例3及び事例4について

(1)　事例3の検討

　ア　財産的処分行為の判断の基礎となるような重要事項を偽ったか否か

　　乙にとって、名義人である甲自らが預金通帳等を利用するかどうかが、「財産的処分行為の判断の基礎となるような重要事項」といえるか否かについて検討する必要がある。

　　その検討に当たっては、預金口座の開設を申し込んできた者が、預金通帳等を第三者に譲渡する目的を有していることを知っていれば、預金契約を締結することはしないという銀行側の取扱いについて、客観的にも合理性があるか否かを検討する必要がある。

　　まず、銀行等の金融機関においては、通常、預金規定等によって預金契約に関する権利や通帳等を名義人以外の第三者に譲渡等することが禁止されている。

　　その背景として、銀行に対しては様々な公的規制が設けられている

ことが挙げられ、その公的規制の一つが、「犯罪による収益の移転防止に関する法律」（以下「犯収法」という。）である。犯収法は、金融機関に対して預金契約締結時における申込者の本人確認を義務付けている。

そして、犯収法の趣旨（同法1条参照）は、犯罪による収益が組織的な犯罪を助長するために使用されることなどから、犯罪による収益の移転を防止するために、金融機関等に対して顧客等の本人確認等の措置を要請しているのであり、法令上、名義人が自ら預金口座等を利用することが当然の前提とされているものと解される。

このような状況からすれば、銀行側において、名義人である甲が預金通帳等を自ら利用するかどうかを重視することは、客観的にも合理性が認められるから、「財産的処分行為の判断の基礎となるような重要事項」であるといえ、欺罔行為の該当性が認められる。

イ　挙動による欺罔として構成できるか否か

欺罔行為に該当するとして、「挙動による欺罔」として構成できるか否かも問題となる。

開設された預金口座を名義人本人が利用することや、その譲渡が禁止されていることは社会常識となっていると考えられることから、第三者に譲渡する意図を秘して口座開設を申し込んだ行為は、「挙動による欺罔」と構成してよく、第三者に譲渡する意図についての告知義務を検討する必要はない。

(2)　**事例4の検討**

乙にとって、名義人である甲自らがプリペイド式携帯電話を利用するかどうかが、「財産的処分行為の判断の基礎となるような重要事項」といえるか否か、すなわち、それを重視することが客観的にも合理性があるか否かを検討する必要がある。

この点、まず、携帯電話機を購入した契約者に対しては、「携帯音声通信事業者による契約者等の本人確認等及び携帯音声通信役務の不正な利用の防止に関する法律」（以下「携帯電話不正利用防止法」という。）によって、当該携帯電話機を親族等以外の第三者に譲渡する場合には、あらかじめ携帯音声通信事業者（以下、単に「事業者」という。）の承諾を得るこ

とを義務付け、この承諾を得ないで親族等以外の第三者に携帯電話機を譲渡する行為を禁止している。また、事業者に対しては、携帯電話機に関する契約締結時において顧客の本人確認を義務付け、携帯電話機の譲渡等に基づいて契約者の名義を変更する際にも、譲渡人等につき本人確認を義務付けている（これらの本人確認を媒介業者（いわゆる販売代理店）に行わせることができる旨定められている。）。

これを受けて、一般的に、事業者は、契約約款で前記承諾を顧客との間で契約上の義務として定めているほか、媒介業者に対しても販売時には本人確認を徹底するように指導し、契約約款にも、携帯電話機を譲り受けようとする者につき本人確認ができないときには譲渡の承諾をしない旨の定めが置かれている場合が多い。

このような状況からすれば、携帯電話機販売代理店の店長である乙にとって、名義人である甲がプリペイド式携帯電話機を自ら利用するかどうかを重視することは、客観的にも合理性が認められ、「財産的処分行為の判断の基礎となるような重要事項」であるといえる。

なお、携帯電話機を購入した契約者がこれを自ら利用することは、契約上も法律上も当然の前提となっており、これは周知の事実となっていると評価してよいと思われるから、第三者に譲渡する意図を秘してプリペイド式携帯電話機の購入を申し込む行為は、「挙動による欺罔」と構成できるものと思われる。

✓ 捜査のポイント

「財産的処分行為の判断の基礎となるような重要事項」の該当性を明らかにするためには、被害者による「犯人が言っていることが虚偽であると知っていれば、財物等を交付することはありませんでした。」旨の供述だけでは足りず、被害者らが従前からその供述に合致するような取扱いをしていたことや、その取扱いが確実に行われるようにどのような取組（例えば上司のチェックなど）が行われているかなどについても明らかにする必要がある。

前記各事例でいえば、銀行や携帯電話機販売代理店における従前の取扱いの状況や、その取扱いの適正確保のための取組としてどのようなこ

とを行っているのかなどについてもよく聴取し、その裏付けを取る必要がある。

　さらに、被害者が、そのような取扱いをすることに客観的にも合理性があることについても明らかにする必要がある。具体的には、内部規定や契約約款などを明らかにするのはもちろんのこと、なぜそのような内部規定や契約約款が存在するのかといった実質的な理由についても、被害者等からよく聴取し、その裏付けを取る必要がある。

　そして、前述のとおり、実質的な理由として法令上の規制を明らかにしなければならない場合があるが、これについても、形式的な法令上の規制の存在を明らかにするだけでは足りず、具体的な規制対象の範囲や法律の趣旨、さらには立法経緯などを十分に調査することも重要である。

　例えば、**事例3**と類似の裁判例（後述）において、弁護人は、当時の「金融機関等による顧客等の本人確認等及び預金口座等の不正な利用の防止に関する法律」（以下「本人確認法」という。平成20年3月1日の犯収法の完全施行に伴い廃止された。）について、「本人確認法は、本人特定事項の隠蔽行為を処罰対象とする一方で、第三者譲渡目的での新規の通帳作成行為は処罰対象としていない」として、第三者譲渡目的での口座開設行為について詐欺罪は成立しない旨主張した。しかし、本人確認法の趣旨は、金融機関の口座がテロ資金の供与やマネーロンダリング等に不正使用されることを防止するために顧客管理体制の整備を図ることにあることからすれば、開設口座の利用を名義人自ら行うことが法律上も要請されているといえ、弁護人の前記主張は排斥された。

　また、**事例4**と類似の裁判例（後述）において、第一審判決は、「携帯電話不正利用防止法は、親族等に対しては、事業者の承諾を得ずに携帯電話機を譲渡することを許容しているほか、携帯電話機を個人的・一時的に貸与することなども禁じていない」などとした上で、プリペイド式携帯電話機が、契約者本人が利用することが契約上も法令上も当然の前提として要請されているとはいえないとして無罪とした。

　しかし、携帯電話不正利用防止法の趣旨は、携帯電話機の契約者の把握を徹底して匿名の携帯電話機を排除し、ひいては振り込め詐欺等の犯罪に携帯電話機が利用されることを防止することにあることからすれ

ば、携帯電話機は契約者本人が自ら利用することを法は要請しているものと考えられ、実際に、控訴審においては、同様の理由から、第一審判決は破棄され、欺罔行為に当たるとされている。

このように、法令上の規制の存在を明らかとする場合には、法の趣旨や立法経緯を踏まえなければ、弁護人からの反論を許し、ひいては無罪となる可能性があることに注意すべきである。

③ 主な裁判例

1 財産的処分行為に向けられた行為であるか否かについて

最判昭26.12.14（刑集5-13-2518）は、被告人が被害者に虚言を弄して被害者に現金を玄関上り口に置かせたままその場を離れさせた事案について、「被告人が被害者をして任意に現金を被告人の事実上自由に支配させることができる状態に置かせた上でこれを自己の占有内に収めた事実であるから、刑法246条1項に該当する」旨判断している。

ほかにも、**事例1**と類似の事案についての裁判例として、広島高判昭30.9.6（高刑8-8-1021）は、「被害者が上衣を被告人に交付したのは、被告人に一時見せるために過ぎないのであって、その際は未だ被害者の上衣に対する事実上の支配は失われていないというべく、従って被告人が上衣を着たまま表へ出て逃走したのは即ち被害者の事実上の支配を侵害しこれを奪取したものに外ならない」旨判断し、窃盗罪の成立を認め、詐欺罪等の成立を否定している。

また、**事例2**と類似の事案についての裁判例として、東京高判平12.8.29（判時1741-160）は、「被告人は、被害者からテレホンカードを受け取った際、『今若い衆が外で待っているから、これを渡してくる。』などとうそを言って、その旨誤信した同人に、テレホンカードの店外持ち出しを了解・容認させた」と判断し、詐欺罪の成立を認め、窃盗罪の成立を否定している（なお、同判決は、窃盗（常習累犯窃盗）罪の成立を認めた原判決を破棄して詐欺罪を認めたものである。）。

2 財産的処分行為の判断の基礎となるような重要な事項を偽ったか否かについて

　事例3と類似の事案について、最決平19.7.17（刑集61-5-521）は、「銀行支店の行員に対し預金口座の開設等を申し込むこと自体、申し込んだ本人がこれを自分自身で利用する意思であることを表しているというべきであるから、預金通帳及びキャッシュカードを第三者に譲渡する意図であるのにこれを秘して上記申込みを行う行為は、詐欺罪にいう人を欺く行為にほかならず」旨判断し、挙動による欺罔行為であるとしている。

　また、**事例4**と類似の事案についての裁判例として、東京高判平24.12.13（高刑65-2-21）は、「第三者に無断譲渡する意図を秘して自己名義で携帯電話機の購入等を申し込む行為は、その行為自体が、交付される携帯電話機を自ら利用するように装うものとして、詐欺罪にいう人を欺く行為つまり欺罔行為に当たる」旨判断し、挙動による欺罔行為であるとした。

　なお、同判決においては、携帯電話機販売店店長が「第三者に無断譲渡する意図であることに薄々感づいていながら……プリペイド式携帯電話機を販売交付したのではないかとの合理的疑いを払拭できない」などとして、詐欺未遂罪の成立を認めた。

設　問14　詐欺2

財産的処分行為等(1)

設　問

　下記の各事例の甲について、V（**事例1**ではV店、**事例2**ではVホテル、**事例3**ではV社）に対する詐欺の罪責を検討しなさい。

事例1　甲は、V宝飾店において、販売員乙に対し、Y信販会社の甲名義のクレジットカードを呈示し、本当は支払意思も能力もなく、直ちに換金処分予定であるのに、それを秘して、ダイヤモンドの指輪1個の購入を申し込み、その代金50万円のクレジット払い売上票に甲と署名した。乙は、同売上票と同カードの署名の同一性を確認し、甲にダイヤモンドの指輪1個を交付した。

　　Y社は、V店から立替払いの請求を受け、上記代金相当額50万円をV店の預金口座に振り込み、後日、甲名義の預金口座からその50万円を取り立てようとしたが、残高がなかったため、引き落とすことができなかった。

事例2　甲は、前払い制のVホテルにおいて、フロント係乙に対し、窃取したY信販会社のX名義のクレジットカードを呈示し、Xの氏名で宿泊を申し込み、その宿泊代金1万円のクレジット払い売上票にXと署名した。乙は、同売上票と同カードの署名の同一性を確認し、甲がY社のクレジットカード会員のXであると思い、甲をVホテルの客室に宿泊させた。

　　Y社は、Vホテルから立替払いの請求を受け、上記代金相当額1万円をVホテルの預金口座に振り込み、後日、X名義の預金口座からその1万円を取り立てようとしたが、残高がなかったため、引き落とすことができなかった。

事例３　甲は、インターネットを利用し、Ｖ社の電子マネーチャージの
サイトにアクセスし、窃取したＹ信販会社のＸ名義のクレジットカー
ドの情報を入力し、クレジット払いでＶ社の電子マネー１万円を購入
し、電子マネー１万円の利用権を得た。
　　Ｙ社は、Ｖ社から立替払いの請求を受け、上記代金相当額１万円を
Ｖ社の預金口座に振り込み、後日、Ｘ名義の預金口座からその１万円
を取り立てようとしたが、残高がなかったため、引き落とすことがで
きなかった。

　設問のポイント

事例１ないし**事例３**のいずれも、クレジットカードの不正使用について問
うものである。

　クレジットカードの不正使用においては、加盟店（Ｖ）は、信販会社から
立替払いを受けると、経済的損害を被っていないように見えることから、
「被害者」を誰と捉え、いかなる行為を「財産的処分行為」と捉えるかが問
題となる。

　また、**事例１**の自己名義カードの不正使用と、**事例２**の他人名義カードの
不正使用のそれぞれについて、詐欺罪（刑法246条１項・２項）の「欺罔行
為」をどのように捉えるかが問題となる。

　さらに、**事例３**は、他人名義カードを不正使用したものの、真正なカード
情報を入力したのであるから、「虚偽の情報」の入力に当たらないのではな
いかという点で、電子計算機使用詐欺罪（刑法246条の２）の「不実の電磁
的記録の作出」に当たるかが問題となる。

　　解　答

事例１—甲には詐欺罪（刑法246条１項）が成立する。

　甲がＶ店の販売員乙に対し、クレジットカードを用いた代金決済による支
払意思・能力がないのにこれを秘して、自己名義のクレジットカード払いで
ダイヤモンド指輪１個の購入を申し込む行為は、欺罔行為に当たる。それに
より乙が錯誤に陥り、その錯誤に基づいて、甲にＶ店の商品である同指輪１

個を交付したのであるから、1項詐欺罪（刑法246条1項）が成立する。

事例2—甲には詐欺罪（刑法246条2項）が成立する。

　甲がVホテルのフロント係乙に対し、他人名義のクレジットカード払いで宿泊を申し込む行為は、Vホテルの客室に宿泊するサービスを得ることに向けての欺罔行為に当たる。それにより乙が錯誤に陥り、その錯誤に基づいて、甲にVホテルの客室に宿泊する利益を提供したのであるから、2項詐欺罪（刑法246条2項）が成立する。

事例3—甲には電子計算機使用詐欺罪（刑法246条の2）が成立する。

　甲が他人名義のクレジットカード情報を電子計算機に入力した行為は、名義人本人が電子マネーを購入する旨の不実の電磁的記録の作出に当たる。また、電子マネー利用権取得までの全てが電子計算機により処理されたのであるから、電子計算機使用詐欺罪（刑法246条の2）が成立する。

——解　説——

1 財産的処分行為

1　問題の所在

　クレジットカードによる取引は、信販会社と会員契約を結んだ客（会員）が、信販会社と加盟店契約を結んだ店（加盟店）にクレジットカードを呈示して、商品やサービスを購入すると、信販会社は、後日、その金額を会員の預金口座から取り立てるという仕組みである。

　他人名義のカードか自己名義のカードかにかかわらず、加盟店におけるクレジットカードの不正使用の場合、加盟店は、商品の交付又はサービスの提供に対し、信販会社からその代金相当額の立替払いを受けることにより、経済的損害を被っていないように見えることから、加盟店又は信販会社のいずれを被害者と捉え、いかなる行為を財産的処分行為と捉えるかが問題となる。

　事例1及び**事例2**に即していうと、加盟店（V）を被害者と捉え、Vの従業員乙が、甲にVの商品を交付したり、甲にVのサービスを提供したりしたことを財産的処分行為と捉えるか、又は信販会社（Y社）を被害者と捉え、加盟店（V）の従業員乙をしてクレジット払い売上票をY社に送付させることにより、Y社にその代金を立替払いさせた（Y社から財産上不法な利益を

得た）ことを財産的処分行為と捉えるかが問題となる。

2　裁判例

(1)　東京高判昭56.2.5（判時1011-138）は、拾得したクレジットカードを使用して、加盟店から商品を購入したり、宿泊飲食したりしたが、加盟店は信販会社から立替払いを受けた事案において、「犯人の欺罔行為により錯誤に陥り、その結果犯人に物品等財物を交付し、あるいは、犯人を無銭飲食させる等してその代金相当額の財産上の利益を提供した場合には、それだけで詐欺罪は成立する。」とし、さらに「被欺罔者と第三者との関係において私法上あるいは当事者間の約定等にもとづきその損害が補填されることがあっても詐欺罪の成立は妨げられず、またもともと財物の交付．財産上の利益の提供によるそれらの占有の喪失自体を損害と解しうるから前示のように損害の補填があっても財産上の損害が発生しなかったとはいい得ないことは明白であ」るなどとし、加盟店に対する1項詐欺罪及び2項詐欺罪の成立を認めた。

また、後述する福岡高判昭56.9.21等は、自己名義カードを使用した事案について、加盟店に対する1項詐欺罪又は2項詐欺罪の成立を認めた。

(2)　裁判例によれば、次の図のとおり、被欺罔者・財産的処分行為者及び被害者は、いずれも加盟店である。

そして、加盟店において、クレジットカードを不正使用して商品の交付を受けたり、サービスの提供を受けたりすると、その場で詐欺罪が成立することとなるから、その後、加盟店が信販会社から代金の立替払いを受けることができたか否かや、さらに信販会社が名義人（会員）からその代金相当額を取り立てることができたか否かは、詐欺罪の成否には影響しない。

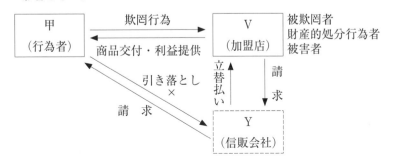

※　なお、学説上は、クレジットカードの不正使用について、加盟店は信販会社か
ら立替払いを受けることにより損害を被っておらず、実質的な損害を被っている
のはクレジットカード会員から代金を支払ってもらえない信販会社の方であると
して、欺罔の相手方と財産的処分行為者を加盟店とし、信販会社にクレジット払
い代金債務を負担させた（行為者は信販会社から財産上不法の利益を得た）もの
として、信販会社に対する2項詐欺罪とする見解などもある。

2　欺罔行為

1　自己名義カードの不正使用

　福岡高判昭56.9.21等は、加盟店は、カードの名義人である客（会員）が代
金の支払意思・能力を欠くことを知れば、クレジットカードによる取引を拒
否し得るし、また、信義則上又は加盟店規約の趣旨から取引を拒否しなけれ
ばならないとした上で、代金の支払意思・能力を欠く者が自己名義のクレ
ジットカードを呈示して商品の購入を申し込むことは、加盟店に対する欺罔
行為に当たり、支払意思・能力を欠くことについての加盟店の不知は錯誤に
当たるとして、詐欺罪の成立を認めた。

※　なお、学説上、自己名義クレジットカードの不正使用について、加盟店は、呈示
されたカードが窃取されたなどの事故による無効カードではないこと、カード裏面
の署名と売上票の署名が同一であること等を確認するだけで足り、客の資力につい
ては、それを調査・確認する能力も義務もないから、自己名義カードの呈示を欺罔
行為とすることはできないし、客が代金の支払能力・意思を欠くことについての不
知を錯誤と見ることはできないとし、そもそも詐欺は成立しないとする見解もある。

2　他人名義カードの不正使用

　最決平16.2.9（刑集58-2-89）は、クレジットカードの名義人に成り済ま
し、同カードを使用して商品を購入する行為について、クレジットカードの
規約上、会員である名義人のみがクレジットカードを利用できるものとさ
れ、加盟店に対してクレジットカードの利用者が会員本人であることの確認
義務が課されている事実関係の下では、名義人から同カードの使用を許され
ており、かつ、自らの使用に係る同カードの利用代金が規約に従い名義人に
おいて決済されるものと誤信していたとしても詐欺罪が成立する旨判示し
た。同判決は、クレジットカードの名義人に成り済まし、正当な利用権限が
あると装ったことについて、詐欺罪の成立を認め、たとえ名義人からの使用

許諾があり、また、名義人によって代金決済がなされたとしても、詐欺罪の成立に変更はないとしたものである。

　ただし、同判決は、名義人が配偶者等の近親者に使用を許諾して自己のクレジットカードを貸与した場合、つまり、名義人による使用と同視し得るような場合にも詐欺罪が成立することまでは判示していない。そのような場合には、可罰的違法性に欠けるなどの理由で、詐欺罪の成立が否定される余地があることに留意する必要がある。

③ 電子計算機使用詐欺罪

1　不実の電磁的記録の作出又は虚偽の電磁的記録の供用

　電子計算機使用詐欺罪（刑法246条の2）は、不実の電磁的記録の作出（同条前段）又は虚偽の電磁的記録の供用（同条後段）により、財産上の利益を得る犯罪である。

　「不実の電磁的記録の作出」とは、人の事務処理に使用する電子計算機に虚偽の情報等を与えて財産権の得喪・変更に係る不実の電磁的記録を作ることである。例えば、金融機関のコンピューターに虚偽の情報を与えて、他人の預金を自己の預金に付け替える場合などがこれに当たる。

　また、「虚偽の電磁的記録の供用」とは、財産権の得喪・変更に係る虚偽の電磁的記録を他人の事務処理用の電子計算機に差し入れて使用させることである。例えば、偽造したクレジットカードを用いてATMから出金する場合などがこれに当たる。

　なお、そもそも同罪は、詐欺罪（刑法246条）が成立し得ない事案（人の介入なしにコンピューター〔電子計算機〕により自動的に処理される取引形態を悪用する事案）に対処すべく設けられた補充類型であるから、人を欺く欺罔行為が介在する場合は、詐欺罪が成立し、電子計算機使用詐欺の罪責を問えない。

2　裁判例

　(1)　最決平18.2.14（刑集60-2-165）は、窃取した他人名義のクレジットカード情報を冒用して、これらをクレジットカード決済代行業者の使用する電子計算機に入力送信して電子マネーの利用権を得た事案について、クレジットカードの名義人による電子マネーの購入申込みがないに

もかかわらず、窃取したクレジットカードの名義人氏名、番号等を入力送信して、名義人本人が電子マネーの購入を申し込んだとする虚偽の情報を与え、名義人本人がこれを購入したとする不実の電磁的記録を作成し、電子マネーの利用権を取得して、財産上不法の利益を得たものというべきであるとして、電子計算機使用詐欺罪（刑法246条の2前段）の成立を認めた。

(2) 東京高判平24.10.30（高刑速報平24-146）は、自動改札機等を使用したいわゆるキセル乗車事案について、刑法246条の2後段にいう「虚偽」とは、電子計算機を使用する当該事務処理において予定されている事務処理目的に照らし、その内容が真実に反するものをいうと解した上、130円区間有効の乗車券を自動改札機に投入して入場し、列車に乗車し、下車駅において回数券（入場記録のないもの）を自動改札機に投入して出場するなどした行為について、「虚偽の電磁的記録の供用」に当たるとして、電子計算機使用詐欺罪（刑法246条の2後段）の成立を認めた。

4 各事例の具体的な検討

1 事例1について

(1) 欺罔行為の該当性

甲が、V店の販売員乙に対し、支払意思・能力がないのに、これを秘して、自己名義クレジットカードを呈示し、商品の購入を申し込む行為は、カードシステムに従った利用代金決済による支払意思・能力があるように装う行為である。それは商品の交付に向けて、その財産的処分の判断の基礎となる重要な事項を偽るものであって、欺罔行為に当たる。

(2) 財産的処分行為

そして、乙が、甲がカードシステムに従った代金支払意思・能力を有するものと錯誤に陥り、その錯誤に基づいて、V店の商品であるダイヤモンド指輪1個を甲に交付した行為が、財産的処分行為である。つまり、欺罔の相手方は、加盟店の従業員乙であり、乙が錯誤に陥り、その販売に関わる権限に基づき、加盟店の商品を甲に交付したことが、財産的処分行為である。

2　事例2について

(1)　欺罔行為の該当性

甲が、Vホテルのフロント係乙に対し、X名義のクレジットカードを呈示し、Xの氏名で宿泊を申し込み、その宿泊代金1万円のクレジット払い売上票にXと署名する行為は、クレジットカードの名義人X本人であるとして正当な利用権限を装い、さらにカードシステムに従った代金支払意思・能力があるように装う行為が存する。それは、いずれも、宿泊サービスの提供に向けて、その財産的処分の判断の基礎となる重要な事項を偽るものであって、欺罔行為に当たる。

(2)　財産的処分行為

そして、乙が錯誤に陥り、その錯誤に基づいて、Vホテルの客室への宿泊を受け付け、そのサービスを提供した行為が、財産的処分行為である。つまり、**事例1**と同様に、欺罔の相手方は、加盟店の従業員乙であり、乙が錯誤に陥り、その受付に関わる権限に基づき、加盟店であるホテルの客室に甲を宿泊させたことが、財産的処分行為である。

3　事例3について

(1)　不実の電磁的記録

甲が他人名義のクレジットカードの名義人氏名や番号等の情報を入力してクレジットカード払いで電子マネーを購入する行為は、人の事務処理に使用する電子計算機に「虚偽の情報」を与えて財産権の得喪・変更に係る「不実の電磁的記録」を作ることに当たる。

入力送信された情報は、X名義の真正なクレジットカードに表示された番号等であるから「虚偽の情報」に当たらず、その結果作成された電磁的記録も「不実」ではない、とも考えられる。しかし、「クレジットカード名義人X本人による電子マネーの購入申込みがないのに、そのカード情報を入力送信して、X本人が電子マネーの購入を申し込んだとすること」は「虚偽の情報」を与えたことに当たり、「名義人X本人が電子マネーを購入した」とする財産権の得喪に係る不実の電磁的記録を作り、電子マネーの利用権を取得したものに当たる。つまり、真実性が問われる情報は、クレジットカード番号等の情報ではなく、そのカードの正当な利用権限がないのに、「X名義のクレジットカード払いで1万円の電子マネーの購入を申

し込む」ということである。この点は、他人名義のクレジットカードを不正使用して人を偽る場合と同様である。

(2)　財産上の利益

そして、クレジットカードの不正使用という点でも、詐欺罪とパラレルであり、甲は、信販会社から財産上の利益を得たものではなく、加盟店であるV社から電子マネーの利用権という財産上の利益を得たものである。

✓ 捜査のポイント

(1)　**事例1及び事例2**については、欺罔行為の相手方（被欺罔者）・財産的処分行為者が誰であるかに留意しつつ、犯人、カード名義人、加盟店及び信販会社の各関係を明らかにし、財産的処分の判断の基礎となる重要な事項、つまり、加盟店（V）の従業員乙に、クレジットカードの正当な利用権限を有するもののように装うなどした欺罔行為の状況、乙がその旨の錯誤に陥り、商品を交付し、又は、宿泊のサービスを提供したり、という財産的処分を行った状況などを具体的に明らかにする必要がある。また、加盟店（V）の業務を統括する立場の者から、加盟店の業務として乙に与えられている権限（商品の販売権限や、宿泊の受付権限）など聴取して、明らかにする必要がある。

　また、**事例1**においては、自己名義カードでクレジット払いした時点（犯行時）の支払意思・能力が欺罔行為を構成するものの、結局、信販会社が会員の口座から引き落としにより取り立てる時点の支払能力が問題となるので、預金残高等の資産の動きや収入の予定など、犯行の前後、特に信販会社からの取り立て時期までの資産の動きや収入の予定などを、明らかにする必要がある。

(2)　**事例3**については、当然、V社のインターネット利用による電子マネーチャージシステムを明らかにし、その記録を保存・収集の上、精査する必要がある。また、電子マネーの購入完了（財物・利益の移転が完了）までに人が介在している場合、つまり、人による審査を挟む場合、これが人を欺く行為に当たれば、詐欺罪が成立する余地が生ずるので、人の介在の有無、人が介在する場合はその介在内容につい

て、明らかにする必要がある。

⑶　そして、**事例１ないし事例３**いずれも、実質的な損害については、犯罪の成立要件ではないが、実質的な損害が、いずれの者に、どの程度発生しているかは、詐欺事案を処分する際の、重要な判断要素の一つであるから、カード名義人、加盟店及び信販会社から、カード名義人の口座から代金が引き落とされたか否かに始まり、その損害の最終的な負担状況を聴取する必要がある。

設問15　詐欺3

財産的処分行為等(2)

─設　問─

　下記の各事例の甲及び乙について、Ｖに対する詐欺の罪責を検討しなさい。

事例　甲は、Ｖに電話をかけ、Ｖの息子を名乗り、「勤務先の会社の金を落としてしまった。穴埋めする必要があるから、取り急ぎ100万円を貸してほしい。事情を知っている同僚Ｘが穴埋めに協力してくれている。」などとうそをついた。

1　甲は、さらに、Ｖに「同僚Ｘ名義の口座に100万円を入金してくれ。」などとうそをつき、甲のうそを信じたＶは、100万円を準備し、Ｙ銀行某支店窓口で行員に100万円を渡し、Ｘ名義の預金口座（甲ら詐欺グループが管理する口座）に100万円を振込入金する手続をした。

　　その後、乙は、甲から頼まれて甲と意思を通じ、Ｙ銀行某支店窓口において、行員Ｚに対し、Ｘの運転免許証を呈示してＸを名乗り、払戻請求書と同口座のキャッシュカードを提出して払戻しを請求する方法により、行員ＺからＸ名義の口座からの預金払戻し金として100万円を受け取った。

2　甲は、さらに、Ｖに「同僚Ｘの自宅宛に、レターパックの対面受取指定で100万円を送ってくれ。休暇中のＸが受け取って、俺に渡してくれる手はずだ。」などとうそをつき、甲のうそを信じたＶは、100万円を準備し、Ｙ郵便局窓口で係員に100万円在中のレターパックを渡し、甲から指定された住所のＸ宛に、対面受取指定でこれを送付する手続をした。

　　　その後、乙は、甲から頼まれて甲と意思を通じ、送付指定先住所
　　のアパート101号室に赴き、配達に訪れた配達員Ｚに対し、住人の
　　Ｘを名乗り、配達員Ｚから100万円在中のレターパックを受け取っ
　　た。

——設問のポイント——

　事例１及び事例２は、いずれもいわゆるオレオレ詐欺の手口の典型例である現金振込型と現金送付型において、財物の移転（既遂時期）との関係で、掛け子（甲）と、受け子（乙）について、詐欺罪の成否を問うものである。乙については、甲の詐欺のどの時点から加担したと考えられるかがポイントである。

——解　答——

事例１—甲には１項詐欺罪が成立するが、乙には詐欺罪は成立しない。

①　甲は、電話でＶを欺罔し、それによりＶが錯誤に陥り、その錯誤に基づいてＶが100万円を甲らが管理する預金口座に振込入金したのであるから、Ｖに対する１項詐欺罪（既遂）が成立する。

②　乙は、ＶがＸ名義口座に100万円を振込入金した後、つまり、甲によるＶに対する１項詐欺が既遂となった後、その詐取金を引き出す役割を引き受けたものである。つまり、甲の犯罪終了後に加担したものであるから、Ｖに対する１項詐欺罪について、甲の共犯者として、その罪責を問えない。

事例２—甲及び乙に１項詐欺罪が成立する（乙には成立する余地がある。）。

①　甲は、電話でＶを欺罔し、それによりＶが錯誤に陥り、その錯誤に基づいてＶが100万円在中のレターパックを送付し、甲と意思を通じた乙がそれを受領したのであるから、Ｖに対する１項詐欺罪（既遂）が成立する。

②　乙は、甲のＶに対する１項詐欺の犯罪終了前に加担し、100万円の占有を移転させる受領行為を担当したものであるから、甲の共犯者としてＶに対する１項詐欺罪（既遂）が成立する。

──解　説──

☐1　各事例の甲の罪責について〜財産的処分行為と財物の移転時期

1　事例1について

⑴　銀行窓口における振込入金（本事例）の場合

　Ｖが、行員に100万円を渡してＸ名義の口座への振込入金を依頼した行為（行員をして振込入金手続を取らせる行為）が、Ｖによる100万円の財産的処分行為に当たる。行員は、Ｖから依頼を受けて振込入金手続を取ったにすぎず、いわゆる「道具」である。つまり、Ｖが、100万円を直接甲ら犯人に交付する代わりに、行員をしてＸ名義の口座に100万円を振り込む手続を取らせ、100万円を同口座に入金させる行為は、100万円を甲ら犯人が処分し得る状態におく行為であるから、Ｖによる100万円の財産的処分行為である。

　そして、電子システムへのデータ入力により直ちにＸ名義の口座に100万円の入金が記録され、100万円が甲ら犯人の自由に処分し得る状態におかれ、100万円の占有がＶから甲ら犯人へ移転し、既遂に達する。

　なお、Ｖが行員に渡した100万円自体が甲ら犯人へ移転したのではないが、その100万円はＶからＹ銀行に移転して特定性を失い、同額が甲ら犯人の自由に処分し得る状態におかれたことをもって、Ｖから甲ら犯人へ100万円が移転したと評価される。

⑵　銀行窓口における振替入金の場合

　Ｖが行員にＶ名義の口座からＸ名義の口座へ100万円の振替を依頼した場合も、前記⑴と同様に、甲には1項詐欺罪が成立する。つまり、行員をして振替入金手続を取らせることは、Ｖ名義の口座から100万円を出金して、それをＸ名義の口座に入金する手続を取らせたのであって、Ｖからの100万円の現実の交付が省略されているにすぎず、振替によりＸ名義の口座に100万円が入金されると、振込入金の場合と同様に、同額が甲ら犯人の自由に処分し得る状態におかれ、100万円の占有がＶから甲ら犯人へ移転したといえるからである。

※　学説上、振替の場合は、金銭の事実上の移転が全くなく、Ｖの銀行に対する

100万円の預金債権がXの銀行に対する100万円の預金債権となるのであるから、財産上不法な利益を得たのであって、２項詐欺罪であると考える説も有力である。

(3)　ATMにおける振込又は振替入金の場合

本事例とは異なり、VがATMで100万円をX名義の口座に振込又は振替の入金手続をした場合も、道具が、行員ではなく、ATMに代わるだけであり、Vが行員をして100万円の振込又は振替の入金手続を取らせた場合と同じである。

2　事例2について

(1)　現金送付（本事例）・対面受領の場合

Vが100万円在中のレターパックの送付手続をする行為は、Vによる100万円の財産的処分行為に当たる。つまり、郵便局の窓口係員と配達員は、**事例1**の行員と同様に、いわゆる「道具」であり、Vが、窓口で係員に依頼して、配達員に100万円在中のレターパックをX宛に配達させる行為は、100万円を甲らが処分し得る状態におく行為であるから、Vによる100万円の財産的処分行為に当たる。

しかし、Vが郵便局窓口で、係員に100万円在中の封筒を渡して送付を依頼することにより、配達が開始されるにすぎないから（現に、X不在で配達されない場合や、Vが被害に気付いて配達を止める場合もあり得よう。）、口座への振込入金とは異なり、直ちに100万円が甲ら犯人に移転したとはいえない。

そして、対面受取指定されているところ、甲らと意思を通じている乙が配達員Zから100万円在中のレターパックを対面で受け取ることにより、その配達が完了し、100万円が甲らの自由に処分し得る状態におかれ、100万円の占有がVから甲らへ移転し、既遂に達する。

(2)　現金送付・郵便受け等への投函の場合

本事例とは異なり、レターパック送付が対面受取と指定されておらず、郵便受けに投函される場合も、甲ら犯人側の者が配達先に立ち入って郵便ポストから投函物を取り出し得るのであれば、郵便受けへの投函により、その配達が完了し100万円が甲らの自由に処分し得る状態におかれ、100万円の占有がVから犯人へ移転し、既遂に達したといえよう。

2 各事例の乙の詐欺罪の成否について

1 事例1について

(1) 甲に100万円の占有が移転することにより（甲が占有を取得したことにより）、Ｖに対する1項詐欺罪が既遂に達し、その犯罪は終了する。その犯罪終了後に、乙が甲と意思を通じ、その詐取金を引き出しても、Ｖに対する詐欺罪の共犯者とはなり得ない。

(2) 乙は、Ｖに対する1項詐欺罪は成立しないが、下記のとおり、Ｙ銀行に対する1項詐欺罪が成立する。

　　乙は、Ｘ名義の口座のキャッシュカード、Ｘの身分証を用いて、Ｘを名乗り、Ｘ名義の口座の預金払戻権限があるように装って行員Ｚを欺いたものであるところ、預金払戻権限は、銀行による預金払戻（財産的処分）の判断の基礎となる重要な事項であるから、これを偽ることは欺罔行為に当たる。そして、行員Ｚがその旨誤信し、Ｘ名義の口座からの預金払戻手続を行い、払戻しに係る100万円を乙に交付したことについて、Ｙ銀行に対する1項詐欺罪が成立する。

(3) 乙が、オレオレ詐欺の詐取金であると認識し、**事例1**とは異なり、ATMでキャッシュカードを用いてＸ名義の口座から詐取金を引き出した場合も、1項詐欺罪が既遂に達した後、つまり犯罪終了後に加担したものである以上、銀行窓口で詐取金を払い戻した場合と同様に、乙について、甲らの共犯として1項詐欺罪が成立するとの評価はできない。

　　そして、乙が、ATMでキャッシュカードを用いてＸ名義の口座から金銭を引き出した場合、ATM（機械）に対する行為は、人を欺くものではなく、欺罔行為に当たらないから、銀行からの1項詐欺罪も成立しない。しかし、銀行が管理・占有するATM機内の金銭の窃盗の罪責を問い得る。

関連する裁判例

東京高判平25.9.4（高刑速報平25-111）

　　自己名義口座から振り込め詐欺被害金を払い戻す行為につき、自己の口座が犯罪行為に利用されていることを知っていたと認められるから、被告人に預金の払戻しを受ける正当な権限はないこととなり、これがあるよう

に装って預金の払戻しを請求することは欺罔行為に当たる、つまり、「自己の口座が犯罪に利用されていることを知った場合にはその旨を銀行に告知すべき信義則上の義務があり、そのような事実を秘して預金の払戻しを受ける権限はない」旨判示し、詐欺罪の成立を認めた。また、キャッシュカードを用いてATMで自己名義口座から振り込め詐欺被害金を引き出す行為について、預金の払戻しを受ける権限がないのであるから、預金の管理者、ひいてはATM管理者の意思に反するものとして、窃盗罪の成立を認めた。

2　事例2について

(1)　詐欺罪の成否

　乙は、甲の1項詐欺罪が既遂に達する前に、詐取金である100万円在中のレターパックを受け取る役割を引き受け、甲らと詐欺の意思を通じてこれを受け取ることにより、100万円を甲らの自由に処分し得る状態におき、100万円の占有をVから甲ら犯人へ終局的に移転させた。そのような受領行為は、財物の占有移転を完了させ、ひいては、金銭を手に入れるという詐欺の目的達成のために重要な行為であり、甲らと意思を通じてこれを分担したのであれば、犯罪の遂行に重要な役割を果たしたものとして、甲らとの共同正犯としてVから100万円を詐取した1項詐欺罪が成立する（共同正犯の成立が認められない場合は、幇助犯となることが多いであろう。）。

　なお、乙は、配達員Zに対し、Xと虚偽の氏名を名乗り、また、詐取金であることを知りながら、これを告げることなく、100万円在中のレターパックを受け取ったが、Vが占有していた100万円自体が、レターパックでの送付手続をしたVの処分行為を起点として移転していることから、通常の配達の流れの中では、配達員（郵便局）からの詐欺は成立しない。

(2)　共犯性について

　レターパック送付について、**事例2**とは異なり、対面受取と指定されておらず、郵便受けに投函された場合は、投函により配達が完了する。そして、乙が、郵便受けから、その100万円在中のレターパックを回収した場合、乙が甲らと詐欺の意思を通じた時期が甲のVからの詐欺の犯罪終了前（レターパックの投函により配達完了する前）であれば、乙はその詐欺の

共犯となり得るが、同犯罪終了後（レターパックの投函により配達完了した後）であれば、乙はその詐欺の共犯とはなり得ない。

3　現金交付型について

設問2の事例1及び事例2は、いわゆるオレオレ詐欺等の特殊詐欺の現金振込型と現金送付型において、受け子（乙）は、Vに対する詐欺が既遂に達した後（犯罪終了後）に加担した場合には、Vに対する詐欺の共犯者とはなり得ず、Vに対する詐欺が既遂に達する前（犯罪終了前）に加担した場合には、Vに対する詐欺の共犯者となり得ることを問うた事例である。つまり、受け子（乙）が掛け子（甲）らに加担した時点で、Vの財産的処分行為によりVから甲らに現金の占有が移転したか（詐欺が既遂に達したか）、という検討を要する。

もう一つの典型例である現金交付型においては、受け子（乙）がVから交付（財産的処分行為）された現金（財物）を受領する行為は、現金（財物）の占有を移転させる行為であり、その受け子（乙）の受領行為により詐欺が既遂に達するのであるから、受け子（乙）が掛け子（甲）のVに対する欺罔行為の後に加担した場合も、その時点でいまだ詐欺が既遂に達していないので、乙には、甲らの共犯者としてVに対する1項詐欺罪が成立する。

③　裁判例等

1　最決平29.12.11（刑集71-10-535）は、共犯者による欺罔行為後に受領行為のみに関与した現金送付型事案の受け子につき、共犯者らと共謀の上、詐欺を完遂する上で欺罔行為と一体のものとして予定されていた受領行為に関与しており、そうすると、その加功前の欺罔行為の点も含めた本件詐欺につき、詐欺未遂罪の共同正犯としての責任を負うと解するのが相当であるとし、承継的共同正犯を肯定する立場に立ち、共犯者による欺罔行為の点も含めて詐欺未遂罪の共同正犯の成立を認めた控訴審判決（福高判平29.5.31）は正当である旨判示した。

※　前記最決平29.12.11（刑集71-10-535）は、いわゆる「だまされたふり作戦」が実施された事案であり、掛け子による欺罔行為後に「だまされたふり作戦」が開始され（被害者が詐欺を見破り、警察の「だまされたふり作戦」に協力して模擬紙幣を発送することとなり、受け子が現金を受領し得ない状態となった。）、その後に被害者から発送される荷物の受領行為に関与した受け子について、詐欺罪が成立するか

という点も問題となって注目された。

　この点、第一審（福地判平28.9.12）は、「だまされたふり作戦」実施により、欺罔行為と荷物の受領との間には因果関係が認められず、受け子である被告人が詐欺罪の結果発生の危険性に寄与したとはいえなくなるから、同罪が成立しないとし、前記控訴審判決（福高判平29.5.31）は、「だまされたふり作戦」が行われていることは一般人において認識し得ず、被告人ないし共犯者も認識していなかったから、これを法益侵害の判断に際して基礎とすることは許されず、被告人が荷物を受領した行為を外形的に観察すれば、詐欺の既遂に至る現実的危険性があったということができるとして、同罪が成立するとした。同最決は、この点も控訴審判決を是認し、「だまされたふり作戦」の開始いかんにかかわらず、同罪が成立するとした。

　同最決により、現金送付型の受け子のみならず、現金振込型や現金交付型の受け子についても、共犯者による欺罔行為後、その犯行途中（いまだ詐欺が既遂に達する前）に加担した場合には、承継的共同正犯理論により、共犯者による欺罔行為の点も含め、詐欺の共同正犯としての罪責を問い得ることが確認されたといえよう。

2　最判平30.3.22（刑集72-1-82）は、現金交付型の受け子である被告人につき、掛け子が被害者に現金の交付を求める文言を述べていないことから、詐欺罪にいう人を欺く行為（欺罔行為）は認められず、詐欺の実行の着手がないとして無罪を言い渡した控訴審に対し、掛け子の述べた本件うそは、「被害者をして、本件うそが真実であると誤信させることによって、あらかじめ現金を被害者宅に移動させた上で、後に被害者宅を訪問して警察官を装って現金の交付を求める予定だった被告人に対して現金を交付させる計画の一環として行われたもの」、「その犯行計画上、被害者が現金を交付するか否かを判断する前提となるよう予定された事項に係る重要なもの」、「被害者において被告人の求めに応じて即座に現金を交付してしまう危険性を著しく高めるもの」であり、掛け子が被害者に現金の交付を求める文言を述べていないとしても、詐欺罪の実行の着手があったと認め、その詐欺の共犯としての罪責を認めた。

3　最判（平30.12.11）及び最判（平30.12.14）は、いずれも現金送付型の受け子である被告人につき、各事案において被告人が指示者から指示を受けて荷物を受領した状況等の事実関係から、被告人は、自己の行為が詐欺に当たる可能性を認識していたことを強く推認させるなどとして、自己の行為が詐欺に当たるかもしれないと認識しながら荷物を受領したと認めら

れ、詐欺の故意に欠けるところはなく、共犯者らとの共謀も認められると
した。

✓ 捜査のポイント

　事例1と**事例2**は、いわゆる掛け子である甲について見る
と、よく似た事例であるが、Ｖの財産的処分行為が現金振込と現金送付
という点で異なり、**事例2**の現金送付型においては、郵便受けへの投函
や対面受領などのいずれの時点をもって財物の占有の移転が認められる
のかに留意しつつ、その事実関係を明らかにする必要がある。また、受
け子による「受領行為が詐欺を完遂する上で欺罔行為と一体のものとし
て予定されていたもの」であると評価し得るか、詐欺の認識があると評
価し得るか、共同正犯と評価し得るかなどにも留意しつつ、その欺罔行
為と受領行為の各状況を具体的に明らかにする必要がある。

　そのため、配達追跡システム等の記録、Ｖ及びＸの各口座の入出金記
録、Ｖ及び甲・乙ら被疑者の通信記録等を突き合わせて精査するととも
に、Ｖ及び被疑者から、欺罔行為について、その内容を具体的に漏らさ
ず聴取することはもとより、現金交付や現金送付方法の指定等に関する
内容をよく聴取するとともに、現実の送付状況及び受領状況（受領場所
の状況、受け子が名乗った肩書や氏名、身分証等の小物、その他の言動
等）、その認識、欺罔行為との関連（例えば、受領方式をどのように予
定・認識していたかなど）についても丁寧に聴取する必要がある。

　特に、財物の移転（犯罪の終了）によって、その詐取金の受領に関
わった乙の罪責が変わることから、いずれの時点から乙が詐欺を認識し
て加担したのかを、明らかにする必要がある。

| 設　問16 | 詐欺4 |

財産上の損害等

―設　問―――――――――――――――――――――――――――――

　下記の各事例において、甲、乙及び丙に詐欺罪が成立するか、理由を付けて説明しなさい。

事例1　医師でない甲は、Aに対して、医師であるかのように装って、電気器具店等で一般に市販されており、小児麻痺に特効がない電気あんま器であるにもかかわらず、当該電気あんま器は、いまだ一般には入手困難な小児麻痺に特効のある新しい特殊治療器である旨説明した上、特に小児麻痺に特効があるという点を信じたAに対し、同あんま器を定価で売り渡し、代金名目で現金の交付を受けた。

事例2　製薬研究所の研究員である乙は、Bに対して、医師であるかのように装って、Bの下痢などの症状は、寄生虫に起因する胃腸障害の結果であり、同研究所の薬を飲めば全治する旨説明した上、特に胃腸障害は同薬を飲めば全治するという点を信じたBに対し、同研究所で製剤された胃腸障害に効果のある売薬を定価で売り渡し、代金名目で現金の交付を受けた。

　なお、Bの下痢などの症状が胃腸障害の結果であったことに偽りはなかった。

事例3　建築請負会社の現場責任者である丙は、C県から請け負った工事に関して、工事自体は契約どおりに行ったが、工事に伴う汚泥の処理に関する事情を偽り、C県から、請負代金名目で契約に定められた金額の現金の交付を受けた。

　なお、汚泥の不法処理が発覚しても請負代金が減額されることはなかったが、不法投棄に関する調査が行われた結果、支払時期が遅れた

可能性があったものの、どれくらい支払時期が遅れたのかについて
は、捜査の結果、判然としなかった。

──設問のポイント──

事例1ないし事例3は、いずれも詐欺罪の成否を問うものである。

従来の判例・通説において、刑法246条の詐欺罪が成立するためには、「財
産上の損害の発生」が必要とされてきたところ、事例1ないし事例3は、い
ずれも、財物を交付した者が、相当対価の給付を受けており、「財産上の損
害」が生じていないとも考えられる事案である。このような事案において、
詐欺罪が成立するのか、あるいは、どのような場合であれば詐欺罪が成立す
るのかについて、それぞれ理解してもらうための設問である。

──解　答──

1　事例1について─詐欺罪が成立する。

Aが代金支払を決定したのは、甲が説明した機械の効用を信じ、その効用
を有する機械を入手できると信じたからであるところ、Aは、「真実の機械
の効用」、すなわち、「購入する電気あんま器には、小児麻痺に特効がないこ
と」についての認識がないから、甲の行為は「欺罔行為」に当たり、Aにお
いて「錯誤」が生じており、認識とは違う効用しか有さない機械の入手に
よって「財産上の損害」が発生している。以上より、甲には、1項詐欺罪が
成立する。

2　事例2について─詐欺罪は成立しない。

Bが代金支払を決定したのは、乙が説明した売薬の効用を信じ、その効用
を有する売薬を入手できると信じたからであるところ、Bは、「真実の売薬
の効用」、すなわち、「購入する売薬には、下痢の原因となった胃腸障害が全
治する効用があること」についての認識があるから、甲の行為は「欺罔行
為」に当たらず、Bにおいて「錯誤」が生じておらず、「財産上の損害」が
発生していない。以上より、乙には、1項詐欺罪は成立しない。

3　事例3について─詐欺罪は成立しない。

請負人が本来受領する権利を有する請負代金を欺罔手段を用いて不当に早

く受領した場合には、その代金全額について刑法246条1項の詐欺罪が成立することがあるが、本来受領する権利を有する請負代金を不当に早く受領したことをもって詐欺罪が成立するというためには、欺罔手段を用いなかった場合に得られたであろう請負代金の支払とは社会通念上別個の支払に当たるといい得る程度の期間、支払時期を早めたものであることを要すると解するのが相当である。しかしながら、本事例においては、欺罔手段を用いなかった（汚泥の処理に関する事情を偽らなかった）場合に得られたであろう請負代金の支払時期が判然としないというのであるから、丙には、1項詐欺罪は成立しない（なお、2項詐欺罪も成立しない。）。

―――解　説―――

1 詐欺罪における財産上の損害

1　問題の所在

　刑法246条1項は、「人を欺いて財物を交付させた者は」と規定しているにとどまり、背任罪に関する同法247条のように「財産上の損害を加えたときは」などと規定しているわけではない。

　しかしながら、従来の判例・通説は、詐欺罪が財産罪の一類型であることなどを理由として、詐欺罪が成立するためには、条文上に規定がない「財産上の損害」が、書かれざる構成要件要素として求められていると解してきた。

　その上で、従来の通説は、詐欺罪は背任罪と異なり、個別財産を対象とする犯罪であることなどを根拠に、「詐欺罪における損害は、財物の交付（財産上の利益の移転）それ自体が損害である」と解していた（**形式的個別財産説**）。

　また、従来の判例は、価格相当の商品を提供したとしても、その商品の効能等について真実に反する誇大な事実を告知して代金名下に金員の交付を受けた場合には詐欺罪が成立すると認めることが多く、この**形式的個別財産説**に立脚しているとも考えられてきた。

　しかし、形式的個別財産説に対しては、「だまされなかったら買うつもりはなかった」場合に、財物の交付それ自体が損害であるとして、全て詐欺罪の成立を認めるのは、結局、「財産上の損害」を不要とする立場と変わりが

ないのではないかとの批判があり、「詐欺罪が成立するためには、実質的な財産上の損害という要件が必要である」とする**実質的個別財産説**が有力に主張されるようになった。

　この実質的個別財産説において、「いかなる場合に、実質的な財産上の損害があったというべきか」という点については、論者によって様々な説明がなされているところであるが、例えば、「実質的な財産上の損害の有無は被害者が獲得しようとして失敗したものが、経済的に評価して損害といいうるものかどうかによって決定すべきである」などという説明がなされている。

　そして、判例においても、後述するとおり、債務の履行時期の前倒しと詐欺罪の成否が問題となった最判平13.7.19において、「債務の履行を1日でも早めれば、本来支払を受けられない時期に弁済を受けたとして詐欺罪が成立する」とする立場を採用しなかったため、「損害概念を実質的に捉える」**実質的個別財産説**に親和的な考え方を採っていると考えることもできる。

　この**実質的個別財産説**とは、例えば、未成年者には販売する意思のない書店から、成人であると偽って相当の代金を支払って成人向け雑誌を購入する事例まで詐欺罪とするのは行き過ぎだとして、「財産上の損害」という要件で、詐欺罪の成立範囲を限定（絞り込み）する考えである。すなわち、この未成年者雑誌購入事例においては、被害者が獲得しようとして失敗したものは、有害な雑誌から未成年者を保護することであり、これは経済的に評価して損害とはいえず、財産上の損害は認められないことになるのである。

2　参考判例等

(1)　**相当対価の提供があっても詐欺罪の成立を認めた判例及び裁判例**としては、**事例1同様の事案について**、「たとえ価格相当の商品を提供したとしても、事実を告知するときは相手方が金員を交付しないような場合において、ことさら商品の効能などにつき真実に反する誇大な事実を告知して相手方を誤信させ、金員の交付を受けた場合は、詐欺罪が成立する」とした事案（最決昭34.9.28刑集13-11-2993）のほか、

①　焼酎のアルコール濃度を高く偽ったラベルを貼って販売した事案につき、たとえ、焼酎の価格が実際の含有量に相当するものであったとしても詐欺罪が成立するとした事案（大判昭7.5.23刑集11-665）

②　衣料品行商人が、携行の生地は化学繊維製品でナイロンは含まれて

いないのに、携行の生地はナイロン４割、毛３割、綿３割を含む新製品でまだ市販はされていないが、特に安値で販売するなど虚構の事実を申し向けた事案につき、「たとえ犯人がこれに対し相当の対価を交付したため被害者の全体財産には減少を来さなかったとしても詐欺罪の成立を妨げないと解すべきである」としたもの（東京高判昭30.7.20高刑8-5-697）

などがある。

　そして、判例や裁判例には、財産上の損害を必要としながら、財物の交付自体が損害であるとする趣旨を示している判例（大判昭17.4.7）、財物の交付自体を損害と見る趣旨を明らかにした判例（大判大12.11.21刑集2-823）や財物の交付自体が財産上の損害であるとする趣旨を示している高裁判例（東京高判昭32.8.21、東京高判昭51.10.5、東京高判昭56.2.5、名古屋高判昭59.7.3）があり、判例・裁判例の大勢として、財物の喪失自体を財産上の損害と見ているものとされていたのである。

　一方で、**相当対価の提供があった事例２同様の事案について**、「判示売薬の買取りに因り相手方は毫も財産上不正の損害を被りたる事実なく」として、詐欺罪の成立を否定した事案がある（大決昭3.12.21刑集7-772）。

(2)　**債務の履行時期の前倒しと詐欺罪の成否について、事例３同様の事案について**（なお、共犯事案であった。）、「請負人が本来受領する権利を有する請負代金を欺罔手段を用いて不当に早く受領した場合には、その代金全額について刑法246条１項の詐欺罪が成立することがあるが、本来受領する権利を有する請負代金を不当に早く受領したことをもって詐欺罪が成立するというためには、欺罔手段を用いなかった場合に得られたであろう請負代金の支払とは社会通念上別個の支払に当たるといい得る程度の期間支払時期を早めたものであることを要すると解するのが相当である。」とした上、「第１審判決は、被告人両名が内容虚偽の処理券を提出したことにより、これを提出しなかった場合と比較して、工事完成払金の支払時期をどの程度早めたかを認定していないから、詐欺罪の成立を認める場合の判示として不十分であるといわざるを得ない。」として破棄差戻とした事案（最判平13.7.19刑集55-5-371）がある。

　なお、差戻審において、検察側は追加の主張、立証を行わず、無罪判決が下されたが、被害者の側から見れば、「不当に早く支払った」ことをもって、直ちに財産上の損害があるとは認められず、前記のような「別個の支払に当たるといい得る程度の期間支払時期を早めたこと」を要するものとした点を捉えて、実質的個別財産説同様の考え方をした、あるいは、同説に親和的であるという見方ができる。

　また、**履行遅滞の状態にある債務者による一時的な支払の免れと詐欺罪の成否**について、買主から契約の履行を督促された売主が、目的物のリンゴを既に貨車に積み込んであるように見せかけて、買主を安心して帰宅させた事案について、「すでに履行遅滞の状態にある債務者が、欺罔手段によって、一時債権者の督促を免れたからといって、ただそれだけのことでは、刑法246条2項にいう財産上不法の利益を得たものということはできない。」として2項詐欺の成立を否定した事案（最判昭30.4.8刑集9-4-827）がある。これも、前記最判平13.7.19同様に実質的個別財産説同様の考え方によっているという見方もできる。

②　近時の判例と詐欺罪成否検討のための要素について

1　実質的個別財産説における詐欺罪成否検討のための要素

　前記のとおり、最判昭30.4.8や最判平13.7.19といった判例は、実質的個別財産説同様の考え方によっているという見方もできる。

　最判昭30.4.8は、判示中、前記の「それだけのことでは、……できない」との判断に続いて、「その際、債権者がもし欺罔されなかったとすれば、その督促、要求により、債務の全部または一部の履行、あるいは、これに代りまたはこれを担保すべき何らかの具体的措置が、ぜひとも行われざるを得なかったであろうといえるような場合にはじめて、債務者は一時的にせよ右のような結果を免れたものとして、財産上の利益を得たものということができるのである。」旨判示しているから、債務者が欺罔行為によって一時的に支払を免れたような事案においては、このような点、すなわち、債務者による欺罔行為がなかった場合に、①債権者によるどのような督促、要求がなされたものと考えられるか、②そのような督促、要求に対し、債務者がどのような行動に出ざるを得なかったと考えられるかといった点が、詐欺罪成否検討

のための要素として考えられる。

　また、最判平13.7.19は、前記のとおり、「社会通念上別個の支払」といえるかというメルクマールを示しており、その考慮要素として、「工事完成払金の支払時期をどの程度早めたか」という点を挙げているため、債務の履行時期の前倒しの事例においては、これも参考になろう。

　相当対価の提供の事案における詐欺罪の成否検討のための基準について、判例の多くは財物の喪失それ自体を損害として詐欺罪が成立するとしており、成立が否定される場合の基準や判断要素は必ずしも明らかではないが、この点は、先述したとおり、実質的個別財産説の論者が、例えば、「**社会的に見て一定の経済的価値に評価し直せるもの**」かどうかという基準によるなどと説明している点が参考になろう。もっとも、問題は、いかなる場合に経済的価値が認められ、損害が肯定されるかという点であるが、一般的には、被欺罔者が、当該取引において、「獲得しようとしたもの」と「（欺罔者が）給付したもの」とを比較した上で、その差が、社会的に見て一定の経済的価値に評価し直せるものなのかという観点から判断されるべきものと考えられよう。

　商品の売買においては、買主が代金支払の判断基準とするのは、通常、商品の効用であるといえるから、商品の効用についてだまされた場合には、一般的には詐欺罪が成立するといえよう。

　そうすると、**事例1**においては、Aが獲得しようとしたものは「小児麻痺に効用がある特殊治療器」であったのに対し、甲が給付したものは「小児麻痺に特効がない電気あんま器」であり、その差は、社会的に見て一定の経済的価値に評価し直せるものであるから、形式的個別財産説による場合はもちろん、実質的個別財産説によっても、甲には1項詐欺罪が成立する。

　また、**事例2**において、Bが獲得しようとしたものは、「胃腸障害に効き全治させることができる売薬」であったのに対し、乙が給付したものは、同じく、「胃腸障害に効き全治させることができる売薬」であったのであるから、そもそも、差が生じておらず、財産上の損害が発生していないから、この場合、乙には1項詐欺罪が成立しない（もとより、錯誤も生じておらず、欺罔行為も認められない、あるいは、因果関係が認められないとの説明もできるだろう。）。

　もっとも、**事例２**同様の乙による売薬の説明があった場合でも、傷病を持つ患者においては、売薬の購入の判断基準に関し、医師による適切な助言に基づくものであることに極めて大きな要素を求め、仮に、望む効用が明らかに認められる売薬であっても、医師以外からの購入は一切しないとの判断を行う者もいるであろう。本事例におけるＢとは異なり、乙とのやりとり等※に鑑みて、交付者が乙に対し代金を支払ったのが、乙が医師であり、医師の適切な助言に基づく売薬の購入であるからこそと認められる場合には、乙に１項詐欺罪が成立する余地がある。

※　この点、例えば、Ｂが、それまで、医師の処方する売薬しか口にせず、市販薬の購入は頑なに拒んでおり、乙が医師と名乗っていない段階ではいかに効用を説明しても購入を拒んでいたのに、乙が医師と名乗ったとたんに購入を決意したなどの事情が認められた場合などが考えられよう。

　このような場合は、交付者が獲得しようとしたものが、「医師による適切な助言に基づく売薬」であったのに対し、乙が給付したものは、「医師ではない者による適切な助言に基づく売薬」であると考えられ、その差は、医師の処方に対し、報酬が認められる（健康保険料上も点数が加算される）ことも考慮すれば、社会的に見て一定の経済的価値に評価し直せるものであると考えられるから、乙には１項詐欺罪が成立する余地が認められるのである。

2　近時の判例と重要な事項論

　これまでは、詐欺罪の成立範囲の限定（絞り込み）について、「財産上の損害」という要件での限定について解説を行ってきたが、近時の判例において、この詐欺罪の成立範囲の限定（絞り込み）は、既に、設　問13 「詐欺１　欺罔行為」に記載されているように、だます行為が「財産的処分行為の判断の基礎となるような重要な事項」といえるか否かという点での限定を試みているようである。

　すなわち、設　問13 の「第三者に無断譲渡する意図を秘しての預金口座開設等の申込み」の事案（最決平19.7.17刑集61-5-521）や「第三者に無断譲渡する意図を秘しての携帯電話機の購入等の申込み」の事案（東京高判平24.12.13高刑65-2-21）のほか、

① 　他の者を搭乗させる意図を秘し、航空会社の搭乗業務を担当する係員に外国行きの自己に対する搭乗券の交付を請求してその交付を受けた行為が詐欺罪に該当するとした事案（最決平22.7.29刑集64-5-829）

② 入会の際に暴力団関係者を同伴しない旨誓約したゴルフ倶楽部会員において、同伴者が暴力団関係者であることを申告せずに同人に関するゴルフ場の施設利用を申し込み、施設を利用させた行為が、刑法246条2項の詐欺罪に当たるとされた事案（最決平26.3.28刑集68-3-646。いわゆる長野事件）

③ 約款で暴力団員からの貯金の新規預入申込みを拒絶する旨定めている銀行の担当者に暴力団員であるのに暴力団員でないことを表明、確約して口座開設等を申し込み、通帳等の交付を受けた行為が、詐欺罪に当たるとされた事案（最決平26.4.7刑集68-4-715）

において、それぞれ、①「搭乗券の交付を請求する者自身が航空機に搭乗するかどうかは、本件係員らにおいてその交付の判断の基礎となる重要な事項であるというべきであるから」、②「利用客が暴力団関係者かどうかは、本件ゴルフ倶楽部の従業員において施設利用の拒否の判断の基礎となる重要な事項であるから」、③「総合口座の開設並びにこれに伴う総合口座通帳及びキャッシュカードの交付を申し込む者が暴力団員を含む反社会的勢力であるかどうかは、本件局員らにおいてその交付の判断の基礎となる重要な事項であるというべきから」旨理由を述べて、詐欺罪が成立する旨判示した※。

※ 特に、①の事案では、第一審で、弁護人が、「航空会社には財産上の損害がない」旨主張した点について、「航空会社には社会的に見て経済的価値のある損害が生じたものということができ」と判示しているところ、控訴審においては、弁護人が「財産的侵害に向けた被告人の欺罔行為、その侵害に向けられた航空会社の錯誤及び会社財産に損害を与える処分行為は、いずれも存在しない」、「ハイジャックの回避や入管行政の秩序維持等のために好ましくない取引に関し、非難されるべき内心の動機に基づく搭乗券の入手を欺罔ないし財産処分として位置付けるのは、詐欺罪固有の犯罪性や保護法益等から外れている」旨主張したこともあってのことと思われるが、最高裁決定及び控訴審判決においては、「財産上の損害」の有無について、直接の判断をしていないように見える。

　そして、実質的個別財産説に対しては、仮に実質的個別財産説を前提としても、詐欺罪の実行行為である欺罔行為に当たるかどうかを考えるに当たって、実行行為は結果発生の現実的危険性を有する行為でなければならず、結局、実質的個別財産説を前提とした場合の欺罔行為は、「実質的な財産上の損害」発生の現実的危険性を有する行為でなければならないということになるから、結局のところ、欺罔行為の限定解釈によって詐欺罪の成立範囲を限

定する見解とその実体においてなんら異ならないことになるなどと指摘されている。

このような学説の指摘を踏まえて、これまで挙げてきた判例、裁判例を検討する限り、実務上、「財産上の損害」の有無、あるいは、「交付の判断の基礎となるべき重要な事項」を偽ったかが問題となりそうな事案において、詐欺罪の正否の検討をするに当たっては、結局のところ、「交付者が、欺罔者の言動のうち、何を信じて、財物を交付したか」（財物交付時の重要な関心・目的はどこにあるか）という点と、「それが、社会的（客観的）に見て、合理性があるか」（関心・目的の客観性）という点を解明、証拠化することが重要であると思われる。そして、その解明や証拠化においては、平成19年の債務の履行時期の前倒しの事例以前における判例・裁判例における判断要素や近似の判例で検討されているような判断要素を参考にすべきことは当然である。

✓ 捜査のポイント

一般的な商品取引や投資詐欺などの大衆詐欺において、「財産上の損害」や「交付の判断の基礎となるべき重要な事項」性が問題となるべき事案における捜査上の留意点は、例えば、次のような点が考えられる。

1　交付者側（被害者側）に対する捜査

「交付者が、欺罔者の言動のうち、何を信じて、財物を交付したか」を明らかにするための捜査として、まず、頭に浮かぶのは、被害者とされている者（以下「被害者」という。）の取調べであろう。

もとより、被害者から、「もし、○○の点について、これが真実ではなく、本当は、××であると知っていれば、□□という大金を払うことは絶対にありませんでした」との話を、ひとまず、先入観なく聴取することが重要であることは当然であるが、同じく重要なのは、被害者のその供述が事実であり、しかも、「それが、社会的に見て、合理性があるか」という点を解明、証拠化することにある。

この点について、抽象的にいえば、被害者が当該取引を検討するに至った経緯や動機、欺罔者とのやりとり、当該取引に関する欺罔者以外

の者（他の販売者、投資勧誘業者等）とのやりとり、当該取引を決意するに至った具体的な経緯などの解明や証拠化等が挙げられるであろう。

　それでは、より具体的に、被害者が信じていたこと、すなわち被害者の関心・目的がどこにあったのかを明らかにするためには、どのような点に着目して、取調べや裏付け捜査等を行うことが効果的であろうか。

　一例として、ネットショッピングをする者であれば、購入を決意するまでにどのような行動をとるであろうかを例に挙げて若干の検討をしてみる。

　ネットショッピングで求めている商品を探している者は、インターネット上の検索画面にどのようなキーワードを入力したり、どの絞り込み項目をクリックするであろうか。

　「商品の抽象的な名称」のほか、「具体的な商品名」を入力する者、「特定のメーカー名」を入力する者もいるであろうし、「激安」や「正規輸入品」、「国内生産品」を入力して絞り込む者もいるであろう。

　極端な例でいえば、「商品名　非正規店　激安」などと検索して、該当したサイトにおいて商品を購入した被害者から、「安いとはいえ、正規の商品だと信じていました」などと録取したところで、その他の特殊事情がなければ、その供述の信用性は著しく低く、詐欺罪の成立を認めるための証拠たり得ないだろう。

　事例1や**事例2**の例でいえば、同様の事案が生じた時期に、ネットショッピングが存在していたと仮定した場合、AやBが、例えば、「小児麻痺　効果」、「胃腸障害　全治」などと検索画面に入力していた場合には、「何を信じて財物を交付したか」については、やはり、それぞれ、「小児麻痺に特効がある特殊治療器であること」や、「胃腸障害に効果のある売薬であること」であったと認められる方向に作用するのではないだろうか。

　また、AやBが、「小児麻痺」、「胃腸障害」などに加えて、例えば、「医師　市販されていない」「医師　処方薬」などと入力していた場合には、AやBにとっては、それぞれの効果だけではなく、「甲や乙が医師であること」を信じていたために代金を交付したのではないかとの問題意識を持って取調べを実施する必要があるだろうし、Aが、「正規店」

又は「－非正規店（－は、除外条件を意味する）」などと入力していたり、Bが、「医師」又は「－医師以外」などと入力していたら、AやBが信じた対象は、もはや「医師であること」ではないかとの方向に作用するだろう。逆に、例えば、Bが、「医者にさじを投げられた」などと入力していたら、これは、やはり、「乙が医師であること」ではなく、「胃腸障害に効果がある売薬であること」をBが信じていたとの方向に大きく作用するだろう。

　ネットショッピングのない時代における捜査ではもちろん、現代において、捜査の結果、当該取引に関して、被害者がネット検索を行っていなかったとしても、同様のヒントは、被害者が財物の交付に至るまでの言動に求めることができるであろう。

　被害者や被害者の関係者の供述とその裏付け捜査が重要である。そもそも、被害者は、なぜその商品を買うことになったのか、被害者が元々欲していたり、探していたりしていたのであろうか。それとも勧誘があったからなのであろうか。

　欲した理由や探していた理由を聴取し、さらに、先述したような、どのような条件で、あるいはどのようなところに関心を持って欲していたのか探していたのかを聴取し、それが客観的な証拠や他の供述から裏付けられれば、被害者が信じていた事項の解明に役立つであろう。

　また、当該欺罔者や他の者からの勧誘や説明があったにもかかわらず、それについては断った上で、問題となる購入に至ったようなケースであれば、購入に至らなかった際の勧誘文言や説明文言と購入に至った際の勧誘文言や説明文言との間に変化や違いがなかったか否かを明らかにすることは有益であろう。

　変化や違いがあったのであれば、その変化部分が「信じた対象」であった可能性があるし、変化や違いがなかったのであれば、購入以前の被害者が置かれていた状況と購入した際に被害者が置かれていた状況に変化がなかったかについて明らかにすることも有益であろう。

　さらに、問題となっている場面のほか、同種の商品について、被害者に購入履歴がある場合には、説明文言や被害者が置かれた状況について、過去の購入時との比較も有益であると思われる。

　たとえ、過去の購入時がだまされての購入ではなく、例えば正規業者からの購入でも、その際の説明文言や状況と何が同じで、どこか違うところがないかを捜査することで、「被害者が何を信じたか」を解明するための手がかりになるであろうし、仮に、過去の購入時と違うところがあった場合、「それにもかかわらず購入を決めた理由」を解明することは、やはり、「被害者が何を信じたか」を解明するための手がかりになるのだと考えられる。

　そして、これらの捜査は、もとより、「それ（被害者の信じた対象）が、社会的に見て、合理性があるか」という点に関する解明、証拠化にもつながることはいうまでもないだろう。

　また、この「合理性」に関しては、被害者のほかに欺罔者からの購入者がいるような場合（典型例が投資詐欺のような場合）には、当該被害者以外の購入者について、同様の捜査を行い、当該被害者の場合との共通点（場合によっては相違点）を明らかにすることが有益であろう。

2　欺罔者側（被疑者側）に対する捜査

　欺罔者側の捜査については、まず、被害者側同様に、当該被害者に対する勧誘文言や説明文言の内容や変化に留意して捜査することが有益であろう。

　特に、変化があった場合、すなわち、「○○」という説明では購入させることができなかったのに、「××」という説明で購入させるに至った場合には、その変化部分が被害者の信じた対象である可能性を示すとともに、欺罔者側の犯意の存在を示すものとなり得る。

　この変化という観点では、当該被害者だけではなく、当該被害者以外の購入者等がいる場合に、その購入者等に対する勧誘文言や説明文言の異同性を明らかにすることが有益であることも、被害者側同様である。

　また、共謀段階、つまり、「そのような説明文言に落ち着くようになった経緯」、「そのような説明文言にした経緯」に関する状況を被疑者の取調べのほか、押収物の分析等によって明らかにすることが有益であると考える。

　典型的な例であるが、投資者勧誘において、最初に作成して説明に用いたパンフレットでは、うまく投資者が集まらなかったので、同パンフ

レットの「○○」という部分を「××」に変えた結果、投資者が爆発的
に増加したというエピソードは、その内容自体が「被害者が、欺罔者の
言動のうち、何を信じて、財物を交付したか」（財物交付時の重要な関
心・目的はどこにあるか）という点と、「それが、社会的（客観的）に
見て、合理性があるか」（関心・目的の客観性）という点、さらに、そ
れらに対する被疑者らの認識の解明に資することも多々あるであろう。

設　問17　恐　喝

恐喝罪の構成要件該当性、権利行使と恐喝罪の成否

─設　問─

　下記の各事例における甲の罪責について説明しなさい。

事例1　甲は、窃盗犯人乙に対し、警察官ではないのに警察官を装い、「警察の者だが、取り調べる必要があるから出せ。」とうそを言って盗品の提出を求め、これに応じなければ直ちに警察署へ連行するかもしれないような態度を示して乙を畏怖させ、乙から盗品の交付を受けた。

事例2　甲は、乙に対して、金銭の交付を要求し、これに応じなければ乙の身体に危害を加えるような態度を示して乙を畏怖させ、乙が財布から取り出して手に持っていた一万円札を取り上げた。

事例3　甲は、乙に対して30万円の債権を有していたところ、乙が支払期日までに30万円を支払わなかったため、支払期日の翌日、乙に対し、迷惑料30万円を含む60万円の支払いを要求し、これに応じなければ乙の身体に危害を加えるような態度を示して乙を畏怖させ、乙から60万円の交付を受けた。

──設問のポイント──

　事例1ないし**事例3**は、いずれも恐喝罪（刑法249条1項、2項）の成否を問うものである。

　恐喝罪の構成要件を図解すれば、次のとおりとなる。

①恐喝行為 ━▶ ②畏怖状態 ━▶ ③財産的処分行為 ━▶ ④財物・利益の移転

　事例1及び**事例2**は、恐喝罪の構成要件該当性を検討する必要があるとこ

ろ、**事例１**については、恐喝罪の客体の該当性、恐喝行為の該当性、恐喝手段と詐欺手段が併用された場合の擬律が問題となり、**事例２**については、財産的処分行為の該当性が問題となる。

　事例３については、権利行使と恐喝罪の成否が問題となる。

——解　答——

事例１—恐喝罪が成立する。

　恐喝罪の客体は、他人の占有する財物又は財産上の利益であるところ、盗品も恐喝罪の客体に該当する。

　また、甲が乙に告知した内容は、一般に人を畏怖させるに足りると認められるので、害悪の告知に当たる。

　なお、甲は、乙に対し、警察官ではないのに警察官と装っているが、乙は、甲の害悪の告知により、警察署へ連行されるかもしれないと畏怖して、盗品を交付していることから、詐欺罪は成立せず、恐喝罪のみが成立すると考えられる。

　したがって、甲には１項恐喝罪が成立する。

事例２—恐喝罪が成立する。

　乙は、甲に一万円札を奪われることを認識しながら黙認していたものと認められ、黙示の処分行為があったと考えられる。

　したがって、甲には１項恐喝罪が成立する。

事例３—恐喝罪が成立する。

　甲の行為は、権利の範囲を逸脱し、かつ、権利行使の手段として社会通念上一般に忍容すべきものと認められる程度を逸脱していると認められる。

　したがって、甲には60万円全額について１項恐喝罪が成立する。

——解　説——

1　恐喝罪の構成要件該当性

1　客　体

(1)　問題の所在

　恐喝罪の客体は、他人の占有する財物又は財産上の利益である。

盗品が恐喝罪の客体に該当するかが問題となるも、後記のとおり、判例は、盗品も恐喝罪の財物に含まれるとする。

(2)　参考裁判例

最判昭24.2.8（刑集3-2-83）は、被告人がAに対し、Aが窃取した綿糸の買入を世話すると言い、Aが綿糸を運搬してくると、警察官を装って、「警察の者だがこの綿糸は何処から持ってきたか。」と尋ね、Aが「火薬廠から持ち出した。」と答えると、その氏名、年齢、職業等を尋ね、紙に書き留めるふりをした上、「取調べの必要があるから差し出せ。」と言い、もしこれに応じなければ直ちに警察署へ連行するかもしれないような態度を示してAを畏怖させ、その場で綿糸20梱を交付させた事案について、「本件において被害者Aの持っていた綿糸は盗品であるから、Aがそれについて正当な権利を有しないことは明らかである。しかし、**正当の権利を有しない者の所持であっても、その所持は所持として法律上の保護を受ける**のであって、例えば窃取した物だからそれを強取しても処罰に値しないとはいえないのである。恐喝罪についても同様であって、贓物（盗品）を所持する者に対し恐喝の手段を用いてその贓物（盗品）を交付させた場合にはやはり恐喝罪となる」旨判示している。

(3)　事例1の検討

乙は、盗品の窃盗犯人であるが、乙が占有する盗品は、恐喝罪の客体に該当し、その占有は保護されると考えられる。

2　行　為

(1)　恐喝行為

　ア　問題の所在

　　　甲が乙に告知した内容が恐喝行為に該当するかが問題となる。

　　　恐喝とは、財物その他の財産上の利益を供与させる手段として行われる脅迫又は暴行で、相手方の反抗を抑圧しない程度のものをいう。

　　　脅迫とは、人を畏怖させるに足りる害悪の告知である。

　　　脅迫罪が相手方本人又はその親族の生命、身体、自由、名誉又は財産に対し害を加える旨を告知して脅迫した場合に限られるのに対し、告知される害悪の種類や客体にそのような限定がない。

　　　害悪の告知の内容は、**一般に畏怖させるに足りるものであればよ**

く、違法なものであることを要しない。

　イ　参考裁判例

　　前掲最判昭24.2.8は、「被告人がAに対しその申入れに応じなければ直ちに警察署へ連行するかも知れないような態度を示し、Aがこれにより畏怖の念を生じ、為めに綿糸を交付するに至ったものである以上、恐喝罪をもって問擬すべきである」旨判示し、恐喝罪の成立を認めている。

　ウ　事例1の検討

　　甲は、窃盗犯人乙に対し、「警察の者だが、取り調べる必要があるから出せ。」と言って盗品の提出を求め、これに応じなければ直ちに警察署へ連行するかもしれないような態度を示し、警察署へ連行されるかもしれないと乙を畏怖させているところ、甲の行為は、乙の自由に対し害を加える旨の告知であり、一般に畏怖させるに足りるものと認められる。

　　よって、甲の行為は、害悪の告知に該当すると考えられる。

(2)　恐喝罪と詐欺罪の関係

　ア　問題の所在

　　恐喝手段と詐欺手段が併用された場合、恐喝罪が成立するのか、詐欺罪が成立するのかについて問題となる。

　イ　参考裁判例

　　前掲最判昭24.2.8は、「被告人の施用した手段の中に虚偽の部分即ち警察官と称した部分があっても、その部分も相手方に畏怖の念を生ぜしめる一材料となり、その畏怖の結果として相手方が財物を交付するに至った場合は詐欺罪ではなく恐喝罪となる」旨判示している。

　　恐喝罪の構成要件は、①恐喝行為、②畏怖状態、③財産的処分行為、④財物・利益の移転、①から④に因果関係があることである。他方、詐欺罪の構成要件は、①欺罔行為、②錯誤状態、③財産的処分行為、④財物・利益の移転、①から④に因果関係があることである。

　　とすると、恐喝手段と詐欺手段が併用された場合に、いずれの犯罪が成立するかを考えるに当たっては、恐喝罪と詐欺罪のいずれの経過をたどったかにより決すべきであり、畏怖により交付したくないのにやむを得ずに財物を交付した場合には恐喝罪が成立し、錯誤によりす

すんで財物を交付した場合には詐欺罪が成立することになると考えられる。

　なお、大判昭5.5.17（刑集9-303）は、恐喝手段と詐欺手段を併用したところ、畏怖と錯誤の両方が相手方の財物交付の原因となっている場合は、恐喝罪と詐欺罪の観念的競合であると判示しているが、恐喝罪と詐欺罪のいずれの経過をたどったかを認定した上、いずれの犯罪が成立するかを判断すべきであろう。

　ウ　事例1の検討

　　甲は、乙に対し、警察官ではないのに警察官を装っているが、乙は、甲の害悪の告知により、警察署へ連行されるかもしれないと畏怖して、盗品を甲に交付していることから、錯誤によりすすんで盗品を交付したのではなく、畏怖により交付したくないのにやむを得ずに盗品を交付したものと認められる。

　　よって、甲には、詐欺罪は成立せず、1項恐喝罪のみが成立すると考えられる。

3　財産的処分行為

(1)　問題の所在

　恐喝罪の成立には、恐喝行為により畏怖した被害者の意思に基づく財産又は財産上の利益を移転させる処分行為が必要である。

　被害者が畏怖しているのに乗じて財物を奪った場合、被害者の処分行為が認められず、窃盗罪が成立するのではないかとの問題があるが、恐喝罪の処分行為は、黙示の処分行為でもよいとされている。

　被害者が財物を奪われることを認識しながら黙認しているのであれば、被害者による黙示の処分行為を認めることができるであろう。

(2)　参考裁判例

　最判昭24.1.11（刑集3-1-1）は、財物を相手方からの交付を待たずに取り上げた事案について、「恐喝取財罪の本質は、被恐喝者の畏怖に因る瑕疵ある同意を利用する財物の領得行為であると解すべきであるから、その領得行為の形式が、被恐喝者において自から財物を提供した場合は勿論、被恐喝者が畏怖して黙認し居るに乗じ恐喝者において財物を奪取した場合においても、また本罪の成立を妨ぐるものではない」旨判示している。

　なお、被害者が暴行を受けて現場で落とした腕時計を、被害者が気付かない間に加害者の1名が拾って領得した事案について、恐喝罪が成立するとした裁判例（浦和地判昭36.7.13下刑3-7＝8-693）があるが、被害者に、財物を奪われることの認識がない場合には、黙示の処分行為を認めることができず、恐喝未遂罪と窃盗罪が成立する場合もあろう。

(3)　事例2の検討

　甲は、乙に対して、金銭の交付を要求し、これに応じなければ乙の身体に危害を加えるような態度を示して乙を畏怖させ、乙が財布から取り出して手に持っていた一万円札を取り上げており、乙は、甲に一万円札を奪われることを認識しながら黙認していたものと認められ、黙示の処分行為があったと評価できる。

　よって、甲には1項恐喝罪が成立すると考えられる。

［2］　権利行使と恐喝罪の成否

1　問題の所在

　自己の権利を実現するために恐喝手段を用いた場合に、恐喝罪が成立するかが問題となる。

　この問題については、①相手方が不法に占有している自己の所有物を取り戻すために恐喝手段を用いた場合と、②正当な債権を有する者が弁済を受けるために恐喝手段を用いた場合がある。

　①は、刑法251条により恐喝罪に準用される刑法242条の解釈の問題であり、財産犯の保護法益をどのように考えるかが関係する。

　すなわち、財産犯の保護法益を所有権その他の本権であるとする**本権説**の立場からは、相手方が不法に占有している状態を保護すべきではないと考えるので、恐喝罪は成立せず、恐喝手段を用いたことについて、脅迫罪等の構成要件該当性が認められるにすぎないことになる。他方、財産犯の保護法益を財産の占有そのものであるとする**占有説**の立場からは、財物を占有している状態を恐喝手段によって侵害したことになるので、恐喝罪の構成要件に該当することになる。さらに、個別に違法性阻却が認められるかを判断することになるが、この点は、設問8「窃盗1（保護法益、占有）」を参照されたい。

②は、「権利行使と恐喝罪の成否」として議論される問題であり、**事例3**は、権利行使と恐喝罪の成否が問題となる。

2　学　説

権利行使と恐喝罪の成否については、**脅迫罪説**と**恐喝罪説**の対立がある。

脅迫罪説は、交付を受ける権利がある場合には、交付を受けるために恐喝手段を用いても恐喝罪は成立せず、その手段が脅迫罪等の他罪の構成要件に該当し、違法性が阻却されない場合には、脅迫罪等が成立するとする。

恐喝罪説は、権利の実行といえども公序良俗に反する方法をもってなされることは法律上許されるべきではないので、恐喝手段それ自体が公序良俗に反する程度である場合には、たとえ権利の実行手段であっても恐喝罪が成立するとする。

3　参考裁判例

権利行使と恐喝罪の成否については、判例の立場に変遷があり、かつては、恐喝罪の成立を否定していた。

その後、最判昭30.10.14（刑集9-11-2173、以下「昭和30年最高裁判決」という。）は、被告人Aが被害者Bと設立した会社を退く際に18万円の出資を主張し、Bから18万円の支払いを受けることになり、15万円の支払いを受けたが、その後、Bが残金3万円を支払わないので、Aは、知人ら3名と共に、Bに対し身体に危害を加えるような態度を示し、取立てを依頼された者等が「俺達の顔を立てろ。」などと申し向け、債権の残額3万円を含む6万円を交付させた事案について、「**他人に対して権利を有する者が、その権利を実行することは、その権利の範囲内であり且つその方法が社会通念上一般に忍容すべきものと認められる程度を超えない限り、何等違法の問題を生じないけれども、右の範囲程度を逸脱するときは違法となり、恐喝罪の成立することがあるものと解するを相当とする。**本件において、被告人等が執った手段は、若し債務者Bにおいて被告人等の要求に応じないときは、同人の身体に危害を加えるような態度を示し、且同人に対し被告人C及び同D等は『俺達の顔を立てろ』等と申向けBをして若しその要求に応じない時は自己の身体に危害を加えられるかも知れないと畏怖せしめたというのであるから、権利行使の手段として社会通念上、一般に忍容すべきものと認められる程度を逸脱した手段である」旨判示し、6万円全額について恐喝罪の成立を

認めた。

　昭和30年最高裁判決は、権利の行使が、その権利の範囲内であり、かつ、その方法が社会通念上一般に忍容すべきものと認められる程度を超えない限り、違法性が阻却されるが、その範囲程度を逸脱するときは違法となり、取得額全額について恐喝罪が成立するとしており、その後の実務では、昭和30年最高裁判決の判断基準が用いられている。

4　事例3の検討

　事例3について、昭和30年最高裁判決の判断基準に従って検討すると、甲は、乙に対して30万円の債権を有していたものの、支払期日の翌日の時点で、迷惑料30万円の債権が存在していたとは認め難く、甲が乙に対し、迷惑料30万円を含む60万円の支払いを要求し、乙から60万円の交付を受けた行為は、権利の範囲を逸脱していると認められる。

　さらに、甲は、乙の身体に危害を加えるような態度を示して乙を畏怖させており、権利行使の手段についても、社会通念上一般に忍容すべきものと認められる程度を逸脱していると認められる。

　よって、甲には、60万円の全額について1項恐喝罪が成立すると考えられる。

✓ 捜査のポイント

1　恐喝罪の構成要件該当性の主な捜査事項について

　恐喝罪の構成要件該当性を明らかにするためには、まずは、被害者及び被疑者らから詳細な事情聴取を行うことが必要である。

　恐喝罪の成否が問題となる事案では、被害者と被疑者間で「言った。言わない。」の争いに陥ることが少なくなく、被害者及び被疑者から詳細な事情聴取を行った上で、その聴取内容について、十分な裏付け捜査を行い、いずれの供述が信用できるのかを判断する必要がある。

　特に、害悪の告知は、明示的に行われることを必要とせず、暗黙の告知でもよいとされており、最判昭24.9.29（裁判集刑13-655）は、「自己の経歴、性行及び職業上の不法な勢威等を利用して財物を要求し、相手方をして若しその要求を容れないときは不当な不利益を醸されるの危険があるとの危惧の念を抱かしめるような暗黙の告知を以て足りる」旨判

示している。

　そのため、恐喝罪の捜査においては、被疑者が被害者に告知した文言を明らかにするだけでは足りず、被疑者の経歴や職業（これらを被害者が知っていたかも明らかにする必要がある。）、被疑者と被害者の関係等も捜査した上で、被疑者が被害者に告知した文言の意味や被疑者の態度の意味を明らかにする必要がある。

2　権利行使と恐喝罪の成否が問題となる事案の主な捜査事項について

　権利行使と恐喝罪の成否が問題となる事案については、昭和30年最高裁判決の判断基準により検討することになるので、「権利の存在」及び「権利行使の方法」について捜査する必要がある。

(1)　権利の存在

　権利の存在は、相手方に対する民事上の請求権が犯行時に存在することを意味する。

　そもそも、権利が存在しなければ、権利行使の問題とならないので、まず、権利の存在及び内容について、客観的に明らかにする必要があり、捜査に当たっては、権利の発生原因のみならず、権利が弁済や時効等により消滅していないか、支払時期が到来しているか等を十分に確認する必要がある。

　そして、権利の存在が認められる場合には、行為者の要求が、その権利の範囲を逸脱していないかについて、捜査により明らかにする必要がある。

　なお、権利の存在の要件について、東京高判昭57.6.28（判時1047-35）は、被告人2名（自動車の欠陥摘発等を行うことにより自動車保有者の利益を擁護することを目的として設立された団体の顧問弁護士とエンジニア）が、自動車会社A社が製造する自動車が欠陥車であると主張し、当該自動車による事故で死亡した者の遺族の依頼を受け、示談金名下に高額の金員を要求し、A社から8,000万円の小切手の交付を受けた事案について、昭和30年最高裁判決の法理は、「権利が存在し、かつ、その存在が明確である場合だけでなく、他人に対して権利を有すると確信し、かつ、そう信ずるにつ

いて相当な理由（資料）を有する場合にも同様に妥当しなければならない。けだし、権利の有無及び数額は、殊に本件のような特殊な損害賠償請求事件においては、終局的には、民事裁判で確定されるべき性質のものであるからである」とした上で、被告人両名は、当該自動車を欠陥車と確信し、その欠陥による事故の典型例として、遺族に製造者であるＡ社に対する１億円程度の損害賠償請求権が存在すると確信していたものであり、そのように信じるについて相当な理由（資料）を有し、遺族の代理人らとして権利行使の意図をもって本件示談交渉に当たったものと認めることができると認定し、手段の相当性も認めた上で、恐喝罪の成立を否定している。

　また、客観的に権利が存在しなかったとしても、行為者が権利の存在を誤信していた場合には、錯誤に基づく権利行使として、故意が阻却される場合もあろう。

　そのため、権利が存在すると認められるか不明確な場合には、行為者が相手方に対して権利を有すると確信していたか否か、その確信について相当な理由（資料）があるかを明らかにする必要があり、権利が存在しない場合にも、行為者が権利の存在を誤信していないかを明らかにする必要があろう。

(2)　権利行使の方法

　権利行使の方法について、「手段の相当性（社会通念上一般に忍容すべきものと認められる程度かその程度を逸脱しているか）」を判断するに当たっては、まずは、**行為態様**を捜査により明らかにする必要がある。

　一般に、告知した害悪の程度が大きければ、手段の相当性は否定される方向になり、害悪の程度が小さければ、手段の相当性は肯定される方向になろう。

　被疑者側の事情（権利を行使する者が権利者本人か、債権の取立委任を受けた者にすぎないか等）についても、手段の相当性を検討する上で、重要な考慮事項となるので、捜査により明らかにする必要がある。

　被害者側の事情についても、手段の相当性を判断する上で重要で

ある。支払要求に対して、被害者側の対応が真摯であったか、不誠実であったかにより、手段の相当性判断に影響を与えることが考えられるので、被害者側の事情も明らかにする必要があろう。

設　問18　横　領

預金による占有、背任との区別

設　問

　判例の立場に従って、下記の各事例が横領に当たるかどうかを、理由を付けて説明しなさい。

事例1　甲は、知人である乙から中古車の購入を委託され、その代金として現金50万円を受領し、乙の了解を得た上で、その全額をX銀行Y支店に開設された甲名義の普通預金口座に預け入れた。ところが、甲は、自己の債務の弁済に充てるため、乙に無断で、同支店の窓口係員を介して、同口座から現金50万円の払戻しを受けた。

事例2　甲は、乙から、X銀行Y支店に開設された乙名義の普通預金口座の預金通帳、印鑑及びキャッシュカードを盗んだ上、自己の債務の弁済に充てるため、乙に成り済まし、同支店の窓口係員を介して、同口座から現金50万円の払戻しを受けた。

事例3　甲は、X銀行Y支店に開設された甲名義の普通預金口座に、乙から50万円が誤って振り込まれたことを知ると、これを自己の債務の弁済に充てるため、同支店の窓口係員にその振込みが誤ったものである旨を告げることなく、同口座から現金50万円の払戻しを受けた。

事例4　甲は、金融業を営む乙社の支店長として現金の貸付け・保管等の業務に従事していたところ、内規によって定められた支店における貸付限度額（顧客1名につき30万円）を超過し、かつ、正規の貸付手続によることなく、Xに対し、自己の管理していた乙社の資金から、現金100万円を貸し付けた。

　なお、Xは、乙社の別の支店から限度額を超える貸付けを受けており、その信用や資力に鑑みれば、正規の貸付手続によっては貸付けを

承認されない状態にあったところ、甲は、そのことを認識していた。

——設問のポイント——

1　預金による金銭の占有（事例1ないし事例3）

事例1ないし事例3は、いわゆる預金による金銭の占有が横領罪における「自己の占有」に該当するか否かを問うものである。

預金による金銭の占有については、預金者が金銭について法律上の支配を有するものとして肯定するのが判例の立場であるが、預金者であれば常に占有が認められるわけではなく、占有の有無は事実関係により異なる。

2　横領と背任の区別（事例4）

事例4は、横領罪と背任罪を区別する基準を問うものである。

横領罪と背任罪の区別に関し、判例の主流は、財物の処分が自己の名義・計算で行われた場合は横領罪が、本人の名義・計算で行われた場合は背任罪がそれぞれ成立すると解し、近時の有力説は、まずは横領罪の成否を検討し、同罪が不成立の場合に背任罪の成否を検討するのが相当であるとしている。

——解　答——

事例1—横領罪に当たる。

甲は、乙から「中古車の購入」という使途を定められて現金50万円を受領し、これを自己名義の普通預金口座に預け入れたところ、甲は、当該口座の名義人であり、銀行との関係でこの50万円の正当な払戻権限を有し、これを自由に処分できる地位にあることから、預金によりこの50万円を法律上支配しているといえるので、これを「占有」していると認められる。また、この占有は、乙から中古車の購入を委託され預かった金銭を、乙の了承の下に預金としたことによるものであるから、乙との委託信任関係に基づくものと認められる。

したがって、甲には、乙に対する横領罪が成立する。

事例2—横領罪に当たらない。

甲は、乙名義の普通預金口座の預金通帳、印鑑及びキャッシュカードを保

有しており、事実上は同口座から現金を自由に払い戻し得る立場にはあるが、その預金通帳等は乙から盗んだものであるため、銀行との関係で同口座の正当な払戻権限を主張できる地位にはなく、預金により同口座の金銭を占有している者とは認められない。

したがって、甲には、乙に対する横領罪は成立しない。

事例3―横領罪に当たらない。

甲は、自己名義の普通預金口座に乙から振り込まれた50万円を事実上は自由に払い戻し得る立場にあるものの、この50万円は乙が誤って甲名義の口座に振り込んだものであるから、甲と乙との間に委託信任関係は認められない。

したがって、甲には、乙に対する横領罪は成立しない。

事例4―業務上横領罪に当たる。

甲が支店長として管理していた乙社の資金は、甲が事実上支配する乙社所有の物であり、「業務上自己の占有する他人の物」に該当する。また、支店長である甲と乙社との委託信任関係も明らかに認められる。

そして、甲は、支店における貸付限度額（30万円）を超過する現金を、正規の貸付手続を経ることなく、Xに貸し付けたものであるところ、甲は、Xがその信用や資力に鑑みれば正規の貸付手続によっては貸付けを承認されない状態にあったことを認識しており、仮に貸付けを実行した場合には回収不能に陥るおそれがあることも認識していたと考えられる。

そうすると、この貸付けは、乙社のために乙社の計算において行われたものではなく、甲の計算において行われたものと見ることができる。

したがって、甲には、業務上横領罪が成立する。

――解　説――

1 横領罪の構成要件

1 横領罪の保護法益

刑法第38章の「横領の罪」は、横領罪（刑法252条）、業務上横領罪（同法253条）及び占有離脱物横領罪（同法254条）の3つの罪から構成されるところ、これらの罪はいずれも、他人の占有を侵害することなく、他人の物を自己の物であるかのように利用・処分することを処罰する犯罪である。した

がって、その保護法益は、第一次的には「物に対する**所有権**」であり、この点で、財物の占有自体を保護法益とする窃盗罪とは異なる。ただし、横領罪は、他人の信頼を裏切るという背信的側面をも有することから、第二次的には、委託信任関係も保護法益となる。

　横領罪は、客体である物を自ら占有し自由に処分できる状況にあることから、誘惑的な側面があって動機を形成しやすい点で責任非難が減少し、他人の物の利用妨害という側面が少ない点で違法性も減少するため、法定刑が窃盗罪（刑法235条）や詐欺罪（同法246条）よりも軽いと解されている。

2　「他人の物」

　横領罪は、物に対する所有権を保護法益とするから、その客体である「他人の物」とは、他人（行為者以外の者）の所有に属する財物をいう。

　この点に関しては、実務上、**使途を定めて寄託された金銭の所有権の帰属をどのように解するべきか**が問題となることが多い。民事法上は、金銭の有する高度の代替性と流通性から、金銭の占有と所有は一致すると解されており、この考え方を貫けば、寄託された金銭の所有権は受託者に属し、横領罪が成立する余地はないこととなる。しかし、金銭の流通に関する取引の安全（動的安全）の保護に重きを置く民事法とは異なり、刑事法は、寄託者と受託者との間の内部的な所有関係（静的安全）を保護することに主眼を置いているから、占有と所有の一致という民事法上の原則はそのまま妥当しないと考えられる。

　したがって、使途を定めて寄託された金銭については、受託者ではなく、**寄託者の所有に属し**、受託者が定められた使途以外に金銭を領得すれば、横領罪が成立することとなる（最判昭26.5.25刑集5-6-1186〔製茶の買付資金として寄託された金銭〕など）。

3　横領行為

　横領行為の意義について、判例・通説は、いわゆる領得行為説をとっており、これによると、横領行為とは、**不法領得の意思を実現する一切の行為**と定義される。そして、横領罪における「不法領得の意思」とは、「**他人の物の占有者が委託の任務に背いて、その物につき権限がないのに所有者でなければできないような処分をする意思**」をいう（最判昭24.3.8刑集3-3-276）。横領罪には未遂犯の処罰規定はなく、不法領得の意思が外部に発現した時点

で直ちに既遂となる。

　横領行為には、費消、着服（自己のための占有に切り替える行為）、持ち逃げなどの事実行為のほか、売却、入質、貸与、贈与、抵当権の設定などの法律行為も含まれる。

　なお、横領罪における不法領得の意思は、窃盗罪における不法領得の意思（判例上、「権利者を排除し他人の物を自己の所有物と同様にその経済的用法に従いこれを利用又は処分する意思」とされている。）と比較すると、「権利者を排除する意思」が要素とされていない点及び「経済的用法に従い」という限定が付されていない点で異なっている。もっとも、いわゆる領得罪として規定されている横領罪の本質は、財物が有する経済的価値を取得する点にあると考えられるので、横領罪の捜査においては、判例の定義を字義どおりに捉えて済ませるのではなく、行為者の経済的利用意思の有無を念頭に置くのが相当であろう。

4　「自己の占有」

(1)　「占有」の意義

　横領罪における「占有」とは、物を**事実上支配**している場合に限らず、**法律上支配**している場合も含まれ（大判大4.4.9刑録21-457）、窃盗罪における占有（物に対する事実上の支配）より広い概念である。法律上の支配が認められる者の例としては、登記済不動産における所有権の登記名義人（最判昭30.12.26刑集9-14-3053）などが挙げられる。

　このような差異が生じるのは、物を事実上支配している場合に限らず、何らかの形で物に支配を及ぼしている状態があれば、他人の所有物を処分することが可能になるからである。しばしば、横領罪における占有の持つ意味が、その排他力ではなく、濫用のおそれのある支配力にあると言われるのも、同様の趣旨と考えられる。

　また、横領罪における占有は、所有者からの**委託信任関係**に基づくものであることが必要である（これにより、横領罪が占有離脱物横領罪と区別される。）。委託信任関係は、物の保管を内容とする契約（委任、寄託、賃貸借、使用貸借など）のほか、法定代理人や法人の代表者たる地位、売買契約の売主としての地位、雇用契約、事務管理、慣習、条理又は信義則などによっても認められる。

⑵　預金による金銭の占有

　占有に関しては、いわゆる「**預金による金銭の占有**」の問題がある。すなわち、委託を受けて他人の金銭を保管する者がこれを銀行に預金した場合、預金者がその金銭について刑事法上占有を有するか否かという問題である。

　これについては、預金者は預金債権を有するにすぎないとして、不特定物である金銭に対する占有を否定する見解もあるが、判例（大判大元.10.8刑録18-1231など）・通説は、占有肯定説で固まっており、実務も同様である。横領罪における占有は法律上の支配を含むところ、預金を自由に処分できる地位にある者は、銀行が事実上支配する不特定物である金銭について、預金額の限度で法律上の支配を有していると見るべきである。そのように解さないと、委託者から使途を定めて現金を預かり保管していた者がこれを使い込んだような場合に、保管形態が現金のままであれば横領罪が成立し、預金として保管されていれば横領罪が成立しないという帰結となるが、均衡を失したものと言わざるを得ない。

　預金を自由に処分できるのは、銀行に対して自由に権利を行使できるだけの正当な払戻権限が備わった者に限られる。このような観点で考えると、**事例1**の甲のように、他人から寄託された金銭を自己名義の預金口座に預け入れた者のほか、他人名義の預金口座について正当な払戻権限が与えられている者（会社の経理担当者として会社資金の出納を任され、会社名義の口座の預金通帳、印鑑及びキャッシュカードを保管している者など）についても、預金による金銭の占有が認められることとなる。

　もっとも、この場合には、預金者が預金によって有する金銭の「法律上の支配」と、銀行が不特定物としての金銭について有する「事実上の支配」との関係が問題となり得る。すなわち、行為者が預金を不正に払い戻した場合に、銀行の金銭の占有を侵害したとして、窃盗罪（ATMで不正に現金を払い戻した場合）又は詐欺罪（窓口係員をだまして現金の払戻しを受けた場合）が成立する余地はないかという問題である。しかし、銀行は、正当な払戻権限を有する者との関係では、金銭に対する自己の占有を保持する正当な理由がないため、銀行による金銭の占有は、刑事法上保護に値する占有とはいえず、銀行との関係で不法な占有侵害もないこととな

る。それゆえ、預金の払戻しについて横領罪が成立する場合には、銀行に対する窃盗罪又は詐欺罪は成立しない。なお、**事例1**の甲は、払戻しに係る50万円が乙から中古車の購入代金として委託された金銭である旨を窓口係員に告知していないが、その告知の有無は、甲が銀行との関係で正当に有している払戻権限に影響を及ぼすものではなく、甲の払戻請求を銀行に対する欺罔行為と観念するのは困難であろう。

他方、他人名義の口座の預金通帳、印鑑及びキャッシュカードを保有しているものの、それを他人から盗むなどの不正な手段によって入手した者については、事実上、預金通帳等を用いて自由に預金を払い戻すことができる状態にはあるものの、預金の正当な払戻権限を有していないので、預金による金銭の占有は認められず、横領罪は成立しない。この場合は、銀行による金銭の事実上の支配が刑法上保護されるべきであるから、預金の払戻しについては、銀行の占有を侵害したものとして、銀行に対する窃盗罪又は詐欺罪が成立し得ることとなる。

(3) 誤振込み

預金による金銭の占有に関連して、いわゆる誤振込み、すなわち、自己名義の口座に誤った金銭の振込みを受けた者が、その事情を隠したまま、銀行からその払戻しを受けた事案の処理も問題となる。この場合も、預金名義人に正当な払戻権限がなければ、銀行に対する窃盗罪又は詐欺罪の成否が問題となるが、正当な払戻権限があるとすれば、銀行に対する窃盗罪又は詐欺罪は成立しないこととなる（この場合には、預金による金銭の占有は認められるものの、その占有が委託信任関係に基づくものとはいえないため、せいぜい占有離脱物横領罪の成否が問題となるにとどまる。）。そこで、誤振込みの事案で、預金名義人に正当な払戻権限があるかどうかが問題となる。

この点につき、民事法上の判例（最判平8.4.26民集50-5-1267）は、振込依頼人の過誤により受取人の口座への振込みが行われた後、受取人の債権者が預金債権を差し押さえた事案につき、「振込依頼人と受取人との間に振込みの原因となる法律関係が存在するか否かにかかわらず、受取人と銀行との間に振込金額相当の普通預金契約が成立」するとして、預金債権が有効に成立する旨判示した。この考え方を横領罪の成否についても貫け

ば、誤振込みの事案であっても、払戻しを受けようとする預金名義人には正当な払戻権限があるから、銀行に対する犯罪は成立しないこととなる。

ところが、最判平15.3.12（刑集57-3-322）は、自己名義の口座に誤った振込みがあることを知った受取人が、その事情を隠して銀行の窓口係員から預金の払戻しを受けた事案について、詐欺罪の成立を認めた。この判例は、銀行実務ではいわゆる「組戻し」の手続（誤った振込依頼をした振込依頼人からの申出があった場合に、受取人の承諾を得て振込依頼前の状態に戻すこと）がとられていることなどを根拠に、「銀行にとって、払戻請求を受けた預金が誤った振込みによるものか否かは、直ちにその支払に応ずるか否かを決する上で重要な事柄である」とした上で、受取人については、「誤った振込みがあった旨を銀行に告知すべき信義則上の義務がある」として、誤振込みの事情を隠して預金の払戻しを請求する行為が詐欺罪の欺罔行為に当たり、誤振込みの有無に関する錯誤が同罪の錯誤に当たる旨判示している。これは、前記民事法上の判例（最判平8.4.26）に従って、預金名義人に正当な払戻権限があることを前提としつつも、その権限行使に信義則上一定の制約を加えたものと理解できる。

2 横領と背任の区別

1 基本的な考え方

横領罪と背任罪は、委託信任関係に背いて委託者の財産を不正に処分する点で共通していることから、両罪を区別する基準が問題となる。

とはいえ、横領罪と背任罪は、完全に重なり合うわけではなく、横領罪しか成立し得ない場合と、背任罪しか成立し得ない場合があることを押さえた上で、横領罪と背任罪の両方が成立するように見える場合を限定するのが相当であろう。具体的には、次の図のように整理できる。

① 横領罪の主体は他人の物を占有する者であるのに対し、背任罪の主体は「他人のためにその事務を処理する者」であるから、**行為者が他人の物の占有者ではあるが他人の事務処理者の立場にはない場合**（例えば、他人の財物の賃借人が賃借物を無断で売却する場合など）は、横領罪の成否のみが問題となる。

② 逆に、**行為者が他人の事務処理者には当たるが物の占有者ではない場**

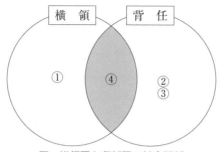

図 横領罪と背任罪の競合関係

合（例えば、銀行の貸付事務担当者が返済能力のない者に無担保で融資を実行した場合（いわゆる不良貸付）など）は、背任罪の成否のみが問題となる。

③ 横領罪の客体は他人の財物に限られるのに対し、背任罪の客体は財物に限らず財産上の利益をも含むことから、**客体が財産上の利益である場合**（例えば、信用保証協会の支所長が返済不能状態にある会社のために同協会に保証債務を負担させる場合など）には、背任罪の成否のみが問題となる。

④ 以上からすると、横領罪と背任罪の区別が問題となる場面は、**他人の事務処理者が自己の占有する他人の物を不正に処分する場合**のように、横領罪と背任罪の両方が成立するように見える場合に限られることとなる。

　もっとも、横領罪と背任罪は、実質的に見れば1個の法益侵害があるにすぎないから、両方の罪の成立要件を満たす場合であっても、いわゆる法条競合の関係に立ち、より重い横領罪のみが成立する（大判明43.12.16刑録16-2214）。この考え方によれば、**まずは横領罪の成否を検討し、横領罪が成立しない場合に背任罪の成否を検討する**という思考プロセスをたどれば足りることとなる。

2　判例の考え方

　判例の主流は、一般的には、財物の処分が**自己の名義・計算で行われた場合には横領罪**、**本人の名義・計算で行われた場合には背任罪**の成立を認めているものと理解されている（「計算」とは、財産の処分によって生じる経済的利益・損失が誰に帰属するかという問題である。）。例えば、村の収入役

が、自己の名義で、自己の保管する村の公金を他人に貸し付けた事案については、業務上横領罪の成立が認められ（大判昭10.7.3刑集14-745）、村長が、村の計算で、自己の保管する村の公金を他人に貸し付けた事案については、背任罪の成立が認められている（大判昭9.7.19刑集13-983）。

　もっとも、判例は、自己又は本人のいずれの名義・計算かという問題を、専ら形式的に判断しているわけではなく、実質的に判断していると見ることができる。最判昭33.10.10（刑集12-14-3246）は、信用組合の支店長が、自己の保管する組合の金銭を原資として、支店の預金成績の向上を装うため、預金者に預金謝礼金を支払うとともに、同謝礼金の補塡のため、正規の融資を受ける資格のない者に高利で貸付けを行った事案について、業務上横領罪の成立を認めている。この事案では、預金謝礼金の支払と高利貸付けが本人たる組合の計算で行われたようにも見えるが、判例は、支店長が、組合から金銭の支出を受けて一旦自らが自由に処分し得る状態においてから、預金謝礼金や貸付金として支出したことを捉えて、支店長がその支出を組合の計算ではなく自己の計算で行った旨の判断を示している。

　さらに、最判昭34.2.13（刑集13-2-101）は、森林組合の組合長が、自己の保管する組合の資金を、組合の名義で、第三者たる地方公共団体に貸し付けたが、その資金が、組合員に造林資金として転貸する以外の用途に充てることが法令上禁止されている政府貸付金であったという事案について、業務上横領罪の成立を認めた。この事案では、当該貸付行為が本人たる組合の名義かつ計算で行われたようにも見えるが、判例は、政府貸付金の保管方法と使途が限定され、転貸資金以外のいかなる用途にも絶対流用支出することが禁止されていたこと、組合長が組合の業務執行機関として組合のため政府貸付金を保管する責務を有していたことを踏まえ、「当該貸付が何ら正当権限に基づかず、ほしいままに組合長ら個人の計算において」行われたものであり、「その貸付が組合名義をもって処理されているとしても、保管方法と使途の限定された他人所有の金員につき、その他人の所有権そのものを侵奪する行為に外ならない」として、横領罪における不法領得の意思を肯定した。

　ただし、この判例については、その後、実質的に判例変更を行ったと見られる判例が示されたことに留意すべきである。すなわち、最決平13.11.5（刑集55-6-546、いわゆる國際航業事件）は、会社の取締役経理部長が、同社の

資金を原資として、同社株の買占めに対抗するための工作資金を第三者に支払った事案について、一般論としては、当該行為・目的が違法であるなどの理由から委託者たる会社として行い得ないものであることは、行為者の不法領得の意思を推認させる一つの事情とはなり得るが、行為の客観的性質の問題と行為者の主観の問題は、本来、別異のものであり、法令に違反する行為であっても、行為者の主観においてそれを専ら会社のために行った場合には、不法領得の意思が否定される旨判示した。他方で、同判例は、当該事案の結論としては、会社の不利益を回避する意図を有していたとしても、交付金額が多額であるなど交付行為が会社にとって重大な経済的負担を伴い、違法行為を目的とするものとされるおそれもあったのに、交付の相手方や工作の具体的内容等につき調査をしたり、その結果の報告を求めたりした形跡がうかがわれず、また自己の弱みを隠す意図等をも有していたなどの事情の下においては、交付の意図は専ら会社のためにするところにはなく、不法領得の意思が認められる旨判示して、業務上横領罪の成立を肯定した。

　こうして概観してみると、判例は、他人の事務処理者が自己の占有する他人の物を不正に処分する事案について横領罪の成否を判断するに当たっては、その処分が本人にも行うことができない処分か否かという点を一事情として考慮しつつ、**自己又は本人のいずれの計算で行われたかを実質的に検討している**ということができる。この場合、名義については、誰に経済的利益・損失が帰属するかを判断するための一要素と捉えるのが適切であろう。

　そして、これを横領罪の構成要件に即して考えてみると、本人の財物を自己の計算で処分する行為とは、委託の任務に背いて権限がないのに所有者でなければできない処分をする行為、すなわち、不法領得の意思の発現たる行為にほかならず、他方、本人の財物を本人の計算で処分する場合には、本人のためにされた行為に当たり、不法領得の意思の発現たる行為が認められないとも言い換えられよう。

　そうすると、結局、**横領と背任の区別の問題は、当該具体的事案に即した横領行為の認定の問題に帰着する**ものと考えられる。

✓ 捜査のポイント

　以上の検討を踏まえ、横領罪における主な捜査事項を整理

してみたい。

1　委託の趣旨の解明

　横領罪において、客体が金銭の場合には、金銭の所有が寄託者に帰属すると認められるか否かは、寄託された金銭の使途によることとなる。また、委託者と受託者との間の委託信任関係がいかなるものかを解明することは、横領罪の構成要件である占有の認定に不可欠である。加えて、業務上横領罪における「業務」とは、社会生活上の地位に基づいて反復・継続して行われる事務をいい、その性質上、委託を受けて他人の財物を占有・管理することであるから、「業務」の認定のためにも、いかなる委託があるかを解明する必要がある。したがって、横領罪の捜査においては、**委託者と受託者の間にある委託の趣旨を明らかにすること**が目標となる。

　その目標に向けては、委託者と受託者との従前の関係、取引の有無・態様、委託に至った経緯、委託された物の使途に関する取決めの有無・内容、一時流用の許否、委託の根拠となる契約・法令・会社の定款その他の内規・慣習の有無・内容等に着目しながら、委託信任関係の発生時期、発生原因、趣旨・内容を具体的に特定していくことが求められる。

　そのための手段としては、まずは、被害届提出者・告訴人からの十分な事情聴取が出発点となるであろうが、これらの者の供述のみに頼らず、裏付けとなる資料（例えば、契約書や覚書など当事者間の合意内容を示す書類など）の収集に意を払うべきであり、これらの者に資料提出の協力を積極的に求めることも必要であろう。

2　具体的な物の保管・管理形態の解明

　前記1の委託の趣旨が明らかになれば、占有の原因は特定されるものの、具体的にいかなる形態で物を保管・管理しているかを特定しなければ、そもそも占有の有無が判然としないこととなる。また、複数の者が物の占有に関与している場合には、共同占有や占有の上下主従関係の有無を明らかにすることにより、横領罪と窃盗罪の境界が画されることとなる。そのため、（窃盗罪においてもそうであるが）横領罪の捜査においては、**具体的な物の保管・管理形態を解明する**ことが必要である。

　具体的な着眼点については、会社の経理担当者が会社の売上金を会社

の事務所にある金庫に入れて保管する事例をイメージするのがよいであ
ろう。このような事例であれば、解明すべき事項としては、会社の組織
形態と経理担当者の立場、売上金の保管・管理状況、金庫の施錠・保管
状況、金庫の鍵の保管者・保管状況、横領に係る当該現金の具体的な保
管状況などが挙げられよう。また、捜査手法については、会社関係者か
らの事情聴取のほか、会社の会計帳簿類や日報等の精査、事務所内や金
庫の実況見分、鍵の作成状況に関する裏付け捜査などが考えられる。

　他方、**事例1ないし事例3**のように、預金による金銭の占有が問題と
なる場合には、当該預金口座の開設に至った経緯、同口座の預金通帳、
印鑑及びキャッシュカードの保管・管理状況、同口座の利用・入出金状
況、払戻しに係る金銭と認められる金銭が当該口座に入金された経緯な
どを解明する必要があろう。そのための捜査手法としては、関係者から
の事情聴取、預金通帳等の保管場所の実況見分のほか、いわゆる銀行捜
査により、当該口座開設時の関係書類、同口座の入出金明細などを入手
した上で、これらの精査を尽くすことが考えられる。

　特に、もともと行為者が利用していた口座に他人から委託された金銭
が預け入れられ、その後、その払戻しがされたような場合には、払戻し
に係る金銭と他人から委託された金銭との同一性を判断するため、当該
口座の入出金状況をある程度の期間にわたって幅広く精査し、その同一
性の有無を慎重に検討する必要があろう。例えば、**事例1**において、甲
名義の普通預金口座の残高がもともと0円であった場合であれば、現金
50万円の払戻しが横領に当たるとすることに特段の問題はないが、同口
座にもともと50万円が入金されていた場合には、仮に50万円の払戻しが
されたとしても、もともと入金されていた50万円（これ自体は甲が占有
する甲の金銭である。）の払戻しと見る余地が残ることに注意が必要で
ある。

3　横領行為の特定

　横領行為には、費消、着服、持ち逃げなどの様々な態様があり、どの
行為を横領行為として特定するかの判断は必ずしも容易ではない。例え
ば、口座から金銭を払い戻した上でそれを自己の用途に費消したような
事例では、払戻時点で不法領得の意思が発現したと考え得ることもあれ

ば、費消時点でようやくその発現があったと考え得ることもあろう。また、その判断においては、行為者の計画・意図といった主観面も併せて考慮する必要があろう。

　そうすると、横領行為の特定においては、まず、行為者による客観的な行為について、特定の時点の1つの行為のみを認定するにとどまらず、時系列を意識しながら複数の行為を順に認定していくことが必要であろう。その上で、どの行為が不法領得の意思の発現と評価できるかを判断するために、行為者の主観において、いつ横領の犯意が発生したのか、いかなる動機で横領を決意したのか、いかなる用途を考えていたのかなどを明らかにしていく必要があろう。特に、会社の経理担当者が多数回にわたって会社の金を着服する場合のように、行為者が長期間、複数回にわたって横領行為に及んでいる事例ではなおさらである。

　その際の捜査手法としては、真相を最もよく知る行為者の徹底的な取調べを実施することはもとより、その動機や使途先等について具体的な供述が得られた場合にはその裏付け捜査（行為者の資産・負債の保有状況、債務の弁済状況、物の売却状況などに関する各種関係先への捜査関係事項照会など）を励行することや、複数の関係口座がある場合にはその全てを特定した上で、これらの口座の入出金状況を洗い出し、資金の流れを解明することも肝要である。このような資金の流れが解明されれば、委託の趣旨の解明と相まって、当該物の処分が自己と本人のいずれの計算によるかという点についても、おのずと明らかになるものと思われる。

4　その他捜査上留意すべき事項

　その他、（横領罪以外の知能犯にも当てはまるものと考えられるが）捜査上留意すべき事項として、次のような事項が考えられよう。

① 　成立する罪名の判断に際しては、形式的・技巧的にいかなる犯罪が成立するかを考えるよりも、当該事案において誰を実質的な被害者として捉えるべきかを見極めた上で、適切な罪名判断を行うことが求められよう。

② 　会計帳簿類、銀行口座の入出金明細などの証拠物の分析が物をいうことが少なくないが、捜査が後手に回れば、このような重要な証

拠物が散逸されるおそれもあるから、できる限り早期の証拠収集と
分析が求められよう。

③ 客観証拠によって資金の流れを解明することとともに、行為者を
始めとした関係者から具体的かつ迫真性のある供述を得ることも重
要であり、この両者がいわば車の両輪として機能し、真相の解明に
つながることとなる。取調べの際には、供述の信用性を確保するた
め、常に客観証拠との整合性を意識するとともに、具体的な供述が
得られればすぐに裏付け捜査を行うという姿勢が求められよう。

④ 事案が複雑になり、相当多数の証拠の精査が求められることが少
なくないので、事案と証拠を整理するため、時系列表を作成するこ
とが有用であろう。

⑤ 知能犯の捜査では、被害届の提出や告訴を端緒として捜査が開始
され、それが民事上の紛争と交錯する場合も少なくないところ、他
の事件による繁忙、複雑な事案や民事事件に対する苦手意識などか
ら、捜査が後手に回るおそれもないとはいえない。そこで、被害届
提出者・告訴人等の関係者と緊密に連絡を取りながら捜査を着実に
進めるとともに、捜査の比較的早い段階から検察官への事件相談を
励行するなどして、「事件を転がし、腐らせないようにする」努力
を怠らないことも必要であろう。

⑥ 警察から事件相談を受ける検察官の立場では、その相談を安易に
放置することなく、法律家として適時適切な助言を与え、その後の
捜査の進捗状況にも気を配ることによって、警察・検察が双方向で
コミュニケーションをとりながら、充実した捜査が進められるよう
に配慮することが求められよう。

設問19

盗品等に関する罪

─ 設 問 ─

下記の各事例における、甲の罪責について説明しなさい。

事例1　甲は、窃盗の犯人乙から、「Vから盗んできた約束手形をVに買い取らせることができれば、その代金の半額を甲の分け前としてよい。」旨言われ、これを承諾した。

　　　甲は、乙及び自己の利益を図るため、Vと接触し、「盗難手形が出回れば取引先にも多大な迷惑がかかる。買い取らないと回収が困難になる。」などと告げ、Vを困惑させて、高額の代金で同手形を買い戻すことを承諾させ、乙から預かっていた同手形と引き替えにVから現金を受け取り、これを乙に渡して、その半額を乙から受け取った。

事例2　リサイクルショップの店長甲は、同店を訪れた客乙から、乙がVから盗んだ工具の買取りを依頼された。その際、甲は、乙から、当該工具について「勤務先で不要になったものを無償で譲り受けた。」旨の虚偽の説明を受けた。

　　　甲は、以前にも乙から同様の説明を受けて同種の工具を買い入れていたこと、これらの工具が高価なもので、無償で何度も従業員に譲り渡すことは通常考え難いこと等から、乙が持参した工具は、乙が盗んできたものかもしれないと考えたが、これを転売して多額の利益を得ようと考え、時価相当額よりも著しく安価で、これを買い受けた。

事例3　甲は、息子乙の友人である丙から、「母親のVから、この貴金属を担保にして甲から金を借りてくるよう言われた。」旨言われて多額の借金の申込みを受けた。これに応じて、甲は、丙に現金を貸し与えるのと引き替えに、丙から貴金属を受け取った。このとき丙が持参

した貴金属は、実際には、乙及び丙が、共謀の上、Ｖから窃取したものであったが、甲は、過失により、同貴金属が盗品であることや、丙が同貴金属に係る質権設定権限を有しないことを知らなかった。

その後、甲は、Ｖと話をして、同貴金属がＶから盗まれたものであることを知ったが、丙から貸金の返済を受けていなかったので、これをそのまま預かっておくこととした。

——設問のポイント——

事例１ないし事例３は、いずれも盗品等に関する罪（刑法256条）の成否を問うものである。

盗品等に関する罪は、「盗品その他財産に対する罪に当たる行為によって領得された物」（以下「盗品等」という。）を無償で譲り受けた場合（同条１項）、運搬し、保管し、若しくは有償で譲り受けた場合又はその有償の処分のあっせんをした場合（同条２項）に成立する。

事例１は、盗品を被害者に買い取らせるべく周旋する行為が盗品等有償処分あっせん罪に当たるかという問題であり、盗品等に関する罪の保護法益をいかに捉えるかがポイントとなる。

事例２は、盗品であることを具体的に認識せずに買い受けた場合に盗品等有償譲受け罪が成立するかという問題であり、盗品等に関する罪が成立するためには、客体が盗品等であることについて、どの程度具体的な認識を要するかがポイントとなる。

事例３は、盗品等の保管開始後に客体が盗品等であることを認識した場合、以後の保管行為について盗品等保管罪が成立するかという問題であり、同罪を継続犯と捉えるか否かがポイントとなる。また、盗品等に関する罪には、親族等の間の犯罪に関する特例（刑法257条）が設けられているところ、これがいかなる範囲で適用されるかも問題となる。

——解　答——

事例１―盗品等有償処分あっせん罪が成立する。

盗品等の有償処分のあっせんをする行為は、窃盗等の被害者を処分の相手

方とする場合であっても、被害者による盗品等の正常な回復を困難にするばかりでなく、窃盗等の犯罪を助長し誘発するおそれのある行為であるから、盗品等有償処分あっせん罪に当たると解されている。

　事例1において、甲は、乙のVに対する盗品の有償処分（売却処分）をあっせんし、盗品の取戻しに当たってVに高額の支出を余儀なくさせており、正常な回復を困難にしていると認められるので、盗品等有償処分あっせん罪が成立する。

事例2—盗品等有償譲受け罪が成立する。

　盗品等に関する罪が成立するためには、客体が盗品等であることの認識、すなわち知情が必要であるが、その認識は未必的なもので足りる。また、何らかの財産に対する罪に当たる行為により領得された物であることの認識があれば足り、前提犯罪としての財産犯（以下「本犯」という。）の内容、本犯者、被害者等を詳細に認識する必要はない。

　事例2において、甲は、盗品である工具を乙から有償で譲り受けている上、知情の点についても、前記工具が窃盗の被害品であることの未必的な認識を有しており、問題なく認められるので、盗品等有償譲受け罪が成立する。

事例3—盗品等保管罪が成立する。

　盗品等保管罪における「保管」は、委託を受けて盗品等の占有を得て管理することをいい、質物として受け取る場合も含まれる。また、盗品等保管罪は継続犯と解されており、盗品等の保管開始後に知情に至った場合でも、以後も本犯のためにその保管を継続すれば、盗品等の返還が不可能である場合や盗品等を留置する権利がある場合を除き、以後の保管行為についても盗品等保管罪が成立すると解されている。

　事例3において、甲は、保管中の貴金属について、盗品であることの認識を有するに至った後も丙のために保管を継続していること、同貴金属を丙に返還することも可能だったと考えられること、過失により、同貴金属に係る質権設定権限が丙にあるものと誤信しているので、質権を即時取得（民法192条）する余地はなく、その他の留置権限も認められないことから、知情後の保管行為について、甲には盗品等保管罪が成立する。

　なお、刑法257条1項は、本犯者と盗品等に関する罪の犯人との間に一定の親族関係がある場合に同罪に係る刑を免除する旨規定しているところ、本

犯の共犯の中に盗品等に関する罪の犯人と身分関係を有する者がいる場合について
は、当該身分関係を有する者が盗品等に関する罪に関与していなけれ
ば同条は適用されないと解されている。

　事例3において、甲は、本犯者である乙と同条所定の身分関係を有するも
のの、乙自身は盗品等保管罪には関与していないので、同条の適用はない。

——解　説——

1　第三者が盗品の取戻しに関与する行為【事例1関係】

(1)　問題の所在

　窃盗の被害者が窃盗犯人に現金を支払って被害品を取り戻そうとするこ
とは、社会的に相当広く行われており、第三者が、被害者と窃盗犯人の間
に立って、これを仲介・周旋することも珍しくない。

　このような第三者の行為は、形式的に見れば、盗品の売買（買戻し）の
あっせん、あるいは盗品の保管や運搬に当たるが、他方で、正常な権利関
係の回復に協力したにすぎないと見るべき余地もあり、このような行為ま
で盗品等に関する罪として処罰し得るのかが、同罪の本質と関連して問題
となる。

(2)　盗品等に関する罪の本質

　盗品等に関する罪は、現行法上、独立の財産犯として規定されており、
判例も、「贓物〔盗品等〕に関する罪の本質は、贓物を転々として被害者
の返還請求権の行使を困難もしくは不能ならしめる点にある」として、同
罪の財産犯的性質を重視している（最決昭23.11.9刑集2-12-1504）。

　このように、盗品等に関する罪の保護法益を、本犯の被害者が被害財物
に対して有する回復請求権（追求権）と捉え、盗品等に関する罪の処罰根
拠は、この追求権の行使を妨げる点にあると解する見解を追求権説とい
い、判例も基本的に追求権説に立つものと解されている。

　他方で、判例は、「贓物に関する罪を一概に所論の如く被害者の返還請
求権に対する罪とのみ狭く解するのは妥当ではない、（法が贓物牙保罪
〔盗品等有償処分あっせん罪〕を罰するのはこれにより被害者の返還請求
権の行使を困難ならしめるばかりでなく、一般に強窃盗の如き犯罪を助成
し誘発せしめる危険があるからである）」（最判昭26.1.30刑集5-1-117）な

どとも判示しており、盗品等に関する罪について、財産犯的性質のみならず本犯助長的性質を重視していると考えられる。

(3) 盗品の取戻しに関与する行為の擬律

　追求権説に忠実な立場からは、**事例1**のような第三者が盗品の取戻しに関与する行為は、被害者の追求権を侵害するものとは言い難いので、盗品等に関する罪に当たらないという結論になり得る。他方で、同罪の本犯助長的性質をも重視するのであれば、**事例1**のような本犯者の利益となる態様の盗品の取戻しが、本犯を助長する性質を有することは明らかであるので、これに関与する行為を同罪から除外する必然性はない。

　この点、判例は、窃盗の被害者から被害品のミシン等の取戻しを依頼された被告人が、その窃盗犯人と交渉して同被害品を取り戻して被害者宅まで運搬し、その際、窃盗犯人の要求する多額の金銭を被害者に支払わせたほか、同被害品に関して恐喝まで行ったという事案について、（被告人らによる）「本件贓物〔盗品等〕の運搬は被害者のためになしたものではなく、窃盗犯人の利益のためにその領得を継受して贓物の所在を移転したものであって、これによって被害者をして該贓物の正常なる回復を全く困難ならしめたものであると認定判示して贓物運搬罪〔盗品等運搬罪〕の成立を肯定した」原判決は正当である旨判示している（最判昭27.7.10刑集6-7-876）。

　また、窃盗の被害品である約束手形の売却を氏名不詳者から依頼された被告人が、それが盗品であることを知りながら、被害会社の子会社に売却し、その際、被害者に対して、「買い取らないと回収が困難になる。」旨ほのめかしたり、「取引先にも多大な迷惑がかかる。」旨告げるなどした事案についても、「盗品等の有償の処分のあっせんをする行為は、窃盗等の被害者を処分の相手方とする場合であっても、被害者による盗品等の正常な回復を困難にするばかりでなく、窃盗等の犯罪を助長し誘発するおそれのある行為であるから、刑法256条2項にいう盗品等の『有償の処分のあっせん』に当たる」と判示して、盗品等有償処分あっせん罪の成立を肯定している（最決平14.7.1刑集56-6-265）。

　このように判例は、第三者が盗品の取戻しに関与する行為について、被害者による「正常な回復」（特段の理由のない負担をすることなしに追求

できるという、財産権の正常な回復）を困難にするものとして、盗品等に関する罪に当たると解しており、被害者が盗品の買戻し代金その他の負担をすることを承知していたとしても、それだけで同罪の成立が否定されるものではないとしている。

ただし、このような判例の立場に立っても、なお、一定の場合には、被害者の承諾を理由に違法性が阻却され、盗品等に関する罪の成立が否定される場合があり得ると思われる。

この点について具体的に言及した判例は見当たらないが、例えば、関与者が、被害者から依頼を受け、被害者の代理人等として、専らその指揮・命令の下に従属的立場で行動していたような場合には、被害者が代金の支払その他特段の負担をしたとしても、被害者の承諾の範囲内にあるものとして、違法性が阻却されよう。

また、被害者からの明示的な依頼がなくとも、関与者が被害者の利益に沿った行動を終始とっていたような場合についても、被害者の推定的承諾があるとして、同様に違法性が阻却されることがあり得よう。これに関連した下級審判決として、寺から盗まれた寺宝の買取り方を求められて寺のためにそれに応じ、その後寺に寺宝を引き渡して、支払った対価分を受け取った被告人につき、贓物故買罪〔盗品等有償譲受け罪〕の成立を否定したものがある（東京高判昭28.1.31東高刑時報3-2-57）。この判決は、違法性阻却を認めたものではなく、構成要件該当性を否定したものと考えられるので、前記最決平14.7.1を踏まえると、その法律構成には疑義があるが、結論の妥当性については多くの学説が認めるところであり、被害者による推定的承諾が認められる場合の例として参考になるであろう。

✓ 捜査のポイント

　第三者が盗品の取戻しに関与する行為については、前記のとおり、被害者の承諾を理由に違法性が阻却される場合があり得ることから、当該関与に係る被害者の承諾の有無及びその範囲を明らかにする必要があり、その前提として、盗品の取戻しに当たって、関与者が具体的にどのような関与をしたのか、被害者の負担の内容、関与者自身が得た利益の有無・内容等についても、できる限り特定する必要がある。

　そこで、これらの捜査事項について慎重な捜査を行う必要があるが、その際には、被疑者、被害者、本犯者その他の関係者の詳細な取調べはもとより、これらの者相互間の連絡状況（メール、SNS、電話等）や金銭の動きに係る客観証拠の収集等が重要になろう。

2　盗品等に関する認識（知情性）【事例２関係】

⑴　問題の所在

　盗品等の取引又は授受（以下「取引等」という。）においては、本犯者が、取引等の相手方に対し、取引等の客体をどのように領得したのかについて具体的に説明することは通常あり得ず、相手方においても、これを明確に認識していない場合が少なくない。こうした実情を背景に、実務上、盗品等に関する罪の被疑者・被告人が、取引等の客体について、「盗品等であることは知らなかった。」旨弁解し、故意を否認する例が多い。

　そのため、盗品等に関する罪の主観的要件、とりわけ客体である盗品等に関して、どの程度の認識を有していることが必要なのかが、その認定要素とともに実務上大きな問題となる。

⑵　盗品等に関する罪の主観的要件

　盗品等に関する罪は故意犯であり、故意の内容として、自らのなす行為、すなわち、無償・有償の譲受け、運搬、保管、有償処分のあっせんの各行為について認識していることが必要であるほか、各行為の客体が盗品等に当たることを認識していること（知情）が必要である。

　そして、この知情の点については、他人の財産に対する罪に当たる行為によって領得された物であることを認識していれば足り、それがどのような犯罪によるものであるかの認識までは不要と解されている。この点、判例も「贓物故買罪〔盗品等有償譲受け罪〕ハ犯人ノ贓物即チ他人ノ財産権ヲ害シ不法ニ領得シタル物ナル情ヲ知リテ之ヲ買取スルヲ以テ足リ其如何ナル犯罪ニ因リテ取得シタルモノナルカ知悉セサルモ故買罪ノ成立ニ妨ケナ〔シ〕」（大判大3.3.14刑録20-297）などと判示し、同旨の結論を採ることを明らかにしている。

　このように本犯がどのような犯罪かの認識すら不要と解するのであれば、本犯の具体的内容（例えば、本犯者、被害者、本犯の犯行態様等）に

ついての認識も不要で、かつ、知情に係る認識の程度についても、いわゆる未必の認識で足りると解するのが論理的であるところ、判例も「贓物罪ハ贓物犯人ニ於テ取扱ヒタル物品カ不法ニ領得セラレタルコトノ情ヲ知レルヲ以テ足レリトシ必スシモ本犯ノ犯行ヲ詳細ニ熟知スルヲ要セサルモノトス」(大判大12.12.8刑集2-930)、「その故意が成立する為めには必ずしも買受くべき物が贓物であることを確定的に知って居ることを必要としない或は贓物であるかもしれないと思いながらしかも敢てこれを買受ける意思(いわゆる未必の故意)があれば足りる」(最判昭23.3.16刑集2-3-227)などと判示し、同旨の結論を採っている。

(3)　知情性の認定要素

　盗品等に当たることについて未必的な認識で足りるとしても、このような被疑者・被告人の内心を直接証明する証拠は本人の自白以外には存在しないので、自白がない場合における故意(知情)の認定は、これを推認させる事実(間接事実)を積み重ねて行うほかない。

　知情性の認定に関し、過去の裁判例において取り上げられた事実等を分析すると、主に以下のような事実が、知情性の認定要素とされていると考えられる。

　① 　取引等の客体に関するもの
　　・　客体が特殊性、希少性、機密性等を有しており、通常流通しないような物と認められること。
　　・　客体の刻印や登録番号が削り取られているなど、不自然な外観を呈していること。
　② 　取引等の内容・態様・経緯に関するもの
　　・　取引価格が、客体の本来の価値と比較して著しく安価であること。
　　・　取引が、あえて人気のない時刻や場所に設定され、あるいは人目をはばかるような態様で密やかに行われていること。
　　・　短期間に多数回にわたって同種の盗品を買い入れていたなど、過去に類似取引が存在すること。
　③ 　取引等の相手方に関するもの
　　・　相手方が、取引等の客体を所持するのに不相応な地位・身分を有すること。

- 相手方が、窃盗常習者であるなど素行が不良であったり、素性が不確かな人間であること。
- 相手方が、客体の所有者、処分理由等について不合理な説明をしていること。

④　被告人自身に関するもの

- 被告人が、客体自体に関する専門的知識や盗品取引（いわゆるブラックマーケット）に関する知識を有していたり、過去に同種の盗品取引をして警察の警告を受けた経験を有しているなど、客体が盗品等に当たることを気付き得る特別の知識・経験を有していること。
- 被告人が、相手方の素性や客体の出所に関する相手方の説明等が明らかに不合理であるのに追及しないなど、不自然な態度をとっていること。
- 被告人が、当該取引だけを帳簿に記録せず、あるいは客体の製造番号を削り取るなど罪証隠滅と捉えられる行為に及んでいること。

✓ 捜査のポイント

　盗品等に関する罪については、公判廷において知情性が争点になることが多く、捜査段階において知情性を認めていた被疑者・被告人が、公判廷で否認に転ずることも多いため、これらの事件においては、前記(3)に列挙したような事実の有無について慎重な捜査を行う必要があり、これらの点に関する被疑者、被害者、本犯者等の関係者の詳細な取調べ、裏付け捜査、客観証拠の収集等が必要となる。

　そして、これらの事件では、仮に、被疑者が知情性を自白している場合であっても、被疑者の取調べに当たっては、単に「盗品である（盗品かもしれない）ということは分かっていました。」などという知情性を認める結論部分だけを供述調書に録取して足りるとするのではなく、なぜ被疑者がそのような認識に至ったのか、その根拠について、前記(3)の認定要素を意識しつつ、具体的な事実を供述させることが必要である。

　被疑者が知情性を否認している場合には、前記(3)で挙げたような間接事実の有無が更に重要になるので、前記(3)に列挙したような事実の有無に関して、幅広く被疑者の取調べを行い、これらの事実の一部でも認め

るようであれば、関連する事実を含めてできるだけ具体的な供述を引き
出して証拠化するとともに、丁寧な裏付け捜査を行って、その供述の信
用性を補強する証拠の収集を行うことが必要である。

3　盗品等の保管開始後の知情【事例３関係】

(1)　問題の所在

　故意犯の成立が認められるには、実行行為（構成要件該当行為）の時点
で故意を有している必要があるところ、どのような行為に構成要件該当性
を認めるかは、それぞれの犯罪によって異なる。例えば、窃盗罪は、財物
の占有を移転させる行為が構成要件該当行為に当たり、占有移転後も法益
侵害の状態が継続するものの、それ自体は犯罪には当たらない（状態犯）
と解されているので、占有移転時点で既に故意が生じている必要がある。
他方、監禁罪は、被害者の行動の自由の侵害が継続する限り構成要件該当
性を認めることができるので（継続犯）、監禁開始後に故意を生じたとし
ても、それ以後の監禁行為については監禁罪が成立し得る。

　盗品等の保管開始後に知情に至った（故意を生じた）場合、盗品等保管
罪を監禁罪のような継続犯と考えれば、その成立を肯定できるが、窃盗罪
のような状態犯と考えれば、盗品等保管罪の成立が否定されてしまうの
で、同罪がどちらの性質の犯罪なのかが、盗品等に関する罪の本質と関連
して問題となる。

(2)　盗品等保管罪における知情の時期

　盗品等に関する罪の本質については、前記のとおり、被害者の追求権の
行使を困難にするとともに本犯を助長するものと解されるところ、通説的
見解は、盗品等の保管を継続すること自体が、被害者の追求権の行使を困
難にし、本犯を助長する意味を持つ行為に当たるので、構成要件該当性が
認められるとして、盗品等保管罪を継続犯と解しており、その論理的帰結
として、盗品の保管開始後に知情を生じた場合でも同罪が成立するとして
いる。この点、判例も、「贓物であることを知らずに物品の保管を開始し
た後、贓物であることを知るに至ったのに、なおも本犯のためにその保管
を継続するときは、贓物の寄蔵〔保管〕にあたるものというべきであ」る
（最決昭50.6.12刑集29-6-365）と判示して、同旨の結論を採用している。

　ただし、知情が生じた後に保管を継続した場合であっても、盗品等の返還が不可能である場合や、盗品等を留置する権利がある場合については、盗品等保管罪の成立が否定される可能性がある。前者については、例えば、事情を知らない第三者を介して保管していたところ、当該第三者と連絡が取れなくなってしまった場合、後者については、例えば、有効な質権を有する場合が想定される。

　この点に言及した判例は見当たらないが、前記最決昭50.6.12の原審である大阪高判昭49.4.9（刑集29-6-371）は、盗品の保管開始後に知情が生じた場合、「贓品の返還が不能であるとか、或いは贓品につき質権が効力を生ずる等贓品を留置し得る権利が生じた場合を除いては、贓物寄蔵罪が成立すると解するのが相当である。」と判示し、同様の結論を採っている。

Column

盗品等に関する罪と即時取得

　盗品等に関する罪の客体について、民法192条により、第三者がその所有権を即時取得した場合には、原則として、盗品等としての性格が失われ、その後は、盗品等であったことを知って取引等を行ったとしても、盗品等保管罪その他の盗品等に関する罪は成立しない（大判大6.5.23刑録23-517）。

　ただし、即時取得の要件が満たされる場合であっても、客体が盗品及び遺失物の場合には、民法193条により、被害者、遺失者は、盗難、遺失の時から2年間は占有者に対してその物の回復を請求できるとされており、この請求権がある限り、盗品等としての性格は失われないとされている（最決昭34.2.9刑集13-1-76）。

　したがって、例えば、Aが窃盗犯から善意無過失で盗品を買い、これをBに預けた場合、Aについては故意（知情）がないので盗品等譲受け罪は成立せず、同罪は状態犯であるので、以後、Aが知情に至ったとしても同罪が成立することはないが、Bについては、仮に、預かった時点で盗品と知らなくとも、盗難の時から2年が経過する前に盗品であることを知って、Aのために保管を継続すれば、盗品の返還が不可能である場合や、盗品等を留置する権利がある場合を除き、盗難の発生から2年が経過するまでの間は、盗品等保管罪が成立することになろう。

　なお、このようにBに盗品等保管罪が成立する場合、Aについても、盗品と知った後に、Bに盗品の保管を継続させていれば、同罪の共犯が成立するようにも思われるが、Aは、自己のために保管しており、委託を受けて保管するものではないので、同罪の成立を認めることは困難であろう。このような結論は一見不均衡のようにも思われるが、Aは、被害者から回復請求を受けることなく盗難か

ら2年が経過すれば所有権を取得できる立場にあり、保管の継続を一概に責められない事情が認められるのに対し、Bにはそのような事情は認められないので、不均衡ではないとの説明が可能であろう。

次に、即時取得は質権についても可能であるところ、第三者が盗品等について質権を即時取得した場合には、所有権を即時取得した場合とは異なり、盗品等としての性格は失われないと考えられる。

したがって、例えば、窃盗犯が善意無過失の第三者Aに盗品を質入れしたが、後にその返還を受けて、別の者Bにこれを売った場合、その時点でBが盗品と知っていればBに盗品等有償譲り受け罪が成立することになろう。

他方、Aについては、盗品につき質権を即時取得し、客体たる盗品等を留置する権利を有することになるので、保管中に盗品であることを知ったとしても、盗品等保管罪は成立しないことになろう。

(3)　親族に関する特例

財産罪については、広く親族間の犯罪に関する特例（以下「親族相盗例」という。）が適用（刑法244条）ないし準用（刑法251条、255条）されているが、盗品等に関する罪については、これとは別に刑法257条が「配偶者との間又は直系血族、同居の親族若しくはこれらの者の配偶者との間で前条の罪〔盗品等に関する罪〕を犯した者は、その刑を免除する。」と規定し、親族に関する特例を設けている。

この特例の趣旨については、親族相盗例のような「法は家庭に入らず」というものではなく、犯人蔵匿罪や証拠隠滅罪と同様、親族間では、心情的にこの種の罪を犯しがちであり、一概にそれを否定し難い点を考慮して設けられたものであり、刑法257条所定の親族関係についても、（親族相盗例のように、犯人と被害者との間ではなく）盗品等に関する罪の犯人と本犯者との間に存在することが必要であると解するのが通説、判例である（最決昭38.11.8刑集17-11-2357）。

なお、親族相盗例の適用のある犯人が取得した物品が盗品等といえるかについて、判例は積極に解しており（最判昭24.11.26裁判集刑14-819）、被害者と本犯者（窃盗犯）との間に親族関係がある場合であっても、なお盗品等に関する罪は成立し得る。以上を図示すると、次の**図1**のようになる。

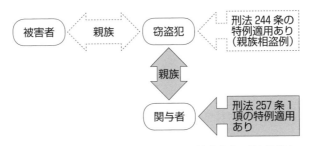

(注)　図中「被害者」とあるのは本犯の被害者を、「窃盗犯」とあるのは本犯を、「関与者」とあるのは盗品等に関する罪の犯人をそれぞれ意味する。

図1　親族関係が必要な範囲（刑法244条、257条1項）

　次に、同条2項は、「前項の規定は、親族でない共犯については、適用しない。」としているが、ここにいう「共犯」とは、本犯の共犯ではなく、盗品等に関する罪の共犯を意味する。したがって、本犯が2人以上の共犯の事件で、その共犯の中に盗品等に関する罪の犯人と同条1項所定の親族関係がある者とない者がいる場合には、同項の適用はない。このような本犯が共犯の場合について、判例は、「刑法第257条第1項の法意は、同条所定の関係あるものの間においては、贓物に関する犯罪につき、それらのものに対して刑を科するのは情誼上苛酷に失するとしたに過ぎないのである。従って窃盗本犯の共犯者中に、たとえ贓物罪の犯人と同条所定の関係に立つものがいたとしても、そのものが贓物罪に関与していない場合にあっては、同条項を適用して刑を免除すべきものではない。この事は同条第2項において、親族関係のない贓物罪の共犯者に対して、前項の例を用うべきでない旨規定していることに徴しても明白なのである。」（最判昭23.5.6刑集2-5-473）と判示している。なお、判例は、盗品等に関する犯人相互間に同条所定の親族関係が認められたとしても、同条は適用されないとしている（大判大3.1.21刑録20-41）。以上を図示すると、次の**図2**及び**図3**のようになる。

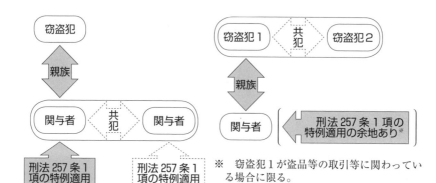

図2　関与者の一部だけが窃盗犯との　図3　窃盗犯の一部だけが関与者との親族関
親族関係を有する場合　　　　　　係を有する場合

✓ 捜査のポイント

　盗品等保管罪については、他の盗品等に関する罪と同様、知情性の有無及びその発生時期の特定が重要となるので、この点について、被疑者、被害者、本犯者等の関係者の詳細な取調べ、裏付け捜査、客観証拠の収集等の捜査を行い、前記2⑶に列挙したような事実の有無を明らかにする必要がある。

　その上で、被疑者が盗品等の保管開始後に知情を生じたと認められる場合には、更に、知情後の保管の継続が「本犯のために」なされたものか否かを明らかにする必要がある。具体的には、知情に至った経緯・理由、知情時点ないしそれ以後に本犯者若しくは被害者への返還や警察への通報が不可能ないし困難であった事情の有無、知情後の本犯者との連絡状況、知情後の保管に関する報酬の有無、知情前後の保管形態の変化等について捜査し、知情後も保管を継続した理由を明らかにする必要がある。

　次に、本犯の共犯の中に盗品等に関する罪の犯人と刑法257条1項所定の親族関係がある者がいる場合は、その者が盗品等の取引等に関与したのか、関与したとして、どのような態様で関与したのか、当該取引等の利益がどこに帰属したのかなどについての客観的事実を捜査して明らかにするとともに、当該親族関係のある本犯者の当該取引等に係る認識

についても、丁寧な捜査を行い、これを明らかにする必要がある。

【参照条文】

民法

　（即時取得）

第192条　取引行為によって、平穏に、かつ、公然と動産の占有を始めた者は、善意であり、かつ、過失がないときは、即時にその動産について行使する権利を取得する。

　（盗品又は遺失物の回復）

第193条　前条の場合において、占有物が盗品又は遺失物であるときは、被害者又は遺失者は、盗難又は遺失の時から2年間、占有者に対してその物の回復を請求することができる。

設問20

建造物等損壊罪・器物損壊罪

── 設　問 ──

　下記の各事例における、甲の罪責について説明しなさい。

　なお、**事例3**については、被害者が誰になるかについても検討しなさい。

事例1　甲は、A社を解雇された腹いせに、同社事務所（鉄筋コンクリート2階建て）の1階出入口ガラス扉（厚さ1センチメートル、高さ230センチメートル、幅150センチメートルのガラスが金属製の枠にはめ込まれた開き戸で、同枠が建物の出入口に設置された外枠に3個のちょうつがいで接合されているもの）のガラスを足で蹴って蜘蛛の巣状にひび割れさせた。

事例2　甲は、公園内にあるうさぎをイメージした外観の公衆便所の白色外壁に、赤色と黒色のラッカースプレーでペンキを吹き付け、計7つのアルファベット文字（1文字につき約70〜80センチメートル四方の大きさ）を乱雑に書いた。なお、同ペンキは、シンナーを使用しても完全には消すことができないもので、塗り替え費用には5万円を要すると見積もられた。

事例3　甲は、元交際相手Bに対する悪感情から、Bが住むアパートの駐輪場に駐車されていたBの大型バイクの前輪タイヤをアイスピックで突き刺してパンクさせ、後輪タイヤはバルブのピンを押して空気を抜いた。

　なお、同バイクは、Bがローンを組んで購入したもので、代金完済まで信販会社Cに同バイクの所有権を留保する旨の特約が付されていたところ、Bは、代金を支払っている途中であった。

——設問のポイント——

　事例1は①建造物と器物を区別する判断基準について、事例2は②「損壊」の意義を前提として、建造物の外観や美観を損ねる行為が建造物損壊罪の「損壊」に当たるかについて、事例3は③原状回復の難易が器物損壊罪の「損壊」の成否に影響するか及び告訴権者（被害者）の特定について問うものである。

——解　答——

事例1—建造物損壊罪が成立する。

　A社事務所の出入口ガラス扉は、建物との接合の程度と機能上の重要性の観点から見ると、建物の出入口ドアとして外壁と接続し、外界との遮断、防犯、防風、防音等の重要な役割を果たしているから、「建造物」の一部に当たるといえ、そのガラスを蹴って割損させた甲には、建造物損壊罪が成立すると考えられる。

事例2—建造物損壊罪が成立する。

　甲の落書き行為は、うさぎに見えるように工夫された公衆便所という「建造物」の外観ないし美観を著しく汚損し、原状回復に相当の困難を生じさせたものであるから、これを「損壊」したものと認められ、建造物損壊罪が成立すると考えられる。

事例3—タイヤをパンクさせた行為につき器物損壊罪が成立する。

　Bの使用する大型バイクのタイヤをパンクさせた行為は、他人の物の効用を害する行為であるから、器物損壊罪が成立するが、タイヤの空気を抜いただけの場合には、効用の減損が一時的で原状回復も容易であることから、器物損壊罪は成立しないとみる余地がある。

　なお、当該大型バイクは、Bがローンを組んで購入したもので、代金が完納されていないことから、信販会社Cに所有権が留保されていると認められる。したがって、所有権者であるCは、被害者として告訴権を有する。また、同バイクの正当な占有使用権者であるBも被害者として告訴権を有すると考えられる。

——解 説——

1 建造物と器物の意義と区別の判断基準

1 建造物等損壊罪と器物損壊罪の関係

刑法は、「毀棄及び隠匿の罪」を定める第40章（258条以下）において、まず、①公用文書等毀棄罪（258条、３月以上７年以下の懲役）、②私用文書等毀棄罪（259条、５年以下の懲役）及び③建造物等損壊罪（260条、５年以下の懲役）を取り出して定め、これら２つの文書と建造物・艦船の毀棄・損壊行為を重く処罰することとし、次いで、刑法261条に「前３条に規定するもののほか、他人の物を損壊し……た者は、３年以下の懲役又は30万円以下の罰金若しくは科料に処する。」と規定して、前記２つの文書等と建造物・艦船以外の全ての「他人の物」を器物損壊罪の客体として、その毀棄・損壊行為を一般的にカバーすることにしている（次図参照）。

つまり、ある客体を「毀棄」「損壊」した場合、公用文書等毀棄罪、私用文書等毀棄罪又は建造物等損壊罪が成立すれば、器物損壊罪は成立しない（補充関係）。

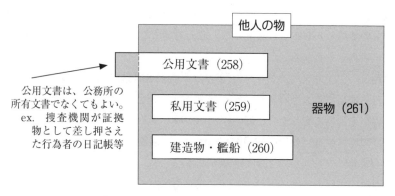

2 建造物と器物を区別する重要性

前記１のとおり、「損壊」する客体が建造物に当たるのか、器物であるかによって成立する犯罪が異なり、法定刑も異なるわけであるが、実務的には、公訴時効期間にも違いが生じることに留意しなければならない。すなわち、建造物損壊罪の公訴時効期間は５年であるのに対し、器物損壊罪のそれは３年である（刑事訴訟法250条２項５号、６号）。

　また、建造物損壊罪は非親告罪であるのに対し、器物損壊罪は親告罪であって、告訴がなければ、公訴を提起できない（刑法264条）という差異もある。親告罪の告訴は、犯人を知った日から6か月を経過したときは、これをすることができないから（刑事訴訟法235条）、犯人は特定できている事案で、建造物損壊罪が成立するだろうと考えて被害者から告訴を徴せずに捜査を進め、6か月を経過した後、実は器物損壊罪が成立するにすぎないと判明した場合、いくら悪質な事案であったとしても、当該事案について、この犯人を公訴提起することは法的に不可能となる。

　このように、実務的には、「損壊」する客体が建造物に当たるのか、器物であるかの区別は重要である。

※　その他の差異

　　複数名で犯行が行われた場合、建造物損壊罪については、組織的な犯罪の処罰及び犯罪収益の規制等に関する法律3条1項15号に規定する組織的建造物損壊罪が成立する可能性があるのに対し、器物損壊罪については、暴力行為等処罰に関する法律1条に規定する共同器物損壊罪が成立する可能性があるにとどまる。

　　また、建造物損壊罪については、死傷結果を発生させた場合に、結果的加重犯としての建造物損壊致死傷罪が成立する（刑法260条後段）。

3　建造物損壊罪の構成要件要素

(1)　建造物損壊罪が成立するためには、「他人の」「建造物」を「損壊」する必要がある。

(2)　「他人の」とは、犯人（行為者）以外の自然人及び法人が所有するという意味であり、基本的には民事法により決せられる。

※　民事上、その建造物の所有権の帰属に争いがある場合、将来、民事訴訟等によって被害者に所有権があることが否定され、行為者側に所有権があることを確定される可能性があるときでも、刑法上はなお他人の建造物に当たる（最決昭61.7.18刑集40-5-438）。このように、民事法上の所有権の帰属を最終確定しないままで、「他人の」に当たるとしても、無限定ではなく、**行為者の所有物であることが明白ではない場合**に限られるべきである（最決昭61.7.18における長島敦裁判官補足意見）。

　　なお、自己所有の建造物でも、**差押え**を受け、**物権を負担**し、**賃貸**し、又は**配偶者居住権**が設定された物件は、「他人の建造物」になるので留意を要する（刑法262条）。

(3)　「建造物」とは、家屋その他これに類似する建築物をいい、屋根が

あって障壁又は柱によって支持され、土地に定着し、少なくともその内部に人が出入りできるものをいう（大判大3.6.20刑録20-1300、東京高判昭40.6.7高刑18-3-211）。

(4)　「**損壊**」とは、建造物を物理的に損壊することに限定されず、その効用を害する一切の行為をいう（効用侵害説、飯田英男「大コメ刑法13巻」〔第2版〕554頁等通説）。大審院は、「建造物損壊罪は、建造物の全部又は一部を損壊することにより成立し、必ずしもその損壊により建物の用法を全然不能にすることを要せず、また、損壊部分が建造物の主要構成部分であることも要しない。」旨判示している（大判明43.4.19刑録16-657）。

　そのため、実務的によく問題となるのは、建造物に取り付けられた「物」について、それが建造物の一部として、建造物損壊罪の客体になるのか、器物損壊罪の客体にすぎないのかである。

4　建造物損壊罪の客体に当たるか否かの判断基準

この点について、大審院判決には、建造物損壊罪の客体であるためには、毀損せずに取り外しができない状態にあることを要するとし、取り外し可能な硝子障子は同罪の客体に当たらない旨判示したものもあって（大判明43.12.16刑録16-2188）、「毀損（損壊）せずに取り外しが可能であるか否か」が判断基準（毀損基準）になるといわれていた。

しかし、最高裁は、市営住宅1階にある元妻方の玄関ドア（建物に固定された外枠の内側に3個のちょうつがいで接合された金属製の開き戸）を金属バットで叩いてへこませた事案において、「建造物に取り付けられた物が建造物損壊罪の客体に当たるか否かは、**当該物と建造物との接合の程度**のほか、当該物の建造物における**機能上の重要性**をも総合考慮して決すべきである」との判断基準を示した上で、「本件ドアは、住居の玄関ドアとして外壁と接続し、外界とのしゃ断、防犯、防風、防音等の重要な役割を果たしているから、建造物損壊罪の客体に当たるものと認められ、適切な工具を使用すれば損壊せずに取り外しが可能であるとしても、この結論は左右されない。」と判示した（最決平19.3.20刑集61-2-66）。

このように、建造物に取り付けられた「物」が、建造物損壊罪の客体に当たるか否かについては、「当該物と建造物との接合の程度」と「当該物の建

造物における機能上の重要性」という２つの要素の総合考慮によって判断すればよいことが明確にされている。

　なお、従前言われていた毀損基準も、「当該物と建造物との接合の程度」を判断する際の１つの観点としてなお重要性を失っていないと考えることができるだろう。

5　具体例

　参考までに、これまで建造物に当たるとされたもの、されなかったもので、主なものを挙げると次のとおりである。改めて、前記最高裁の判断基準に照らしても、同様の結論になるだろう。

(1)　**建造物に当たるとされたもの**

　①天井板（大判大3.4.14法律新聞940-26）

　②敷居・鴨居（大判大6.3.3法律新聞1240-31）

　③屋根瓦（大判昭7.9.21刑集11-1342）

　④出入口ガラス扉、鉄製シャッター、窓ガラス戸（名古屋高判昭39.12.28下刑6-11=12-1240）

　⑤市議会議事堂傍聴人入口のガラスドア（仙台地判昭45.3.30刑月2-3-308）

　⑥ビルの各室のドア、ガラスのはめこまれた事務室の会計・乗車証窓口（東京高判昭53.7.19東高刑時報29-7-143）

　⑦鉄筋ビルのアルミサッシにはめ殺しにされた壁面ガラス（東京高判昭55.6.19刑月12-6-433）

　⑧鉄筋コンクリート造３階建居室の１階アルミ製玄関ドア（大阪高判平5.7.7高刑46-2-220）

(2)　**建造物に当たらないとされたもの**

　①竹垣（大判明43.6.28刑録16-1309）

　②硝子障子（大判明43.12.16刑録16-2188）

　③潜り戸（大判大3.6.20刑録20-1300）

　④雨戸・板戸（大判大8.5.13刑録25-632）

　⑤畳（最判昭25.12.14刑集4-12-2548）

2　建造物損壊罪における「損壊」の意義・程度

1　「損壊」の意義・程度

　前述のとおり、建造物損壊罪にいう「損壊」とは、建造物を物理的に損壊することに限定されず、その効用を害する一切の行為をいい（効用侵害説）、建造物の一部の損壊でも足りるとされている。

　もっとも、建造物の効用を害する一切の行為として、建造物の本質的機能を侵害しなくても足りるとしても、社会通念上、刑法による処罰を相当とする程度の毀損である必要はあろう。例えば、住宅の壁や柱に画鋲を刺すような軽微な毀損の場合は、建造物の「損壊」に当たるとはいえないであろう（藤井敏明「最高裁判所判例解説〔刑事篇〕平成18年度」33頁）。

2　建造物の外観・美観を損なう行為の「損壊」該当性

(1)　**事例2**で問題とされている公衆便所の外壁に落書きをした行為は、建造物の外観ないし美観を損なうものではあるが、建造物を物理的に毀損するわけではなく、建造物の利用等が物理的、客観的に阻害されるわけでもないから、建造物の「損壊」に当たるか否かが問題となる。

　　この点、文化財等の美的な価値を有する建造物の美観を損ねる行為であれば、建造物損壊罪となり得ることに異論がないようであるが（前掲藤井・31頁）、それ以外の一般の建造物についても、その外観ないし美観をその重要な効用の1つであるとみるかどうかは見解が分かれるところである。

(2)　最高裁は、公園内の公衆便所の白色外壁にラッカースプレーで赤色及び黒色のペンキを吹き付け、「反戦」、「戦争反対」及び「スペクタクル社会」と大書した行為が建造物損壊罪の「損壊」に当たるかどうかが争われた事案において、「本件建物は、区立公園内に設置された公衆便所であるが、**公園の施設にふさわしいようにその外観、美観には相応の工夫が凝らされていた**。被告人は、本件建物の**白色外壁**に、所携のラッカースプレー2本を用いて**赤色及び黒色**のペンキを吹き付け、その南東側及び北東側の白色外壁部分のうち、既に落書きがされていた一部の箇所を除いて**ほとんどを埋め尽くす**ような形で、『反戦』、『戦争反対』及び『スペクタクル社会』と大書した。

　　その大書された文字の大きさ、形状、色彩等に照らせば、本件建物は、従前と比べて不体裁かつ異様な外観となり、美観が著しく損なわれ、その利用についても抵抗感ないし不快感を与えかねない状態となり、管理者としても、そのままの状態で一般の利用に供し続けるのは困難と判断せざるを得なかった。ところが、本件落書きは、水道水や液性洗剤では消去することが不可能であり、ラッカーシンナーによっても完全に消去することはできず、壁面の再塗装により完全に消去するためには約7万円の費用を要するものであった。

　　以上の事実関係の下では、本件落書き行為は、本件建物の**外観ないし美観を著しく汚損し、原状回復に相当の困難**を生じさせたものであって、その**効用を減損させ**たものというべきであるから、刑法260条前段にいう『損壊』に当たると解するのが相当であ」る旨判示し（最決平18.1.17刑集60-1-29、以下「最高裁平成18年決定」という。）、一般の建造物について、その美観、外観という効用を減損させたことによる「損壊」があり得ることを認めた。

(3)　しかしながら、留意しておかなければならないのは、単に美観、外観を汚損したというだけで、直ちに「損壊」に当たるとすることはできないことである。すなわち、美観を害する行為にも種々の態様が考えられ、その程度が軽微な場合も含め「効用の減損」が問題となり得ることから、物理的毀損の場合とのバランスを考えると、損壊罪の成立を認めるのは、「**著しく**」美観、外観を損ねた場合に限定するのが相当であろうし、美醜の判断は主観的なものとなる可能性があることを考えても、美観を損ねる程度が**高度**であることを必要とするのが相当であろうと解されている（前掲藤井・31頁以下）ことには留意すべきである。

(4)　また、最高裁平成18年決定は、「原状回復に相当の困難を生じさせた」ことを「損壊」に当たる理由として判示しているが、その趣旨は、物質的な毀損を伴わない効用の毀損の場合は、その方法・態様によっては、**単なる一時的なもの**として刑法による処罰の対象とすることが相当でない場合もあり得ることを想定し、このような場合を除くために判示されたものと解されている（前掲藤井・34頁）ことにも留意しておくべきである。

3　落書きと軽犯罪法違反

　建造物への落書きが建造物損壊罪に定める「損壊」の程度に至らないとき
は、軽犯罪法1条33号の「みだりに……これらの工作物若しくは標示物を
汚」す行為に該当するか否かを検討することになろう。

　この場合に留意すべきは、軽犯罪法の構成要件に該当するとしても、軽犯
罪法違反の法定刑は拘留又は科料しかないので、同法違反で被疑者（被告
人）を勾留するには、被疑者（被告人）が「定まった住居を有しない場合に
限」られ（刑事訴訟法60条3項、207条1項）、公訴時効期間も1年（同法
250条2項7号）になる点である。

③　器物損壊罪における「損壊」の意義等

1　器物損壊罪の構成要件要素

(1)　器物損壊罪が成立するには、「他人の」「物」を「損壊」又は「傷害」
　　する必要がある。

(2)　「他人の」の意義は、建造物損壊罪で述べたところと同様、犯人以外
　　の自然人及び法人が所有するという意味であり、自己所有物でも、差押
　　えを受け、物権を負担し、賃貸し、又は配偶者居住権が設定された物
　　は、「他人の物」になる（刑法262条）。

(3)　「物」は、前述のとおり、公用文書・電磁的記録、私用文書・電磁的
　　記録及び建造物・艦船を除く、財産権の目的となる一切の物件をいい、
　　これには、動物も含まれる。

(4)　「傷害」という表現は、客体が動物の場合に用いられるもので、意義
　　は「損壊」と同じである。「損壊」の意義については次項で述べる。

2　「損壊」の意義

(1)　最高裁は、器物損壊罪の「損壊」の意義について、「物質的に物の全
　　部、一部を害し又は物の本来の効用を失わしむる行為を言う」と判示し
　　（最判昭25.4.21刑集4-4-655）、効用侵害説と同じ見解に立っている。

　※　刑法は、公用文書等毀棄罪及び私用文書等毀棄罪では「毀棄」という表現を、
　　建造物等損壊罪では「損壊」という表現を、器物損壊罪では「損壊」「傷害」と
　　いう表現をそれぞれ使っているが、いずれも同じ意義に解されており、実質的な
　　差異はない（高橋則夫「刑法各論〔第2版〕」427頁）。

(2)　このように「損壊」には、物の本来の効用を失わせる一切の行為が含

まれるので、隠匿（物の発見を妨げる行為）という態様も、「損壊」に含まれると解されている（井田良「講義刑法学各論」348頁）。したがって、例えば、嫌がらせ目的で、他人の財布入りのバッグを持ち去り、そのまま側溝の中に投棄したという場合、外形的には、財布入りバッグの占有を侵害する行為はあるが、不法領得の意思が欠けるので、窃盗罪は成立せず、器物損壊罪が成立することになる。

3　原状回復の難易と「損壊」の成否

(1) 前述の「損壊」の意義からすれば、**事例3**において、大型バイクの前輪タイヤに物理的に穴を開けてパンクさせた行為は、物理的にタイヤを毀損している上、走行できない状態にして、バイクの効用を減損させているのであるから、「損壊」に当たることに特段問題はないと考えられる。

(2) では、**事例3**の後輪タイヤにしたように、その空気を抜いた場合、「損壊」といえるだろうか。

この点、「損壊」の意義について、効用侵害説を前提にすれば、大型バイクのタイヤの空気を抜いて走行できなくする行為も、物の効用を害する行為といえなくもない（前掲井田347頁参照）。

しかし、裁判例においては、タクシー会社の営業用自動車のタイヤの空気を抜いた行為につき、それは「自動車自体の重要な外形、機械構造等には何らの損傷を与えたものではなく、またその修復にあたっては新たな部品材料を付加する必要はなく、とくに、費用、労力、技術等を用いることなく自動車1両につき僅か数分という極めて短時間のうちに空気を注入し、右空気注入完了後においては自動車に何らの有形的・物質的ないしは感情的損傷を残したものではないから、…（略）…器物の効用を減却したということはできない」として器物損壊罪の成立を否定したものがある（大阪地判昭43.7.13判時545-27）。

実際、物の効用や美観の滅失・減損行為の中には、容易に効用や美観が原状に回復し得る場合もあり、そのような場合にまで器物損壊罪を成立させることには疑問があることからすると、原状回復の難易も「損壊」の成否を判断する際の一要素として考慮すべきであろう。

原状回復の難易は、効用の侵害された状態に関していえば、侵害状態

の解消の難易、すなわち、侵害状態の固定化の判断要素になる。

　物理的な毀損が認められる場合には、原状回復の難易を問題にする必要性はないと思われるが、物理的な毀損が認められない場合には、時間的・経済的・技術的観点から**原状回復の困難性の程度**を考慮した上で、**効用侵害状態の固定化の程度が強い**といえれば、「損壊」に当たると判断すべきであろう（瀧賢太郎＝名取俊也「大コメ刑法13巻」〔第2版〕577頁、神垣清水「実践捜査問答」76頁参照）。

　そうすると、タイヤの状態を原状回復させるに当たって、単に空気を入れ直せば足りるということであれば、「損壊」には当たらないということになろう。

④　告訴権者の特定

1　告訴権者の範囲

(1)　器物損壊罪は親告罪であるから、告訴が訴訟条件となり、告訴権者から適法な告訴がない場合には、公訴を提起することができない（刑法264条）。

　刑事訴訟法230条は、「犯罪により害を被った者」を告訴権者としている。ここにいう「害を被った者」とは、犯罪による直接の被害者をいい、間接的に被害を受けた者はこれに含まれない。直接の被害者とは、当該犯罪の構成要件が規定している保護法益の主体となる者であるから、個々の構成要件ごとに具体的事案に即して決定される（条解刑法〔第2版〕445頁）。

(2)　実務上問題となるのが器物損壊罪（刑法261条）の場合である。

　器物損壊罪の保護法益に物の所有権が含まれていることに疑いはないから、損壊された物の所有者は、被害者であり告訴権者となるのは当然である。さらに、「損壊」の意義について、判例は効用侵害説に立っているところからすると、物の効用も保護法益に含めているものと考えられる。そうすると、物の所有者以外の者も、被害者として告訴権を有すると解する余地が生じることになる。

(3)　この点、最高裁は、家屋のブロック塀が損壊された事案において、その塀とこれに囲まれた土地及び同土地上の家屋の共有者の一人の妻で、

外国に出稼ぎ中の夫の留守を守ってその家屋に子供等と居住し、その塀によって居住の平穏等を維持していた者は、その塀の損壊により害を被った者として告訴権を有すると判示し、告訴権者は、所有権者に限られないことを明らかにしたが、告訴権者がどの範囲にまで及ぶかについては明らかにしていない（最判昭45.12.22刑集24-13-1862）。

　そのため、見解が分かれてはいるが（詳細については、増井清彦「三井誠ほか『刑事手続（上）』」81頁）、前述のとおり、器物損壊罪の保護法益には物の効用も含まれていると解され、物に対する支配の形態は、所有権に基づくものに限られないところからすると、所有権者以外の者は、物の損壊によって害を被らないなどとは到底いえないから、所有権者に限るとするのは妥当ではない。

　所有権者以外の者であっても、適法な占有権限に基づいて当該物を占有使用している者は、これを使用収益することによって、当該物の効用を享受しているのであるから、このような利益もまた所有権者のそれとは別個に保護されるべきであり、殊更これを保護の対象から除外すべき理由はない。

　そうすると、**地上権者・永小作権者・地役権者**等の用益物権者、**留置権者・動産及び不動産の先取特権者・質権者・抵当権者**等の担保物権者、**契約・事務管理等によって占有管理する者、差押権者、仮処分権者、以上のために物を占有管理する者**及び**占有権者**も告訴権を有すると解するのが相当であろう（坂本武志「最高裁判所判例解説〔刑事篇〕昭和45年度」380頁、前掲増井81頁、幕田英雄「捜査法解説」〔第2版〕39頁）。

(4)　裁判例としては、建物の所有者以外の者によって建物のガラスを損壊された事案で、建物の**賃借人**からの告訴を有効としたもの（仙台高判昭39.3.19高刑17-2-206）等がある。

2　国又は地方公共団体の所有・管理する物が損壊された場合の告訴権者

(1)　国又は地方公共団体の所有・管理する物が損壊された場合、告訴権を誰が行使するかという問題がある。

　この点については、国又は地方公共団体の代表者（内閣総理大臣、知

事等）が告訴権を有するとともに、関係法令・規則等（例えば、国有財産法、地方自治法、物品管理法及び同法施行令、各都道府県の物品管理規則等）によって、当該事項について国又は地方公共団体を代表する者が、併せて告訴権を有するとされている（最決昭35.12.27裁判集刑136-775参照）。この場合、法令等の規定によって当然告訴権を有するのであって、国又は地方公共団体の代表者から個別に委任されて初めて告訴権を行使し得るようになるものではない。

(2)　実務的には、法令上、ある職員が特定の物件の管理権者として、その職務上告訴権を有するのかが問題となることが多い。その場合、当該物の管理権限及びこれに基づく告訴権行使の権限が誰に帰属しているのか、個別的に関係法令・規則等を検討して告訴権を行使し得る地位にあるのかどうかを確定する必要がある（渡辺恵一＝中田和範「大コメ刑法13巻」〔第2版〕604頁、詳細は前掲幕田40頁以下参照）。

(3)　裁判例としては、地方裁判所支部庁舎の扉及びガラスが故意に毀棄された事案において、地方裁判所支部の建物は、国の裁判事務の用に供する不動産であって、同建物中の扉、ガラス戸はガラスを構成物とする主物たる不動産の一部ないし従物（国有財産法2条）に属し、国有財産法所定（同法2条、3条）の行政財産中の公用財産に該当するから、その管理権は、本来的に、その所管庁の長である最高裁判所長官が有するとともに、地方裁判所長も、下級裁判所会計事務規程2条、87条により、同長官から、裁判所公用財産のうち下級裁判所である地方裁判所並びにその支部の建物についての事務の分掌を受けているのであるから、当然その管理権を有するとして、当該地方裁判所長は、国を代表して、適法に告訴することができるとしたもの（東京高判昭32.12.27高刑10-12-944）等がある。

✓ 捜査のポイント

1　物の他人性について

建造物であれば、犯時の所有者が分かる不動産登記簿、自動車であれば自動車登録事項証明書等の収集は必須であろう。関係者の供述のみに頼るのではなく、所有関係が明らかになる客観的資料を探すことが肝要

である。

2　建造物性について

(1)　屋根があって障壁又は柱によって支持され、土地に定着し、少なくともその内部に人が出入りできる建築物という「建造物」の意義を踏まえ、それと分かるように当該建築物の外観を写真撮影するほか、不動産登記簿等で構造を明らかにすべきであろう。

(2)　また、建造物に取り付けられた「物」が建造物の一部といえるか否かという点については、「当該物と建造物との接合の程度」と「当該物の建造物における機能上の重要性」を総合考慮して判断されることを踏まえ、当該物と建物との外観的な一体性、相互の位置関係、固着の程度などを写真等で明らかにするほか、当該物の取り外しの難易度（取り外しに要する技術の程度や時間）について、取り付けの際の図面や取り付け業者からの聴取などによって明らかにし、さらに、当該物が建造物全体の中で果たしている機能等（建物の内外を遮断する外壁、障壁等としての役割等）を明らかにする捜査が必要となろう。

3　損壊について

(1)　前提として、可能であれば、損壊される以前の原状がどのようであったのかを明らかにしておくべきであろう（例えば、同建物を背景に撮影した写真等の収集が考えられよう。原状との相違が損壊の有無・程度に関わることから、相応の意味があると考えられる。）。

(2)　その上で、建造物への落書きに関して検討すれば、①当該建造物が外観や美観をも重視している事情の有無、②当該建造物の用途・機能、③落書きのなされた位置、④その文言の内容、⑤建造物における落書きの占める割合、⑥原状回復の難易（どのような材料で落書きされたのか、消すためにはどの程度の技術・労力・費用を要するのか）等の事情が明らかになるよう捜査すべきであろう。

(3)　また、建造物損壊や器物損壊の事犯においては、損壊は故意に行ったものではなく、過失によって、結果的に損壊してしまった旨の弁解がなされることが多い。この点については、①損壊した物の材質や強度、②これについて被疑者が認識し又は認識し得た事情等

を明らかにするとともに、被疑者からも、こうした事情や行為の態
様・回数・強度（手加減の有無）等の事情を丁寧に聴取すべきであ
ろう。

4 損害額の確定について

毀棄罪も財産犯であり、犯情として被害の程度は重要であり、公訴事
実に損害額を記載するのが通常であるから、客観的根拠を持って算出さ
れた時価（全損の場合）あるいは修理費用等の損害額を明らかにしてお
く必要があろう。

5 告訴について

前記1とも関連するが、告訴した者が正当な告訴権者であること、そ
の告訴権限を、資料をもって明らかにすべきである。

とりわけ、法人の代表者が告訴をしたのであれば、その代表資格を示
す資料（例えば、商業登記簿謄本等）を収集すべきであるし、国又は地
方公共団体等の物件の管理担当職員が告訴する場合には、その告訴権限
を示す関係法令等の資料を収集すべきである。

※ 告訴状の形式
① 実務上、「○○警察署長 某 殿」という宛名になっている告訴状を見掛
けることがある。しかし、告訴は、「検察官又は司法警察員」に対してされ
なければならない（刑事訴訟法241条）とされているから、単に「○○警察
署長」だけではなく、司法警察員である旨も明記しておくべきである。
② また、告訴とは、捜査機関に対して犯罪事実を申告して、その犯人の処罰
を求める意思表示であるから（最判昭22.11.24刑集1-21）、告訴状に「厳重処
分を求める」と記載されるのは適当ではなく、「処罰を求める」ことが明記
されるべきであろう。
③ さらに、被害者が法人である場合、法人の代表者から告訴状が提出される
ことがあるが、実務上、法人名、代表取締役等の肩書、代表者氏名が記名さ
れて押印されているものを見掛ける。しかし、告訴状も訴訟書類となり得る
ものであり、刑事訴訟規則60条は、「官吏その他の公務員以外の者が作るべ
き書類には、年月日を記載して署名押印しなければならない。」と規定して
いるから、記名は適当ではない。個人の場合であれば、告訴人自身が署名・
押印する必要があるし、法人の場合であれば、法人名、代表取締役等の肩書
を表示した上で、代表者氏名を署名し、代表者印を押印する必要があろう。

Ⅴ　社会的法益に対する罪

設　問21

放火罪

―**設　問**―

　判例の立場に従って、下記の各事例における甲の放火罪の罪責につい
て、理由を付けて説明しなさい。

事例１　甲は、自己所有の家屋（以下「本件家屋」という。）に対する
　　競売手続の進行を妨げるため、人がそこで生活しているように装うた
　　めに、日常生活に必要な設備、備品を備えた上、自己の経営する会社
　　の従業員２名に本件家屋の鍵を渡し、従業員５名に指示して、約１か
　　月半の間、十数回にわたり、交替で本件家屋に宿泊させた。

　　　その後、甲は、従業員５名を２泊３日の旅行に行かせている間に、
　　本件家屋に火を放ち、これを全焼させた。

事例２　甲は、12階建て集合住宅であるマンション（以下「本件マン
　　ション」という。）内部に設置されたエレベーター（以下「本件エレ
　　ベーター」という。）のかご内で火を放ち、その側壁として使用され
　　ている化粧鋼板の表面を燃焼させた。本件エレベーターは、本件マン
　　ションのほぼ中央部に設置され、本件マンションの居住者が各階間の
　　昇降に常時利用している共用部分であった。

事例３　甲は、市街地の駐車場に無人で止められていた知人所有の自動
　　車（以下「本件車両」という。）にガソリンをかけた上、ライターで
　　点火して焼損した。

　　　本件車両の周囲数メートルの範囲には、別人が所有する２台の自動
　　車が無人で止められており、本件車両からの出火により同２台の自動
　　車に延焼の危険が及んだ。

——設問のポイント——

　事例1は現住建造物等放火罪における現住性、**事例2**は建造物の一体性、**事例3**は建造物等以外放火罪における公共の危険について、それぞれどのように捉えるかを問うものである。

　刑法は、放火罪の客体ごとに現住建造物等放火罪（刑法（以下「法」という。）108条）、非現住建造物等放火罪（法109条）、建造物等以外放火罪（法110条）を規定している。

　非現住建造物等放火罪のうち客体が自己所有の場合（法109条2項）と、建造物等以外放火罪（法110条）については、条文上、公共の危険の発生が特に明示されており（具体的危険犯）、具体的に公共の危険が発生したことが必要である。

　一方、現住建造物等放火罪（法108条）及び他人所有の非現住建造物等放火罪（法109条1項）は、条文上、公共の危険の発生が明示されておらず（抽象的危険犯）、構成要件に該当する事実があれば、法律上、常に抽象的危険の発生があるものと擬制され、あるいは反証を許さずに推定され、既遂となると解するのが通説である（大コンメンタール刑法第7巻7頁）。

　以上の関係を図解すれば、次の図のとおりである。

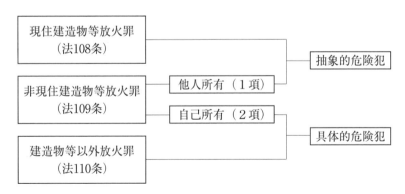

　このように放火罪においては、客体によって適用すべき条文が異なることから、放火の客体が、上記のいずれに該当するのかを判別することが重要となる。そして、客体が法109条2項の自己所有非現住建造物等や法110条の建造物等以外に当たる場合には、特に具体的に公共の危険が発生したかを捜査・検討する必要がある。

——解 答——

事例１―現住建造物等放火罪が成立する。

最決平9.10.21（刑集51-9-755）と同様の事例である。

本件家屋は、人の起居の場所として日常使用されていたものであり、旅行中においても、その使用形態に変更はなかったと考えられ、本件家屋は、「現に人の住居に使用」する建造物に当たる。

したがって、放火して本件家屋を焼損した甲の行為には、現住建造物等放火罪が成立する。

事例２―現住建造物等放火罪が成立する。

最決平元.7.7（判時1326-157）と同様の事例である。

本件エレベーターは、本件マンションの各居住空間の部分とともに、それぞれ一体として住宅として機能し、現住建造物である本件マンションを構成していたと認められる。

したがって、本件エレベーターの側壁に使用されている化粧鋼板を燃焼させた甲の行為には、現住建造物等放火罪が成立する。

事例３―建造物等以外放火罪が成立する。

最決平15.4.14（刑集57-4-445）と同様の事例である。

本件車両を焼損させ、その出火により、市街地の駐車場に止められていた２台の車両に延焼の危険が及んでおり、公共の危険が発生したと認められる。

したがって、甲の行為には、建造物等以外放火罪が成立する。

——解 説——

1 現住性

1 現住建造物等放火罪が重く処罰される趣旨

法108条が、「現に人がいる」建造物等と並んで、「現に人が住居に使用し」ている建造物等をもその客体として、これに対する放火を重く処罰することとしているのは、住居はその性質上人が出入りする可能性が高いことから、住居に対する放火により人の生命、身体への危険が生じる点を考慮したものと解される。

この観点は、現住性の存否の判断においても重要となる。

2　現住建造物等放火罪の客体

　現住建造物等放火罪の客体は、「現に人が住居に使用し又は現に人がいる建造物、汽車、電車、艦船又は鉱坑」である。

　「建造物」とは、家屋その他これに類する工作物をいい、土地に定着し、人の起居出入に適する構造物を有する物体をいう（大判大13.5.31刑集3-459）。

　「現に人が住居に使用し」とは、現に人の起臥寝食の場所として日常使用することをいい、昼夜間断なく人が使用・現在するものでなくてもよい（大判大2.12.24刑録19-1517、最判昭24.6.28刑集3-7-1129、大判大14.2.18刑集4-59）。

　そして、判例　裁判例は、校舎の　室を宿直室に充て、宿直員をして夜間宿泊させている場合の校舎（大判大2.12.24刑録19-1517）、勤務員の仮眠休憩施設のある派出所（札幌地判平6.2.7判タ873-288）が現住建造物であることを認めており、生活の本拠ではなく、また複数の者が交替で起居の場所として日常使用している建造物についても現住性を認めている。

　最決平9.10.21（刑集51-9-755）は、**事例1**と同様の事実を認定した事案で、「本件家屋は人の起居の場所として日常使用されていたものであ」ると認めた。この事案では、従業員5名が交替で寝泊まりしていたのは、約1か月半の間に十数回という比較的短期間であり、3、4日に1度という頻度ということになるが、そのような宿泊期間ないし頻度であっても、本件家屋への放火に伴う人の生命、身体に対する危険は十分認められるのであり、現住性を認めることの妨げとはならないと解される（最高裁判所判例解説刑事・平成9年度219頁）。

　また、この事案では、従業員5名が交替で本件家屋に宿泊していたのは、外観を作出するためにすぎなかったが、この点についても、目的はどうあれ、放火については情を知らずに本件家屋に宿泊していたのであり、本件家屋が人の起居の場所として日常使用されているといえる以上、当該建物を放火することによる人の生命、身体に対する危険性に変わりはないと評価できる（前掲判例解説218頁参照）。

　さらに、甲は、本件家屋を焼損させるに当たり、従業員5名を旅行に行かせているが、放火時において、本件家屋の使用形態が変更され、現住性を

失っていたのではないかについても問題となる。

　この点、前掲最決平9.10.21は、被告人が、従業員らに対し旅行から帰った後は本件家屋に宿泊しなくてもよいとは指示しておらず、従業員らも旅行から帰れば再び本件家屋への交替の宿泊が継続されるものと認識していたことなどの事実を認定し、「本件建物の使用形態に変更はなかったものと認められる」として、上記旅行中の本件犯行時においてもなお現住性を失っていないと判断した。

　一方、裁判例を見ると、被告人が、同居していた妻、長女、次女のうち、妻を殺害し、次女に瀕死の重傷を与えて死亡したものと誤認し、また、当時3歳の長女は祖母が約2時間前に祖母宅に連れていったことを知りつつ、自殺しようと決意し、既に妻と次女は死亡し、もはや当該住居は住居として必要がないので焼損させようと考えて放火したという事案で、長女が幼児であったため、当該住居は妻亡き後は、当然父であった被告人の意思に従って定まるものであるから、被告人が放火直前に当該住居に居住することを放棄した以上、長女は当該住居に居住するものではないとされ、現住建造物放火未遂罪の成立が否定されたものもあり（福岡高判昭38.12.20下刑5-11〜12-1093）、居住者が当該建造物を住居として使用することを放棄した場合には、もはや現住建造物とはいえないと解されている（大コンメンタール刑法第7巻38頁）。

　これらを踏まえると、従前の使用形態から建造物に対する現住性が認められる場合でも、放火行為時までに、犯人を除いた現住者について、当該建造物を住居として使用する実態が失われていないか、居住の意思が放棄されていたと認められる事実はないかに加え、この点についての被疑者の認識についての捜査・検討を怠ってはならない。

3　現住建造物の一体性

(1)　問題の所在

　建造物の一部が現に人の住居に使用されている場合又は建造物の一部に人が現在する場合は、その部分と一体をなしている建造物全体が1個の現住建造物であり、たとえ現に人の住居に使用されておらず、かつ、人が現在しない部分に放火して同部分のみを焼損させたにとどまった場合であっても、当該建造物全体に対する現住建造物等放火罪が成立する。

　この点、例えば、①外観上１個の建造物と見える場合でも、耐火性建造物であり内部の一部で火災が生じても他の居住部分には容易に延焼しない構造となっている場合や、②外観上、複数の建物と見える場合でも、それらが近接し、あるいは廊下等で接続されている場合などにおいては、これらを１個の建造物と見るべきか、別個の建造物と見るべきかが問題となる。

(2)　**裁判例等**

　ア　外観上１個の建造物と見えるが、一区画から他の区画に延焼しにくい構造となっており、構造上及び効用上の独立性も強く認められるとして一体性を否定した例

　　仙台地判昭58.3.28（刑月15-3-279）は、２階以上の部分には多数の入居者が居住する鉄筋10階建てマンションの１階にある、現に人が住居に使用せず、かつ、人の現在しない医院に夜間放火した事案で、「本件医院は、すぐれた防火構造を備え、一区画から他の区画へ容易に延焼しにくい構造となっているマンションの一室であり、しかも、構造上及び効用上の独立性が強く認められるのであるから、放火罪の客体としての性質は該部分のみをもってこれを判断す」べきであると判示して、同医院のマンションとの一体性を否定し、同医院部分のみに対する放火として非現住建造物等放火罪をもって処断した。

　イ　外観上１個の建造物につき、延焼可能性等を考慮して一体性を肯定した例

　　東京高判昭58.6.20（刑月15-4〜6-299）は、鉄骨コンクリート造り３階建てマンションの、現に人が住居に使用せず、かつ、人の現在しない空き室に放火した事案で、「本件マンションは、耐火構造の集合住宅として建築されたものであるけれども、外廊下に面した各室の北側にはふろがまの換気口が突出しており、南側ベランダの隣室との境はついたて様の金属板で簡易な仕切りがなされているにすぎなくて、いったん内部火災が発生すれば、火炎はともかく、いわゆる新建材等の燃焼による有毒ガスなどがたちまち上階あるいは左右の他の部屋に侵入し、人体に危害を及ぼすおそれがないとはいえず、耐火構造といっても、各室間の延焼が容易ではないというだけで、状況によっては、火勢が他の部屋へ及ぶおそれが絶対にないとはいえない構造のも

のであることが明らかである。そして、放火罪が公共危険罪であることにかんがみれば、（略）本件マンションのようないわゆる耐火構造の集合住宅であっても、刑法108条の適用にあたっては、各室とこれに接続する外廊下や外階段などの共用部分も含め全体として一個の建造物とみるのが相当である」と判示して、放火罪の客体としては全体を1個の建造物として、現住建造物等放火未遂罪の成立を認めた。

ウ　外観上、複数の建物と見える場合でも、機能的な（使用上の）一体性を考慮して一体性を肯定した例

・　大判大3.6.9（刑録20-1147）は、裁判所庁舎に放火した事案で、宿直室は裁判所庁舎と独立した建造物内にあったが、宿直員が執務時間後に裁判所庁舎内を巡視していたことから、裁判所庁舎を人が住居に使用する建造物と認定した。

・　最決平元.7.14（刑集43-7-641）は、本殿、拝殿、社務所等の建物が廻廊等により接続している構造で、夜間も神職等が社務所等で宿泊し、社殿の建物等を巡回していた神社社殿の一部に放火し、本殿、拝殿等を焼損させた事案において、「右社殿は、その一部に放火されることにより全体に危険が及ぶと考えられる一体の構造であり、また、全体が一体として日夜人の起居に利用されていたものと認められる。そうすると、右社殿は、物理的に見ても、機能的に見ても、その全体が1個の現住建造物であったと認めるのが相当である」とし、現住建造物等放火罪の成立を認めた。

エ　**事例2と同様の事案**

前掲最決平元.7.7は、**事例2**と同様の事案で、エレベーターがマンションの各居住空間の部分とともに、それぞれ一体として機能していることを根拠として、その現住性を肯定した原審の判断を正当とした。

これは、原審が、居住部分への延焼の可能性に言及することなく当該エレベーターの住居性を認めた判断を支持したものであり、機能的一体性を重視しているものと思われる。

これらの判例・裁判例を見ると、物理的一体性が認められる場合だけでなく、全体が一体として日夜人の起居に利用されていたという機能的一体性が認められる場合であれば、全体を1個の現住建造物と認める傾向があ

ると考えられる（最高裁判所判例解説刑事・平成元年度245頁参照）。

　この点についても、「現に人が住居に使用」する建造物等に対する放火が重く処罰される理由が、住居に対する放火により人の生命、身体への危険が生じるからであることに鑑み、非現住部分への放火により現住部分にその危険が生じると考えられるのは、延焼可能性を考慮要素とする物理的な観点から見た場合の構造上の一体性が認められる場合と、「全体が一体として日夜人の起居に利用されていたもの」といった機能的な観点から見た構造上の一体性が認められる場合であることに根拠を求めることができると思われる（前掲判例解説248頁以下参照）。

　もっとも、犯人が放火した非現住部分が、現住部分と一体として1個の建造物と認められる場合であっても、犯人がこれを1個の建造物であると認識している場合においては現住建造物全体に対する放火の故意があると評価し得るが、建造物が全体として1個であると認識していない場合には、非現住部分への放火の意図と現住部分が人の住居に使用されていることの認識だけで現住建造物への放火の故意があると認められるかは問題がある。少なくとも、非現住部分と現住部分が全体として一体のものとして1個の建造物であると評価される基礎となる事実の認識の有無を解明することに努めるべきであろう。

2　公共の危険

1　問題の所在

　放火の客体が、法109条の非現住建造物等であっても自己所有である場合及び法110条の建造物等以外である場合は、いずれも具体的危険犯であり、公共の危険が発生したといえるかが問題となる。

2　公共の危険の意義

　公共の危険の意義については、従来の判例（大判明44.4.24刑録17-655）は、「一般不特定ノ多数人ヲシテ前掲第108条及ヒ第109条ノ物件ニ延焼スル結果ヲ発生スヘキ虞アリト思料セシムルニ相当スル状態ヲ指称ス」とし、法108条及び109条所定の建造物等への延焼の危険が認められる場合に限定しているかのようであった。

　そのような中、最決平15.4.14（刑集57-4-445）は、法110条1項の公共の

危険について、「必ずしも同法108条及び109条1項に規定する建造物等に対する延焼の危険のみに限られるものではなく、不特定又は多数の人の生命、身体又は前記建造物等以外の財産に対する危険も含まれると解するのが相当である。」とした上で、**事例3**と同様の事案について、「市街地の駐車場において、被害車両からの出火により、第1、第2車両（筆者注：被害車両近くに止められていた2台の車両）に延焼の危険が及んだ等の本件事実関係の下では、同法110条1項にいう『公共の危険』の発生を肯定することができるというべき」とし、公共の危険の意義として、法108条及び109条所定の建造物等への延焼の危険が認められる場合に限定しないことを明らかにするとともに、不特定又は多数の生命、身体又は財産に対する危険も含まれるとした。

　ここにいう「不特定」とは、被告人の犯行とは無関係に偶然犯行場所に存在した人又は物をいい、他の人や物もその場所に存在し得る可能性があるという意味で、その危険が公共性を帯びるものと解されている（前掲大コンメンタール刑法第7巻10頁、最高裁判所判例解説刑事・平成15年度269頁）。

　ここで、公共の危険の意義として、特に限定することなく財産に対する危険が含まれるとされたことから、侵害の危険の及ぶ対象が財産のみであった場合、それがいかなる財産であっても公共の危険が認められるのかが問題となる。

　この点、前掲最決平15.4.14が、「市街地の駐車場において、被害車両からの出火により、第1、第2車両に延焼の危険が及んだ等の本件事実関係の下では、同法110条1項にいう『公共の危険』の発生を肯定することができる」と判示していることから、侵害の危険が及んだ対象が財産のみである場合には、「公共の危険」の発生には一定の規模のものが必要であるという考えを前提にしていると解されている。そして、この「規模」をどのような観点、基準で捉えるかという点については、①火力の大きさや周囲の状況からして、周辺の人が、危惧感を覚える程度の規模か否かを基準にする説、②損失（又はその危険）の物理的・経済的規模のみを基準にする説、③地域の平穏を害する程度のものか否かを基準とする説、④一定規模以上の財産的価値がある物に対する侵害であれば、物理的侵害の規模がごく小さな場合以外は「公共の危険」の発生を認めるとする説が考えられるとした上で、財産のみに侵害の危険が生じている場合に、放火罪の成立を認め、単なる器物損壊罪

を超えて、重く処罰する根拠を、地域（社会）の平穏を害する程度か否かを判断の基準にすべきであると考える③説の基本的な発想が、前掲最決平15.4.14の判示内容を最も無理なく説明できるのではないかとされている（前掲判例解説263、264頁）。

　また、法108条及び法109条の客体である建造物等に延焼の危険が及んだ場合に、「公共の危険」の発生を認める解釈・運用は維持されるべきであるから、延焼の危険の判断に当たり、物理的延焼の可能性を考慮した上での一般通常人の危惧感を基準にするというのが実務・判例上の一般的な扱いであることに鑑み、侵害の危険が及んだ対象が財産のみである場合に「公共の危険」の発生が認められるのは、一般通常人をして、当該放火により、法108条及び法109条の客体に対する延焼を生ずるおそれ、あるいは、延焼等（放火元からの熱や、煙、ガスによる侵害を含む。）により、不特定又は多数の人に対し、地域の平穏を害する程度の規模の財産的侵害が生ずるおそれがあると思わせるに相当な理由がある状態に至った場合をいうとされる（前掲判例解説260、263頁）。

　事例3では、市街地にあったという四囲の状況も踏まえた上で、本件車両からの出火により、2台の車両に延焼の危険が及んだという事実関係を踏まえれば、延焼の危険が、一般通常人をして地域の平穏を害する程度の規模の財産的損害が生じるおそれがあると思わせる程度のものであったと考えられる上、上記①ないし④のいずれの説からでも、公共の危険が発生したと認められると考えられる。

　このように、具体的危険犯において、侵害の危険の及ぶ対象が財産のみであった場合には、判例が、「公共の危険」の発生には一定の規模のものが必要であるという考えを前提にしていると解されていることにも留意した捜査・検討をすることが必要である。

3　公共の危険発生の認識の要否

　次に、建造物等以外放火罪をはじめ、条文上、具体的危険の発生が要求されている具体的危険犯の場合、公共の危険発生の認識は故意の要件であるかが問題となるが、最判昭60.3.28（刑集39-2-75）は、「刑法110条1項の放火罪が成立するためには、火を放って同条所定の物を焼燬（筆者注：「焼損」の旧規定）する認識のあることが必要であるが、焼燬の結果公共の危険を発

生させることまでを認識する必要はないものと解すべき」と判示し、公共の
危険発生の認識は不要であるとしており、法109条2項の場合も同様に不要
と解すべきである。

✓ 捜査のポイント

これまでの検討に関して、留意すべき主な捜査事項は以下
のとおりである。

1　現住性に関する捜査

客体が生活の本拠でない建造物である場合や、放火した部分と現住部
分との一体性に問題がある場合には、現住建造物等放火罪の成否を明ら
かにするため、主に以下の捜査が考えられる。

(1)　使用状況の確定

① 　検証（実況見分）

前掲最決平9.10.21では、対象となった家屋に日常生活上必要な
設備、備品等があることが認定されている。放火の客体となった
建造物の使用状況を明らかにするためにも、燃え残っている限り
で設備、備品等の写真撮影を行うなどして客観的な証拠化を図る。

② 　関係者からの事情聴取

①を基にした関係者からの詳細な事情聴取により、寝泊まりし
ていた期間、頻度等の使用状況を明らかにするとともに、これが
放火当時にも変更がなかったことを確認しておく。

(2)　建造物の一体性に関する捜査

判例は、物理的一体性や機能的一体性を考慮して建造物の一体性
を判断していることに鑑み、以下の延焼可能性や機能的一体性の有
無等を解明する。

① 　検証（実況見分）

放火部分と現住部分との外観上の接合性、位置関係を明らかに
する。また、材質のほか、耐火性建造物であっても、各部分の窓
枠、天井等に可燃部分が存在することが少なくないことからその
状況、位置関係、開口部の存否等を明らかにする。

② 　燃焼実験

①を踏まえ、燃焼実験により、延焼可能性とその程度のほか、前掲東京高判昭58.6.20の判示にも照らし、新建材の燃焼による有毒ガス等の発生の可能性とその程度についても明らかにすることが考えられる。

③　関係者からの事情聴取

①も踏まえ、機能的一体性の有無を明らかにするべく、判例が基準としている「全体が一体として日夜人の起居に利用されていたもの」といえるか否かについて、関係者から詳細に聴取する。

2　公共の危険に関する捜査

(1)　着眼点

具体的危険犯の場合は、具体的な公共の危険の発生を立証しなければならない。とりわけ、法110条の客体に対する放火の場合、未遂及び予備処罰の規定がないことから、公共の危険の発生を証明できなければ、器物損壊罪により処罰し得るにとどまることになる。

よって、公共の危険が発生したかを明らかにするため、主に以下の捜査が考えられる。

(2)　客観的状況の解明・特定

①　放火現場と付近の人通り、建造物等の存否・種別（現住建造物である場合はその状況）・その密集状況、その他財産の存在、それらの材質及び可燃物の存否、それぞれの位置関係、天候、風向等を明らかにして証拠化しておく。

②　燃焼実験

①を踏まえた燃焼実験により、延焼可能性及びその程度のほか、新建材の燃焼による有毒ガス等の発生の可能性とその程度についても明らかにすることが考えられる。

(3)　関係者からの事情聴取

消火活動に当たった者、その他目撃者等から、燃焼の状況等を聴取し、一般通常人をして、法108条、法109条所定の物件に対する延焼を生ずるおそれ、あるいは延焼等により、不特定又は多数人に対する身体的侵害又は相当規模の財産的侵害が生ずるおそれがあると思わせるに足りる状態に至ったことを明らかにする。

3　行為者の認識（故意）に関する捜査

(1)　着眼点

　　行為者が放火した客体が現住建造物と認められたとしても、現住
建造物等放火罪が成立するためには客体が現住建造物であることの
認識が必要である。客体の建造物の現住性についての認識が認めら
れなければ、非現住建造物等放火罪が成立するにとどまる（法38条
2項）。

　　一方、非現住建造物等や建造物等以外に放火した場合でも、行為
者がこれを現住建造物を焼損させるための媒介物として用いた場
合、現住建造物に延焼する認識・認容がある場合には、非現住建造
物等や建造物等以外を焼損させたにとどまれば現住建造物等放火未
遂罪が成立し、現住建造物を焼損させるに至れば現住建造物等放火
罪が成立する。

　　よって、被疑者の意図・認識を明らかにするため、主に以下の捜
査が考えられる。

(2)　外形的事実からの解明

　　行為者と直接の点火対象物及びその周辺物との関係、点火方法、
直接の点火対象物の材質、近接する建造物等の存否及びその種別、
付近の可燃物の存否、それぞれの位置と距離、明るさ、見通し、天
候・風向等の気象条件、対象物及びその周辺の建造物等に対する保
険付与の状況、消火に至るまでの状況、インターネット検索・閲覧
状況、メール・SNSの使用状況等を明らかにし、行為者が意図した
放火の対象はいずれか、認識・認容していた範囲はどうかなどにつ
いて、客観面からこれを解明する。

(3)　被疑者の取調べ及びその裏付け捜査

　　犯行の動機、目的、計画、手段、方法等について詳細に聴取する
とともに、徹底した裏付け捜査を行う。

設　問22

通貨偽造の罪

─設　問─

　以下の事例において、甲、乙に通貨偽造罪又は偽造通貨行使罪若しく
は偽造通貨交付罪が成立するかどうかを、判例の立場に従って理由を付
けて説明しなさい。

事例1　甲は、出会い系サイトを通じて知り合った相手に対する援助交
　際の対価を支払う際に使用する目的で、偽札を作ろうと考え、自宅に
　おいて、パソコン、スキャナー及びプリンターを使い、真正な一万円
　札の表面及び裏面をＡ４サイズの用紙に両面コピーした上、カラー印
　刷された部分をカッターナイフで裁断するなどの方法で、真正な一万
　円札のカラーコピー（以下「本件偽札」という。）10枚を作成した。
　本件偽札は、一見、真正な一万円札に見えるものだったが、真正な
　一万円札に施されている「透かし」はなく、ホログラム部分も白色に
　コピーされただけであり、紙質、厚み、サイズ、手触りも真正な一万
　円札とは異なっていた。その後、甲は、出会い系サイトを通じて知り
　合った乙に対し、援助交際の対価として、本件偽札のうち5枚を手渡
　した。乙は、これらが真正な一万円札であると思って受領した。

事例2　乙は、本件偽札5枚を甲から受け取った後、それらが真正の
　一万円札ではないことに気付いたが、コンビニエンスストアで商品を
　購入する際、店員に対し、偽札であることを隠したまま、商品の代金
　として、本件偽札1枚を手渡した。

事例3　甲は、その後、親友の丙に対し、手元に残っていた本件偽札5
　枚を見せて、その偽造方法や援助交際の対価の支払いに使った話をし
　たところ、丙から、「パチンコで負けてしまい、遊ぶ金がない。その

　偽札を俺に使わせてくれないか。」と言われたことから、本件偽札を丙にも使わせてやろうと考え、本件偽札5枚を丙に手渡した。しかし、丙は、結局、この偽札を使わなかった。

――設問のポイント――

　事例1は、刑法148条1項で規定された通貨偽造罪における「偽造」の意義をどのように捉えるのかを問うものである。

　同罪の「偽造」とは、通貨の発行権を持たない者が真正な通貨（以下「真貨」という。）に似せて通貨の外観を有する物を作ることをいうところ、判例上、一般人が不用意にこれを一見した場合に真正の通貨と誤認する程度の外観を備えたものであれば足りるとされている。

　事例1の後段、**事例2**及び**事例3**は、刑法148条2項で規定された偽造通貨行使罪、偽造通貨交付罪の成否とともに、刑法152条で規定された収得後知情行使等の罪の知識を問うものである。

　偽造通貨行使罪の相手は、情を知らない者に限られ、判例上、相手が偽造通貨と認識していた場合には、行使の未遂となるとされている。

　その情を知っている者を相手とする場合には、偽造通貨交付罪が成立し、交付を受けた者が行使しなかったとしても、交付者に交付罪の既遂が成立する。

　偽造通貨をそれと知らずに収得し、その後、偽造であると知って行使した場合には、収得後知情行使等の罪が成立し、偽造通貨行使罪は成立しないと解される。

――解　答――

事例1―甲には、通貨偽造罪、偽造通貨行使罪が成立する。

　本件偽札には、「透かし」がなく、ホログラム部分も白色にコピーされただけのものであり、紙質、厚み、手触り、サイズも真正な一万円札とは異なることからすれば、精巧な偽札とは言い難いものである。

　しかし、一見、真正な一万円札に見えるものであり、現に、乙が真正な一万円札と誤信して受け取っていることからすれば、判例に照らし、通貨偽

造罪の「偽造」に該当すると認められる。

　そして、甲は、情を知らない乙に対して、援助交際の対価の支払いとして、本件偽札を手渡しており、これは本件偽札を流通に置く行為といえ、偽造通貨行使罪の「行使」に該当する。

事例2─乙には、収得後知情行使等の罪が成立し、偽造通貨行使罪は成立しない。

　乙は、本件偽札を偽造通貨とは知らずに受領し、その後、偽造通貨であることに気付いたものであり、乙には、収得後知情行使罪等の罪が成立する。

事例3─甲には、偽造通貨交付罪が成立する。

　甲は、本件偽札が偽造通貨であることを知っている丙に対し、これを手渡しており、偽造通貨交付罪の「交付」に当たり、丙がこれを行使しなかったとしても、甲には同罪の既遂が成立する。

──解　説──

1　通貨偽造罪（刑法148条１項）、偽造通貨行使罪（同条２項）の構成要件等

1　主　体

主体には何らの制限もない。

2　客　体

⑴　通貨の意義

　通貨偽造罪の客体は、通用する貨幣、紙幣、銀行券であり、これらを包括して「通貨」という。

　　①　貨　幣

　　　貨幣とは、金属を鋳造して作った金属貨幣、すなわち硬貨を意味する。

　　　貨幣の製造及び発行の機能は政府に属し、貨幣の種類は、500円、100円、50円、５円及び１円の６種類で、国家的な記念事業として、１万円、5,000円及び1,000円の３種類の貨幣を発行することがある（通貨の単位及び貨幣の発行等に関する法律（以下「貨幣法」という。）。

②　紙　幣

紙幣とは、貨幣の代用として政府その他の発行権限のある者が発行し、その信用によって交換の媒介物となる証券をいうが、現在では、貨幣法上、紙幣の発行は予定されていない。

③　銀行券

銀行券とは、政府の認許によって特定の銀行が発行した交換の媒介物となる貨幣代用証券である。現在、我が国では、日本銀行だけがその発行権を有し、金額1万円、5,000円、2,000円及び1,000円の銀行券が発行されている（いわゆる一万円札、五千円札、二千円札及び千円札）。

⑵　「通用する」の意義

「通用する」とは、我が国において、「強制通用力」（貨幣法7条及び日本銀行法46条2項）があるという意味に解される。

古銭や廃貨のように強制通用力を失っているものは通貨ではない。

3　行　為

⑴　「行使の目的」

行使の目的で偽造すること（刑法148条1項）、あるいは行使すること、又は行使の目的で人に交付し、若しくは輸入すること（同条2項）である。

①　行使の目的

行使の目的とは、偽造、変造された通貨（以下「偽造通貨」という。）を真正な通貨として流通に置こうとする目的をいう（東京高判昭29.3.25高刑7-3-323）。

したがって、例えば、学校の教材用にするだけのための目的で、通貨を偽造した場合には、流通に置こうとする目的がないので、「行使の目的」があるとはいえない。

また、行使の目的は、通貨を偽造した者が、自ら流通に置こうとする目的だけでなく、他人を介して流通に置こうとする目的である場合も含む（最判昭34.6.30刑集13-6-985）。

さらに、行使の目的は、確定したものであることを要せず、未必的なもので差し支えないと解される。

⑵　偽　造

① 偽造の意義

　　偽造とは、通貨の発行権を持たない者が真貨に似せて通貨の外観を有する物を作ることをいう（最決昭22.12.17刑集1-94）。

② 偽造の方法

　　偽造は、金属の鋳造、コピー、写真印刷などその方法のいかんを問わない。

③ 偽造といえる程度

　　偽造は、通貨の外観を有する物を作り出すことであるところ、通貨の外観を有するといえるかどうかの程度については、一般人に真正の通貨と誤認させる程度のものであることを要すると解され、判例上、「　見」あるいは「不用意にこれを　見した場合」に真正な通貨と誤認する程度であれば足りるとされている（最判昭25.2.28裁判集刑16-663等）。

　　専門家が見れば真正ではないことが容易に発見される場合や（前掲東京高判昭29.3.25高刑7-323）、真貨と比較対照すれば相違が明らかであったとしても（東京高判昭31.12.6高裁特報3-24-1211）、「偽造」と認められ得る。

(3) **変　　造**

① 変造の意義

　　変造については、真貨に加工しその名価を偽ることなどと解され、偽造と同様に、作り出されたものが一般人をして真貨と誤認させる程度に達していることを要する。

② 偽造との区別

　　偽造と変造の区別は、理論上容易ではないが、両者の罪質が同一であり、構成要件・法定刑が同一に規定されているので、両者を区別して評価すべき実益はない。

(4) **行　　使**

① 行使の意義

　　行使とは、偽造通貨を、真正な通貨として流通に置くことをいう（大判明37.5.13刑録10-1084等）。

　　例えば、物品の購入代金として支払うことなどであり、公衆電話機

や自動販売機（東京高判昭53.3.22刑月10-3-217）などの機械に偽造通貨を投入する行為も行使である。

　行使の相手は情を知らない者に限られ、相手が偽造通貨と知っている場合には、流通に置いたことにはならない。行使のつもりで手渡したものの、相手が偽造通貨と認識していた場合には、行使の未遂となる（東京高判昭53.2.8高刑31-1-1）。

② 方法・対価

　偽造通貨の行使方法についてその適法・違法のいかんは問わない。

　例えば、賭博の賭金に使用しても行使に当たる（大判明41.9.4刑録14-755）。

③ 既遂時期

　偽造通貨を真正な通貨として流通に置いた時点で直ちに既遂となる。

(5) 交　付

① 交付の意義

　交付とは、偽造通貨を、その情を明らかにして、又はすでにその情を知っている者に手交することをいう。

② 行使罪の教唆・幇助との関係

　交付罪は、「行使の目的で」交付することを要し、行使の目的で交付するとは、すなわち、「他人に行使させる目的で」交付することである。

　交付は、実質的には行使罪に対する教唆・幇助に当たる行為を独立罪としたものであると解され、交付を受けた者が行使しなかったとしても、交付者に交付罪の既遂が成立する。また、交付を受けた者が現実に行使した場合には、交付者に、別途、行使罪の教唆犯・幇助犯が成立することはない（大判明43.3.10刑録16-402）。

(6) 輸　入

　輸入とは、偽造通貨を国外から国内に搬入することをいう。

2 故　意

1　偽造通貨行使罪の故意

偽造通貨行使罪の主観的構成要件として、故意が必要である。

同罪の故意が認められるためには「偽造」であることの認識・認容が必要であるが、「偽造」であることの認識については、未必的なものであっても足りる。

2　偽造の認識時期

偽造通貨を行使した者が、行使の時点で、偽造通貨であることについての認識を有していなかった場合、偽造通貨行使罪の故意が認められず、同罪は成立しない。

さらに、偽造通貨行使罪の成立が認められるためには、行使の時点で偽造通貨であることを認識していただけでは足りず、偽造通貨を「入手した時点」でその認識を有していたことが必要である。

偽造通貨の入手時には、その認識を有しておらず、入手後にその認識を有するに至った場合には、「貨幣、紙幣又は銀行券を収得した後にそれが偽造のものであることを知って、これを行使した者」として、収得後知情行使罪（刑法152条。法定刑は、偽造通貨の額面価格の３倍以下の罰金又は科料）が成立する。

偽造通貨行使罪よりも著しく軽い法定刑を定めた収得後知情行使等の罪が設けられた趣旨は、偽造通貨をそれと知らずに収得した者について、それを行使しないことへの期待可能性が低い点にあり、収得後知情行使等の罪が成立する場合、偽造通貨行使罪は成立しない（大判昭7.6.6刑集11-737）。

3　詐欺罪との関係

偽造の認識をもって偽造通貨を行使した場合には、詐欺罪の成立も問題となるが、この場合に法定刑が重い詐欺の成立を認めると、収得後知情行使等の罪を設けた趣旨が没却されるため、詐欺は成立しないと解される（前掲大判昭7.6.6刑集11-737）。

✓ 捜査のポイント

前記を踏まえ、通貨偽造罪、偽造通貨行使罪に関して留意すべき捜査事項は以下のとおりである。

1　「犯人の特定」に関する捜査

本事例のコンビニエンスストア店員のように、代金支払いを受ける際に偽造通貨を受領した者から届出を受けるなどして、捜査の端緒をつか

んだときは、早期に、当該偽造通貨自体や現場など関係箇所に対する鑑識を実施し、犯人特定の決め手になり得る指紋等の客観証拠の収集に努めるべきである。

　併せて、偽造通貨が使用された現場及びその周辺の防犯カメラ映像などの記録を入手し、その分析をするとともに、偽造通貨を受領した者など関係者の記憶が鮮明なうちに犯人の特徴や被害状況の詳細を聴取しておく必要がある。

2　「偽造」に関する捜査

　通貨偽造罪、偽造通貨行使罪の客観的構成要件である「偽造」を明らかにするためには、偽造通貨の現物を押収・鑑定し、大きさ、厚み、文字、模様、肖像、色調、手触り、透かし、ホログラムといった、その形状の詳細を証拠化する必要がある。

　さらに、判例の基準に照らして、「偽造」に該当するか否か、すなわち、一見あるいは不用意にこれを一見した場合に真正な通貨と誤認する程度のものか否かを判断するに当たっては、偽造通貨の形状とともに、偽造通貨を受領した相手の属性や、受領した場所の状況（明るさなど）も解明する必要があり、その解明のため、偽造通貨が行使された現場の検証・実況見分や偽造通貨を受領した者の取調べなどの捜査を実施する必要がある。

　カラーコピー機能を有するプリンターを用いて、真正な一万円札の表面及び裏面を複写するなどした偽造通貨につき、「偽造」の該当性が争われた近時の事案（大阪地判平29.9.29（公刊物未登載））でも、裁判所は、「真貨と比較すると、色調に若干の赤みが見られ、形状が縦横とも縦３、４ミリメートル程度小さく、手触りもやや劣る上、透かしやホログラムの光沢も見られないが、その文字、模様、肖像等が真貨と酷似し、中央の円形部分は、表裏が概ね重なった状態で印刷されている」という偽造通貨の形状を前提として、「これらを全体として見れば、本件複写物を手にした者の属性や周囲の明るさ、その状況次第では、本物の通貨だと勘違いしてしまう可能性が十分に認められるものであり、本件複写物を手渡された店員らがいずれも偽札であると見抜いたことを踏まえても、本件複写物は「偽造」に当たると評価できる」としており、捜

査上参考となる。

3　「偽造の認識」についての捜査

前述のとおり、偽造通貨行使罪の成立には、偽造通貨を行使した者が、偽造通貨を入手した時点で、それが偽造であることを認識していたことが必要である。

この点を解明するためには、まず、認識の対象となる偽造通貨の形状を明らかにしておく必要があるので、「偽造」の該当性に係る前記各捜査を尽くす必要がある。

さらに、偽造通貨に対する被疑者の認識を明らかにするためには、被疑者が当該偽造通貨を偽造又は入手した経緯、それを行使した状況、行使後の状況という一連の経過を解明することが必要である。

そこで、これらに係る客観証拠を収集するため、捜査の端緒をつかんだ後、早期に、被疑者方などの関係場所に対する捜索を実施して、偽造に用いられた可能性のあるパソコン、スキャナー、プリンター等の機器類や、被疑者の犯行前後の言動を解明する手掛かりとなるメモ、スマートフォン・携帯電話などの客観証拠を押収し、さらに、前述のとおり、現場及びその周辺の防犯カメラ映像等を早期に入手して、行使の状況を客観的に明らかにするよう努めるべきである。

そして、これらの客観証拠を踏まえて、被疑者等の取調べを行い、被疑者が偽造通貨を偽造又は入手した経緯、これを行使した状況、行使後の状況等を聴取して、その結果について裏付け捜査を尽くす必要がある。

ア　捜査上参考となる事案として、被告人の「拾った一万円札を使った。」旨の弁解が排斥され、通貨偽造罪、偽造通貨行使罪の成立が認められたものがある（松山地判平25.6.7（判例秘書））。

この事案において、被告人は、捜査段階から、前記弁解を行い、偽造行為自体を否認した上、自らがタクシーの乗車料金の支払等として使った偽一万円札についての「偽造の認識」も否認した。

しかし、裁判所は、「被告人方の捜索の際、被告人の財布の中から、本件偽札と記番号を同じくする本物の一万円札2枚が発見されていること」、「被告人の部屋には、本件偽貨を作るのに必要なインクジェットプリンター複合機やカッターマット、型枠などの道具がそ

ろっており、ごみ箱からは、一万円札をコピーした後に破られた紙片や、タクシーで使われた偽札と裁断面の形状が酷似する切り抜き後の紙片等が押収されている」ことなどにより、偽札を作ったのが被告人であることが推認されるとした。

そして、「被告人が（中略）本件偽札を自ら実際に使っている事実は、本件偽札を作る際に本物のお札として使う目的があったことを強く推認させる」とした上、「1枚の紙の表裏に一万円札の表面と裏面がずれないようにコピーした上で裁断するという偽札作りの方法を見ても、本物のお札として使うことを前提としていたものと考えざるを得ない」、「被告人は、本件当時、支給された障害者年金等をほぼ使い果たし、金に困っていたことも、本物のお札として使う目的があったことと整合している」とした。

その上で、被告人の弁解について、被告人の財布の中から本件偽札と記番号が同一の本物の一万円札2枚が発見された事実などに照らし、不自然であるとして排斥し、「被告人が、自宅において、本物のお札として使う目的で、本件偽札を作ったことは明らかである」とした。

さらに、裁判所は、「被告人は、自ら本件偽札を作った上で使っているのであるから、偽札であることを知らずに使ったとは考えがたい」とし、被告人の「偽造の認識」を認定した。

なお、被告人が偽札を使った「犯人」であることについては、「偽札に付着した掌紋が被告人のものと一致している」ことや、「防犯カメラの映像に映った犯人と被告人はその人相が合致している上、衣服も被告人方の捜索で発見されたものに酷似している」ことなども踏まえて認定している。

イ　前記アのような事案とは異なり、本事例の乙のように他人から受領した偽造通貨を使用した者については、「偽造の認識」の有無がより問題になりやすい。その認識は、偽造通貨の形状や行使の態様、さらには、犯行前後の言動などから推認され得る。

捜査上参考となる事例として、被告人が、知人（以下「M」という。）から、30万円の報酬約束の下、本邦に密輸入された偽一万円札

（聖徳太子の肖像図柄の旧一万円札）900枚余りをM名義の銀行口座に振り込むよう依頼され、その偽一万円札を受け取った後、共犯者（以下「A」という。）と一緒に、その一部を店舗における商品購入代金支払いなどに使った偽造通貨行使の事案（広島高判平19.5.31裁判所ウェブサイト）がある。

　この事案で、被告人は、「偽造ではないかとの漠然とした不安を抱いたことはあったが、偽造通貨であることを認識・認容したことはない」旨弁解し、また、被告人が偽造について説明を受けていたと認めるに足りる証拠はなかった。

　しかし、裁判所は、「本件紙幣が真札であったとすると、M名義の預金口座に入金することに特段の危険を伴うということは通常考え難く、Mが自ら行えばよいのであって、本件紙幣を表に出すことのできない事情があったとしても、30万円もの報酬を支払ってまで、これを他人に依頼するということ自体、相当にうさんくさい話」であり、「一連の経過にかんがみると、被告人としては、Mが本件紙幣の口座入金を自分でやりたがらないのは、本件紙幣が偽札であるからではないかという不安を抱くのが自然な状況」であるなどとし、「被告人が、聖徳太子の肖像図柄の一万円札に慣れ親しんだ世代である上、長年経済活動に従事していたこと」、「Aは、本件紙幣を触るなどして、偽札かもしれないと感じていたこと」、「被告人は、本件紙幣がひょっとすると偽札なのではないかという漠然とした不安感を抱いた状態で、ワゴン車内で本件紙幣を手に取って上にかざしてみたり、自宅に戻ってから本件紙幣を確認した」ことなど、犯行前後の状況を詳細に認定した上、「本件紙幣を手に取ってみると、現在流通している紙幣に比べて、やや厚みがあるように感じられ、手触りに違和感があるほか、紙質もごわごわした感触がある」、「特に、札束のように、本件紙幣を複数枚重ねた場合、ごわごわした紙質が顕著に感じられ、全体としてしなやかさを欠いており、相当に違和感がある」、「本件紙幣の印刷は、それなりに精巧なものであるが、全体的に画質が荒く、やや鮮明さに欠けている印象を受ける」などと、偽札の形状も詳細に認定し、さらに、「本件帯封の体裁は、通常使用されている帯封とは形

状、色彩が全く異なっていることが、一見して分かること」、「本件偽札が本物であるという口裏合わせをしたと疑われるメール」があることなどを認定し、これらの諸事情を総合考慮して、被告人につき、「本件紙幣の収得時に、少なくとも、これが偽造通貨であることの未必的認識を有していたと評価するのが相当」として、偽造通貨行使罪の故意を認定した。

4　「犯情」を明らかにする捜査

通貨偽造罪、偽造通貨行使罪は、「無期又は3年以上の懲役」という重い法定刑が定められているが、近時、パソコン、スキャナー、プリンター等の高性能化、低価格化などに伴い、専門的な知識がなくとも、容易に偽造が可能となっている中、組織的・職業的に行われた事案がある一方、本事例のように安易な気持ちで行われる単発的な事案も少なくなく、事案によって犯情は様々である。

量刑上重視される主な事項として、偽造通貨の精巧さ、数量、流通の状況、常習性、組織性などが挙げられ、これらを明らかにするためにも、前述の捜査を尽くし、犯行に至る経緯、犯行状況及び犯行後の状況などを解明する必要がある。

特に、通貨偽造、偽造通貨行使の事案は、広域で連続して発生するということがあることから、同種の偽造通貨が他所でも使用されていないかなど関連情報を収集することも重要である。

設　問23

文書偽造

設　問

　下記の事例について、文書偽造罪は成立するか。それぞれ理由を付して説明しなさい。

事例1　甲は、某市役所市民課係長として、印鑑証明書の発行事務を担当していたが、市民課では、印鑑証明書の発行については、発行した翌日に一括して市民課長の決裁を受けていた。

　　　甲は、自己の用に供するため、申請書を作成して手数料を納付するという正規の手続を執らずに、市長作成名義の甲宛の印鑑証明書を市長の公印を押すなどして作成した。

事例2　甲は、外国人であり、約30年前に日本に密入国し、その後、日本国内で「X」という偽名を用い続けて生活していたが、再入国許可を得て外国に出国しようとして、「X」と署名した再入国許可申請書を作成し、出入国在留管理庁に提出した。

事例3　甲は、某県弁護士会に所属する弁護士と同姓同名であることを利用して、弁護士資格がないのに、「○○弁護士会所属　弁護士甲」と記載し、「弁護士甲」の角印を押捺した「弁護士報酬金請求書」と題する書面を作成し、不動産業者に交付した。

——設問のポイント——

　文書偽造の罪の実行行為である「偽造」は、公文書偽造罪及び私文書偽造罪に共通する本質的な概念であり、正確に理解することが重要である。

　事例1は、公文書偽造罪の「偽造」の意義に関して、補助公務員の作成権

限の捉え方を問うものである。

　事例2と事例3は、いずれも私文書偽造罪の「偽造」の意義に関するものである。事例2は、長年使用してきた通称を用いることが偽造になる場合があるのではないかを問うものであり、事例3は、自己の氏名と同一の氏名を用いて文書を作成したとしても、肩書を冒用することにより偽造になる場合があるのではないかを問うものである。

——解　答——

事例1—公文書偽造罪は成立しない。

　最判昭51.5.6（刑集30-4-591）と同様の事例である。市民課係長として印鑑証明書発行事務を担当していた甲に印鑑証明書の作成権限が認められるかが問題となる。甲は、印鑑証明書の発行事務を担当しており、規定上、印鑑証明書発行を所掌する市民課長の決裁を、翌日一括して受けていたことなどに照らせば、甲には印鑑証明書の作成権限が認められる。甲は、作成権限を有する公文書を正規の手続を経ずに作成したにとどまると解されることから、公文書偽造罪は成立しない。

事例2—有印私文書偽造罪が成立する。

　最判昭59.2.17（刑集38-3-336）と同様の事例である。甲は、長年Xという偽名を用いてきたため、名義の偽りになるのかが問題となる。

　再入国の許可は、申請人が適法に本邦に在留することを前提としており、その申請に当たって本名を用いることが要求されているから、甲が、再入国許可申請書に、長年使用してきた偽名Xを記載した場合も、それが本名でない以上、人格の同一性を偽ったことになり、有印私文書偽造罪が成立する。

　なお、印章のみならず、署名が使用された文書も「有印」私文書とされる（刑法159条1項）。

事例3—有印私文書偽造罪が成立する。

　最決平5.10.5（刑集47-8-7）と同様の事例である。氏名は、作成者の氏名と同一であるため、弁護士の肩書を付したことが、文書の内容に真実でない点がある（無形偽造）にとどまるのか、他人の名義の偽り（有形偽造）になるのかが問題となる。

　甲が、実在する弁護士甲と同姓同名であることを利用して、弁護士が作成

する性質の文書に、「○○弁護士会所属　弁護士甲」と記載した場合には、文書に表示された名義人は、○○弁護士会に所属する弁護士甲であると解されるから、人格の同一性を偽ったことになり、有印私文書偽造罪が成立する。

——解　説——

1 文書偽造罪における「偽造」の意義

1　偽造とは、「作成権限がないのに他人名義の文章を作成すること」であり、偽造文書とは、「文書の『名義人』と『作成者』が一致しない文書」である。

　このような考え方は、**形式主義**といい、文書偽造罪の保護の対象を「作成名義の真正」とするものである。作成名義の真正を偽ることを**有形偽造**と呼ぶ。文書の作成者が誰かが明らかであれば、その者に責任を追及することが可能になるから、まずは文書の作成名義の真正を確保しようというのである。

　我が国の刑法は、偽造の意義について形式主義（有形偽造）を採っており、公文書及び私文書のいずれについても、作成名義を偽るものを偽造罪として処罰対象としている（刑法155条（公文書偽造罪）、159条（私文書偽造罪））。

　これに対して、文書の内容の真実性自体を保護しようとする**実質主義**という考え方もあり、文書の作成権限を有する者が真実に反する内容の文書を作成することを**無形偽造**と呼ぶ。

　我が国の刑法には、この実質主義（無形偽造）が補完的に採り入れられている。公文書については、その証明力及び社会的信用が高く、より保護が求められるとの考えから、文書の内容を限定することなく、内容の真正を担保するための罰則（同法156条）が設けられているのに対し、私文書については、医師が作成すべき診断書等のみについて罰則が設けられている（同法160条）。

2　「偽造」の本質的な要素は「文書の名義人と作成者の不一致」であるから、文書の「名義人」と「作成者」をそれぞれどう判断するかが重要となる。

　文書の「名義人」は、**文書の記載内容や形式から見た意思主体**である。判断のための資料は、問題となっている文書自体である。名義人の判断方法については、主に私文書偽造罪に関し注目すべき判例がいくつか出されているので、私文書偽造罪に関する部分で後述する。

　一方、文書の「作成者」は、**実際の、文書を作成したことについての意思主体（意思説）**である。「名義人」が文書を判断材料とするのと異なり、判断のための資料は、実際にその文書を作成した者が誰かという事実関係自体である。

　ここで、文書の「作成者」の判断には更に注意を要する点がある。例えば、ある者が「文書」を作成する作業をした場合、通常は、作業をした者が「作成者」であると考えるのが自然であるが、文書偽造罪の作成者を考えるに当たっては、誰が作業をしたかという事実だけではなく、誰の意思に基づいて作業がなされたかにも着目する必要がある。これは、文書が意思又は観念の表示であると考えられているので、文書の「作成者」を考えるに当たっても、ある者の依頼に基づいて別の者が作業をした場合、依頼した者を作成者と考えるべきだからである。例えば、AがBに依頼してA名義の文書を作成させた場合、この文書は、Aの意思に基づいて作成されているので、この文書の「作成者」はAとなる。

3　「偽造」以外に「変造」という概念もある（同法155条2項、3項、159条2項、3項）。変造とは、真正に成立した文書の非本質的部分に不法に変更を加え、新たな証明力を作り出すことをいう。偽造と変造は、変更された部分が文書の本質的部分に当たるか（偽造）、非本質部分に当たるか（変造）により区別される。判例上、変造とされた例には、郵便貯金通帳の貯金の受入れや払戻しの年月日を改ざんした場合（大判昭11.11.9法律新聞4074-15）、運転免許証の免許種類の欄を改ざんした場合（名古屋地判昭47.6.16判タ282-321）などがある。

4　文書偽造罪は「行使の目的」をもって行われることが必要である（同法155条、159条等）。

　「行使の目的」とは、人をして偽造文書を真正な文書と誤信させようとする目的をいう。「行使の目的」が求められるのは、行使が予定されていなければ、文書偽造罪の保護法益である文書に対する公共の信頼が害され

るおそれがないからである。

　したがって、行使が全く予定されていない文書の偽造については、その文書だけをみれば文書に対する信頼が害される危険性があるといえる場合であっても、文書偽造罪は成立しない。

　他方、「行使の目的」が存在するのであれば、現実に行使したかどうかは文書偽造罪の成立に関係はない。

2 公文書偽造罪

1 構成要件

　公文書偽造罪（同法155条1項）の主な構成要件は、①行使の目的で、②公務所若しくは公務員の印章若しくは署名を使用して、③公文書を，④偽造することである。

2 客 体

　公文書とは、「公務所若しくは公務員が作成すべき文書」（同条1項）である。公務員とは、「国又は地方公共団体の職員その他法令により公務に従事する議員、委員その他の職員」（同法7条1項）を、公務所とは、「官公庁その他公務員が職務を行う所」をいう（同条2項）。

　公文書の例として、運転免許証、旅券、納税証明書、印鑑登録証明書などがあり、判例は、郵便局の日付印も郵便物の引受けを証する郵便局の文書と解している（大判昭3.10.9刑集7-683）。

　なお、公務所又は公務員の肩書を用いて作成された文書であっても、公務所又は公務員が、その職務権限内において、職務に関して作成したといえない文書は公文書ではない。例えば、**事例1**に登場した甲に無断で「市民課係長甲」名義の退職届を作成して市民課長に提出する行為は、公務員の身分に基づく職務の執行について作成されたものとはいえず、公文書とはいえないので、私文書偽造罪が成立することはあっても、公文書偽造罪は成立しない。

3 偽造（実行行為）～作成者が公務員である場合の作成権限の有無～

　公文書偽造罪の主体に制限はないが、文書を作成した者が公務員である場合には、文書を作成した者の作成権限の有無を慎重に判断する必要がある。公文書の作成権限の根拠は、法令であると、内規又は慣例であるとを問わな

い。

　公文書の作成に関与する者が複数いる場合、実際に文書を作成した者に文書の作成権限があるか否かの判断が困難な場合がある。ある公文書の作成権限を持つ者のほか、作成名義人からの決裁を待たずに自らの判断で公文書を作成することが一般的に許されている「代決者」、文書の起案は委ねられているが決裁は権限者が行う「起案者」、公文書の作成権限者や代決者を補助して公文書の作成を事実上行っている「機械的補助者」などが存在し得る。このような場合には、実際に文書を作成した者について公文書の作成権限があるといえるか否かは慎重に判断しなければならない。

　古い判例は、補助公務員が勝手に公文書を作成した場合には公文書偽造罪の成立を認めていたが（大判大5.12.16刑録22-1905）、前掲最判昭51.5.6（刑集30-4-591）は、補助公務員の作成権限を認め、公文書偽造罪の成立を否定した。同判例は、市長の代決者である課長を補助し、手続（申請書の提出と手数料の納付）に従って印鑑証明書の発行事務に当たっていた補助公務員が、その手続を執らずに、自己の用に供するため印鑑証明書を作成したという事案について、「作成権限は、作成名義人の決裁を待たずに自らの判断で公文書を作成することが一般的に許されている代決者ばかりでなく、一定の手続を経由するなどの特定の条件のもとにおいて公文書を作成することが許されている補助者も、その内容の正確性を確保することなど、その者への授権を基礎づける一定の基本的な条件に従う限度において、これを有しているものということができる」とした。

　この事案では、印鑑証明書の作成発行は、市の事務決裁規程によれば、市民課長の専決事項とされ、市民課市民係が分掌していたところ、実際には、市民課長の決裁は印鑑証明書交付の翌朝に一括して行われており、慣行上も、市民課全員が印鑑証明書の作成発行の事務を行う権限を有していた。判例は、このような意味での作成補助者についても、文書の作成権限を有していると評価したのである。

　事例1については、甲は、市民課係長として、印鑑証明書の発行事務を担当しており、実際にも、慣行上、その発行事務を行う権限があると評価でき、作成権限がある者が正規の手続を経ずに公文書を作成したにとどまることから、公文書偽造罪は成立しない。

③ 私文書偽造罪の構成要件

1　総　論

　私文書偽造罪（同法159条）の主な構成要件は、①行使の目的で、②他人（公務所及び公務員でないものをいう。）の権利、義務若しくは事実証明に関する文書を、③偽造することである。

　また、印章のみならず、署名が使用された文書も有印とされる（同条1項）。印章や署名が記載された文書の方が無印のものに比べて信用性が高いため、法定刑が重くなっているのである。この点は公文書も同様である。

2　客　体

　私文書偽造罪は、内容のいかんにかかわらず公務員又は公務所が作成すべき文書全般を保護しようとする公文書偽造罪と異なり、「権利、義務若しくは事実証明に関する文書」を保護の対象としている。

　「権利、義務に関する文書」は、権利義務の発生、存続、変更又は消滅に関する文書をいう。権利、義務は、私法上のものか公法上のものか、財産関係のものか身分関係に関するものか、刑事民事のいずれに関するものかを問わない。**事例2**の再入国許可申請書及び**事例3**の「弁護士報酬金請求書」は、いずれもこれに当たると考えられる。

　「事実証明に関する文書」は、判例上、「実社会生活に交渉を有する事項を証明する文書」とされている（大判大9.12.24刑録26-938）。判例上、これに当たるとされた例に、郵便局に対する転居届や書画が真筆であることを証明する箱書、求職のための履歴書などがある。

3　偽造（実行行為）

(1)　通称名の使用

　身分関係登録簿（日本国民については戸籍）の氏名（以下「本名」という。）が難字であるとか、内縁相手の氏を名乗りたいなどの理由で、本名と異なる氏名を用いる人は必ずしも珍しくない。また、一般人が、芸名やペンネームを使って職業活動や私的活動を行うこともまま見られる。こうした社会状況を踏まえると、私文書については、日頃から通称として使用している氏名を利用して文書を作成しても、通常は、作成者の認識としても、また、客観的にも、名義人と作成者の人格の同一性を偽ることにはな

らず、「偽造」（**有形偽造**）には当たらないと考えられる。

しかし、我が国の社会通念に照らせば、例えば、刑事事件の容疑で検挙された際には本名を用いることが求められており、通称使用が許されているとは考え難い。

そこで、判例は、通称名を使用して私文書を作成した場合でも、文書の記載内容や性質に応じて、「人格の同一性を偽った」といえるときには、私文書偽造罪の成立を認めている。

例えば、実在する義弟の氏名を用いていた被告人が、無免許運転の疑いで検挙された際、交通事件原票中の供述書に義弟の氏名を署名して提出するなどした事案について、義弟の氏名が被告人の通称名として通用していたとしても、私文書偽造罪が成立するとした（最決昭56.12.22刑集35-9-953）。この事案では、被告人が名乗ったのが実在する義弟であったため、文書の名義人と被告人が別人であることは比較的明らかであった。

これに対し、**事例2**で、被告人が名乗ったのは自らが長年使用してきた偽名であり、実在の人物を名乗ったわけではない。

しかし、判例は、日本に密入国し30年間近く偽名を用いていた者が、再入国許可を取得して北朝鮮に出国しようとして、当該偽名で再入国許可申請書を作成して入国管理局〔現：出入国在留管理庁〕に提出した事案について、「再入国許可申請書は、再入国の許可という公の手続内において用いられる文書であり、また、再入国の許可は、申請人が適法に本邦に在留することを前提としているため、その審査にあたっては、申請人の地位、資格を確認することが必要とされている。したがって、再入国の許可を申請するにあたっては、ことがらの性質上、当然に、本名を用いて申請書を作成することが要求されているといわなければならない」として、私文書偽造罪の成立を認めた（最判昭59.2.17刑集38-3-336）。

再入国許可手続は、在留資格を適法に有する者について、出国時に再度入国をあらかじめ許可する制度であり、その者が真に在留資格を有しているかを適切に審査できなければならないため、本名による画一的な事務処理が求められている手続である。そのような手続に用いられる文書の名義人は、分かりやすくいえば、「本名○○」という意味で理解されるということである。にもかかわらず、実在の他人名義はもとより、長年使用して

きた虚無人名義を記載すれば、それが本名でない以上、人格の同一性を偽ったことになり、偽造に当たるというわけである。

以上から、**事例2**については、有印私文書偽造罪が成立する。

関連する判例として、運転免許停止処分を受けた被告人が、知人からその名義を使用することの承諾を得ており、免許証不携帯で検挙された際、交通事件原票中の供述書に知人名の署名をした事案について、「交通事件原票中の供述書は、その文書の性質上、作成名義人以外の者がこれを作成することは法令上許されない」として、私文書偽造罪の成立を認めたものがある（最決昭56.4.8刑集35-3-57）。一般的には、私文書偽造罪は文書の名義人の承諾があれば成立しないが、交通事件原票中の供述書については、名義人の承諾があっても私文書偽造罪が成立するとしたのである。この判例も、文書の性質（本名を記載することが求められているか否か）に着目した判断と理解することができる。

(2)　肩書の冒用

資格を有しない者が、その資格があるかのような肩書を付して自分の名義で文書を作成した場合、通常は、文書の作成名義を偽ったことにはならず、文書の内容に真実でない点があるにとどまる（**無形偽造**）。

しかし、例えば、同姓同名の別人が存在する場合など、作成者が本名を記載して文書を作成しても、その肩書や属性に偽りがあれば、作成者以外の別人が文書の名義人として認識される可能性がある。その場合、作成名義の偽りがあることになり得る（**有形偽造**）。

文書の内容に真実でない点がある（無形偽造）にとどまるのか、他人の名義の偽り（有形偽造）になるのかの分水嶺は必ずしも明らかではないが、判例は、**事例3**と同様の、実在する弁護士甲と同姓同名であることを利用して、「弁護士報酬金請求について」と題する書面に、「○○弁護士会所属　弁護士甲」と記載するなどした事案について、「名義人として表示された者の氏名が被告人の氏名と同一であったとしても、本件文書が弁護士としての業務に関連して弁護士資格を有する者が作成した形式、内容のものである以上、本件文書に表示された名義人は、○○弁護士会に所属する弁護士甲であって、弁護士資格を有しない被告人とは別人格の者であることが明らかである」として、私文書偽造罪の成立を認めた（前掲最決平

5.10.5刑集47-8-7)。

　この判例の事案は、○○弁護士会所属の弁護士甲が実在しており、か
つ、文書も「弁護士報酬金請求について」との表題であり、弁護士が作成
する性質のものであったから、一般人がこの文書を見て認識するのは、実
在する○○弁護士会所属の弁護士甲に他ならないといえ、作成名義の偽り
（**有形偽造**）が認められる事案であった。

　以上から、**事例3**については、有印私文書偽造罪が成立する。

　なお、仮に、「○○弁護士会所属の弁護士甲」が実在しても、例えば、
単に箔をつけるために、ホテルの宿泊カードに「○○弁護士会所属弁護士
甲」と記載した場合には、ホテルの宿泊カードという文書の性質に照らす
と、文書の内容に真実でない点がある（**無形偽造**）にとどまるであろう。

　一方、「○○弁護士会所属の弁護士甲」が実在しなくても、文書が弁護
士が作成すべき性質のものである場合には、文書の作成名義を偽ったとい
える可能性があるといわれている（青柳勤「最高裁判例解説刑事編」平成
5年版40頁）。文書の内容に真実でない点がある（**無形偽造**）にとどまる
のか、他人の名義の偽り（**有形偽造**）になるのかの限界場面であり、いま
だ判例がない分野であるので、実際に法適用をするに当たっては、個別具
体的な事情を踏まえて慎重に検討することが求められる。

✓ 捜査のポイント

1　客体について

(1)　偽造文書の原本の証拠化について

　文書偽造罪は文書を偽造した罪であり、偽造文書は、被疑者が犯
人であること（犯人性）や、偽造をしたこと（実行行為）を立証す
る際に必要かつ最も重要な証拠である。したがって、その偽造文書
の原本を任意提出又は差押えにより入手して証拠化しておくことが
必要である。写しは証拠として十分ではない。

　なお、判例上、コピー機で供託金受領証の写しであるかのような
外観の文書を作成した事案が文書偽造罪に当たるとされているが
（最判昭51.4.30刑集30-3-453）、この場合は、コピー機により複写さ
れた文書自体が偽造文書の原本になる。

証拠化した偽造文書について、後日、任意提出者等から還付を求められることもあるかもしれないが、前述のとおり、偽造文書は文書偽造罪の立証に最も重要な証拠であって、公判で検察官がその偽造部分について没収求刑をすることも想定されるから、安易に還付に応じないよう注意を要する。

⑵　**私文書偽造罪の客体について**

私文書偽造罪の客体のうち、「権利、義務に関する文書」については判断が比較的容易であるが、判例上、「実社会生活に交渉を有する事項を証明する文書」とされている「事実証明に関する文書」の範囲は必ずしも明らかではない。その範囲はかなり広いとはいわれているが、実際の捜査に当たっては、判例でこれに当たるとされた事例を調べて捜査対象の事案と比較しておくとよいであろう。

2　作成者について

作成者特定のための捜査を行う際には、問題となっている偽造文書を誰が（犯人性）、いつどのようにして作成したのか（実行行為）を、具体的かつ多角的に明らかにしておくことが重要である。

偽造文書が手書きによるものである場合、証拠化した原本である偽造文書について、被疑者の筆跡と対照する筆跡鑑定を行うことが通常であろう。当該文書に、被疑者の指紋や被疑者と一致するDNA型の資料が付着していないかを鑑定することが有効な場合もあり得るし、偽造文書と似た外観の文案の書き損じの証拠化も考えられる。

パソコン等の電子機器で作成された文書の場合は、偽造文書の元となったデータのありかを明らかにし、データ内容やそのプロパティを証拠化することによって、作成時期やデータに登録された使用者情報を客観的に明らかにすることができるし、また、そのデータ作成に使用されたパソコンやプリンタ等の電子機器を特定した上で、これらの使用者についての周辺者への事情聴取や、ログイン履歴の証拠化などにより、文書を作成した者を絞り込むことが重要である。手書きの場合と同様、偽造文書に関する指紋鑑定やDNA型鑑定が有効な場合があるし、プリンタの印字と偽造文書の印字を比較することも有効である場合がある。

要は、手書きで、あるいは、パソコン等の機器を用いて当該文書が作

成された具体的な経過に想像力を働かせ、本来残っているであろう証拠を様々な方面から押さえるということである。また、逆に本来残っているであろう証拠が見当たらない場合には、例えば、被疑者が隠滅したなど、その理由も解明しておくことが望ましい。

　さらに、ある者の指示に基づいてその者名義の文書を作成した場合、この文書の名義人（意思主体）は指示をした者になるので、作業をした者が明らかになった場合に、文書の名義人が作業をした者に文書作成の指示をしていないかを確認しておく必要がある。

　被疑者が偽造の作成を認める供述をしていたとしても、後に否認に転じるおそれもある。作成者の特定に係る事実は、客観的証拠や第三者供述で証拠化し、さらに、それらの証拠を踏まえて、被疑者の供述を具体的に録取しておくことが重要である。

3　作成権限の有無について

　作成権限の有無を明らかにするに当たっては、作成者の上司及び同僚等から、作成者の執務状況を聴取したり、作成者が処理した他の案件を確認するなどして、作成者が、当該偽造文書を含めて、どのような範囲の文書を、どのような根拠に基づいて、日頃作成していたのかを再現することが必要である。

　事例1のような公文書については、作成権限や所管に関する内規があることが多いから、内規をできる限り特定することが重要である。私文書であっても、例えば、会社のような組織については、組織の規模が大きくなるほど、内規があることが多い。

　内規が特定でき、内規上、作成権限者が明らかな場合にも、それが有名無実になっていないかを作成権限者やその周辺者に確認をしておきたい。

　一方、内規上、作成権限者が明らかでない場合には、内規で所管部署が判明していれば、その所管部署に文書作成の実情や決裁の実情について聴取することになる。この場合、同種文書の決裁例を証拠化しておくとよいであろう。

　作成権限や所管について内規がなく、作成権限が、慣習に基づくものと思われる場合には、慎重に捜査することが求められる。例えば、同種

文書の決裁例を網羅的に調べて例外的な取扱いがないことを証拠化したり、関係者に具体的に聴取して、齟齬<ruby>齬<rt>そご</rt></ruby>がないか吟味するなどして、作成権限が誰にあるのかを慎重に認定すべきである。

4 名義人について

名義人については、**事例２**及び**事例３**で見た判例からも分かるように、単に文書に表示された文字だけを捉えるのではなく、文書の性質も考慮して判断することになる。

すなわち、公の手続で用いられる私文書については、例えば、**事例２**で取り上げた再入国許可手続のような、画一的に本名で処理することが想定されている手続か否かが重要になる。公の手続であっても、例えば、遺失物を拾得した者の届出について本名による画一的処理までが常に求められているとは思われない。判例で取り上げられたことがない手続が問題となる場合には、捜査により、その私文書が用いられる公の手続の性質を明らかにしておくことが求められる。

肩書の冒用についても、名義人を示す氏名の文字以外の要素も含めて名義人が判断される傾向にある。例えば、**事例３**で取り上げた弁護士報酬の請求に関する書面について、一般的にはどのような内容の書面で行われているのか、その結果、どのような社会からの信頼が与えられているのかを明らかにしておくことが求められる。

設　問24

わいせつ物頒布等

設　問

　下記の各事例における、甲、乙及び丙の罪責について説明しなさい。

事例1　日本在住の甲は、女性器を露骨に撮影した動画データに画像処
　理ソフトを用いてマスク処理をしたファイルを米国在住の共犯者に送
　信し、米国内に設置されたインターネットプロバイダのサーバーコン
　ピュータに同データファイルをアップロードし、日本の顧客に同デー
　タファイルをダウンロードさせる有料の動画配信サイトを運営してい
　たところ、日本在住の顧客Ｘが同サイトから同データファイルをダウ
　ンロードして自己のパソコンに保存した。

　　マスク処理をされたままの動画データでは、女性器が見えないもの
　であったが、甲は、マスク処理を外すための画像処理ソフトのホーム
　ページのURLを前記動画配信サイトに掲載していた。

事例2　日本在住の乙は、日本国内に設置されたインターネットプロバ
　イダのサーバーコンピュータに、男女の性交場面を露骨に描写したコ
　ンピュータ・グラフィックス画像を記録したゲームソフトのデータ
　ファイルをアップロードし、日本の顧客に同データファイルをダウン
　ロードさせる有料のゲーム配信サイトを運営していたところ、日本在
　住の顧客Ｙが同データファイルをダウンロードする操作をして送信が
　開始されたものの、途中でインターネット通信が途切れたため、Ｙの
　パソコンにデータファイルは保存されなかった。

事例3　日本在住の丙は、男女の性交場面を露骨に撮影した動画のデー
　タファイルを自己のパソコンのハードディスクに記録・保存し、ハー
　ドディスクから同データファイルをCD-Rにコピーして、CD-Rを顧

客に販売するに当たり、警察の摘発に備えて、顧客から注文を受ける前にはCD-Rに同データファイルをコピーしないようにしていた。丙は、同データファイルを記録・保存したハードディスク自体については販売するつもりはなかった。

——設問のポイント——

事例1ないし事例3は、いずれも刑法175条のわいせつ物頒布等罪の成否について問うものである。

同条の客体は、「わいせつな文書、図画、電磁的記録に係る記録媒体その他の物」及び「わいせつな電磁的記録その他の記録」であり、同条では、前者の「物」の頒布罪及び陳列罪、後者の「記録」の送信頒布罪（1項）、並びに「有償で頒布する目的」での、前者の「物」の所持罪及び後者の「記録」の保管罪（2項）が規定されている。

客体	行為	目的	条文
わいせつな文書、図画、電磁的記録に係る記録媒体その他の物	頒布		175条1項
	公然と陳列		175条1項
	所持	有償で頒布する目的	175条2項
わいせつな電磁的記録その他の記録	電気通信の送信により頒布		175条1項
	保管	有償で頒布する目的	175条2項

事例1では、①女性器を露骨に撮影した動画データにマスク処理をしたデータファイルが「わいせつな電磁的記録」に当たるのか、当たるとして、②わいせつ物頒布等罪については国外犯処罰規定がないこととの関係等から、いかなる行為を捉えて甲をわいせつ電磁的記録等送信頒布等罪に問えるのかが問題となる。

事例2では、顧客Yが動画データファイルをダウンロードする途中で通信が途切れてYのパソコンにデータファイルが保存されるに至っていないことから、わいせつ電磁的記録等送信頒布罪が成立するか、同罪の成立時期が問題となり、同罪が成立しないとして、わいせつ電磁的記録記録媒体陳列罪が

成立するかが問題となる。

　結局のところ、**事例1**と**事例2**では、わいせつ電磁的記録記録媒体の「陳列」とわいせつ電磁的記録の「頒布」とは何かが問題となっている。

　事例3では、丙は、わいせつなデータを記録・保存したハードディスク自体については有償で頒布する目的がないことから、刑法175条2項のわいせつ電磁的記録記録媒体有償頒布目的所持罪が成立するのかが問題となる。

──解　答──

事例1─わいせつ電磁的記録等送信頒布罪が成立する。

　女性器を露骨に撮影した動画データは、一般に、「わいせつ」な電磁的記録に当たると解される。

　また、わいせつな画像にマスク処理が施されていたとしても、簡単にマスク処理を外すことができる場合には、わいせつな画像と同視することができ、マスク処理がなされたままの動画データ自体、「わいせつな電磁的記録」に当たると考えられる。

　次に、甲がわいせつな動画データを米国在住の共犯者に送り、わいせつな動画データを記憶・蔵置させて動画配信サイトを運営しているのは、日本国内のサーバーコンピュータではなく、米国内に設置されたサーバーコンピュータであることから、この行為を捉えて、わいせつ電磁的記録記録媒体陳列罪に問うことには刑法の適用範囲上の難点がある。

　一方、甲は、不特定の日本の顧客にわいせつな動画を配信するサイトを運営していたものであり、サイトにアクセスした顧客Xにわいせつな動画データをダウンロードさせてXのパソコンに保存させていることから、この行為、すなわち、動画配信サイトを通じてわいせつな動画データをXのパソコンに記録・保存させた行為を捉えて、わいせつ電磁的記録等送信頒布罪に問うことができると考えられる。

事例2─わいせつ電磁的記録記録媒体陳列罪が成立する。

　乙は、動画配信サイトにアクセスした顧客Yをしてわいせつな動画データをダウンロードさせる操作をさせ、同データの送信が開始されているものの、途中で通信が途切れて、Yのパソコンに動画データファイルが保存されるに至っていないことから、「頒布」行為が開始されたがいまだ既遂に達し

ていない。わいせつ電磁的記録等送信頒布罪には未遂犯処罰規定がないことから、同罪は成立しない。

　一方、乙は、わいせつな動画データを日本国内に設置されたサーバーコンピュータに記憶・蔵置させ、動画配信サイトを運営していることから、わいせつな動画が記憶・蔵置されたサーバーコンピュータを「わいせつ電磁的記録記録媒体」と捉えてその公然陳列罪が成立すると考えられる。

事例３―わいせつ電磁的記録記録媒体有償頒布目的所持罪が成立する。

　丙は、わいせつな動画データを記録・保存したハードディスク自体を販売する目的はなくとも、ハードディスクに記録・保存した動画データを用いてCD-Rにコピーし、これを有償で頒布する目的をもって、当該ハードディスクを所持したことに変わりはないのであるから、わいせつ電磁的記録記録媒体有償頒布目的所持罪が成立すると考えられる。

――解　説――

1　わいせつな電磁的記録に当たるか

1　わいせつの意義・判断基準

　判例は、わいせつの意義について、「徒らに性欲を興奮又は刺激せしめ、且つ普通人の正常な性的羞恥心を害し、善良な性的道義観念に反するものをいう」としている（最大判昭32.3.13刑集11-3-997）。

　わいせつに当たるか否かは、時代と社会によって変化していく可能性がある概念であるから、過去においてわいせつとされていたものが、現在においてもわいせつと判断されるとは限らない。

　したがって、捜査対象となっている物や電磁的記録がわいせつと判断できるのか否かは改めて検討する必要がある。

　わいせつ性の判断は、対象となっている物や電磁的記録の一部分のみを取り出して行うのではなく、全体を捉えて判断すべきである（最大判昭44.10.15刑集23-10-1239）。また、対象となっている物や電磁的記録自体について客観的に判断すべきであり、制作者の意図や制作過程等、判断すべき対象の外に存在する事実関係は、わいせつ性の判断に影響しないと解される。

2　近時の裁判例

　この点に関して、わいせつ性が争われた近時の裁判例として、東京高判平29.4.13東高刑時報68-1＝12-81（原審：東京地判平28.5.9判タ1442-235）が参考となる。

　この事案では、①実際の女性器をかたどった石膏ようのものをアダルトショップに展示した行為につき、わいせつ物陳列罪として、また、②実際の女性器の三次元形状データ（以下「３Ｄ」という。）が保存されたサーバーコンピュータの保存先URLをメールで送信し、これにアクセスした相手方のパソコンに前記女性器の３Ｄを記録・保存させた行為につき、わいせつ電磁的記録等送信頒布罪として、公判請求されたが、①の女性器をかたどった石膏ようのものにつき、わいせつ物に該当しないと判断された一方、②の女性器の３Ｄについて、わいせつ電磁的記録に該当すると判断されている。

　①の女性器をかたどった石膏ようのものは、実際の女性器に印象剤をあてがい、印象剤が固まったところに石膏を流し込んで制作されたものであったが、石膏が固まった後に水色や銀色等で着色されたり、ビーズや真珠等で装飾されるなどしていたものであったことなどから、「制作過程等を知らされずに」社会の平均的一般人が対象物を見た場合、明確に女性器であると認識することは困難と判断され、わいせつ性が否定されたものである（前掲東京高判平29.4.13、わいせつ物陳列罪につき無罪確定）。

　かつて、男性器及び女性器の模造性器についてわいせつ物に当たると判断された判例があるが（最決昭34.10.29刑集13-11-3062）、性器をかたどったものだからという理由でわいせつ性が肯定されるわけではないことに留意する必要がある。

　他方、②の女性器の３Ｄについては、社会の平均的一般人がデータを再生して見た場合、「制作過程等を知らされなかったとしても」女性器であると認識でき、閲覧者の性欲を強く刺激するものであるとして、わいせつ性が肯定されている（前掲東京高判平29.4.13、わいせつ電磁的記録等送信頒布罪、わいせつ電磁的記録記録媒体頒布罪につき被告人上告中）。

　このように、わいせつに当たるか否かは、判断対象となる物や電磁的記録によって個別具体的に判断されることになるが、少なくとも、性器や性交、性戯を露骨に撮影した写真・画像等についてわいせつ性が肯定されることにほぼ異論はなく、**事例１**の女性器を露骨に撮影した動画データは、わいせつ

な電磁的記録に当たるであろう。また、コンピュータ・グラフィックスを用いたものであっても、**事例2**のように男女の性交場面を露骨に描写した画像データは、一般に、わいせつな電磁的記録に当たると解される（最決平26.11.25刑集68-9-1053）。

3　マスク処理等加工された画像のわいせつ性

では、性器や性交部分にマスク処理（モザイク処理）等が施された画像データを送信頒布等した場合、わいせつ性はどう判断されるのであろうか。

この場合、わいせつ性が送信頒布等の時点で現に顕在化していなくても、容易に復元して認識・閲覧できる状態であれば、マスク処理等を施された画像データ自体がわいせつ電磁的記録であると認められる（岡山地判平9.12.15判タ972-280、大阪地判平11.3.19判タ1034-283、東京高判昭49.9.13判時769-109、東京高判昭56.12.17高刑34-4-444）。

したがって、**捜査対象となっている客体がマスク処理等加工された画像であるケースにおいては、どのような手段で当該マスク処理等を外すことができるのか、その手段は誰にでも容易にでき得るものか否かがわいせつ性を判断するに当たってポイントとなる。**

事例1では、マスク処理を外すための画像処理ソフトのホームページのURLが甲の運営する動画配信サイトに掲載されており、同ソフトを用いればマスク処理を外せるものであったのであるから、マスク処理を外すことが誰にでもすぐに容易にできるものであるとみることができ、マスク処理された動画データ自体がわいせつ電磁的記録に当たるといえる。

2　国内犯に当たるか─国内犯該当性の判断基準

刑法175条については、国外犯処罰規定がなく、国内犯のみが処罰対象となっている（刑法1条）。

国内犯に当たるか否かの判断基準については、犯罪を構成する事実の全部又は一部が日本国内で生じた場合には国内犯に当たると解されている（偏在説、大判明44.6.16刑録17-1202等）。

犯罪を構成する事実の全部又は一部が国内で生じればよいので、わいせつ物頒布等罪の実行行為の全部又は一部、結果の発生の全部又は一部のみならず、共犯事件であれば共謀行為の全部又は一部が国内で行われていればよい

と考えられる。

　そこで、わいせつ電磁的記録記録媒体陳列罪の「陳列」とは何か、わいせつ電磁的記録等送信頒布罪の「頒布」とは何かが問題となる。

３　わいせつ電磁的記録記録媒体陳列罪とわいせつ電磁的記録等送信頒布罪—陳列・頒布の意義

1　公然陳列とは

　わいせつな電磁的記録媒体を「公然と陳列した」とは、電磁的記録媒体のわいせつな内容を不特定又は多数の者が認識できる状態に置くことをいう（最決平13.7.16刑集55-5-317）。

(1)　行為者によるアップロード行為について

　インターネットのサイトで不特定又は多数の者が閲覧可能な形で、プロバイダのサーバーコンピュータにわいせつな画像データをアップロードして記憶・蔵置する行為は、公然陳列行為に当たる（東京地判平8.4.22判タ929-266）。

　ここでは、不特定又は多数の者が閲覧可能な状態に置いたかどうかがポイントである。インターネットプロバイダのサーバーコンピュータにわいせつな画像データをアップロードして公開設定したとしても、公開設定したのみでは外部からアクセスできず、公開用のURLをSNSで公開したり電子メールで一斉送信するなどの追加的行為があって初めて外部から当該わいせつなデータにアクセス可能な場合には、公然陳列行為は未遂に止まっており、結局、未遂犯処罰規定のないわいせつ電磁的記録記録媒体陳列罪は成立しない（大阪高判平29.6.30判タ1447-114）。

　したがって、**わいせつな画像データがインターネット上にアップロードされて公開設定されているとしても、どのような手順を踏めば不特定又は多数の者がこれを閲覧可能な状態になるのかについて十分に捜査しておく必要がある。**

　なお、わいせつ電磁的記録記録媒体陳列罪が成立しない場合でも、行為者に、サーバーコンピュータに記憶・蔵置させた当該わいせつな画像データを有償で頒布する目的があれば、わいせつ電磁的記録有償頒布目的保管

罪が成立する。

　日本国内から海外のプロバイダのサーバーコンピュータに不特定又は多数の者が閲覧可能な形でわいせつな画像データをアップロードして記憶・蔵置させる行為も、公然陳列の実行行為の一部が日本国内で行われている以上、わいせつ電磁的記録記録媒体陳列罪が成立する（前掲大阪地判平11.3.19）。

⑵　インターネットユーザーによるダウンロード操作について

　公然陳列行為については、わいせつな電磁的記録媒体の内容を特段の行為を要することなく直ちに認識できる状態に置くことまでは必要でなく、インターネットユーザーがわいせつな画像データをダウンロードした上、自己のパソコン等で再生閲覧する操作等が必要であっても、わいせつな画像データを再生閲覧するために通常必要とされる簡単な操作にすぎない以上、公然陳列行為に当たると解される（前掲最決平13.7.16）。

　公然陳列罪は、抽象的危険犯であり、不特定又は多数の者がわいせつな画像データを認識できる状態に置けば、既遂に達するので、ユーザーによるダウンロードや画像の具体的な再生閲覧は必要な要件ではない（大阪高判平11.8.26高刑52-1-42）。

　なお、公然陳列罪が既遂に達することと、わいせつな画像の掲載行為後のユーザーによるダウンロードや画像の再生閲覧が「陳列」の実行行為に含まれ得るか否かは別の問題である（後記コラム参照）。

　いずれにしても、**捜査上は、わいせつな画像データが不特定又は多数の者の認識できる状態に置かれていたことの間接事実として、あるいは、犯情に関わる結果が発生していることを明らかにするために、当該わいせつな画像データにアクセスして再生閲覧したユーザー側の捜査も実施しておくべきである。**

2　頒布とは

　電磁的記録その他の記録の「頒布」とは、不特定又は多数の者の記録媒体上に電磁的記録その他の記録を存在するに至らしめることをいう（前掲最決平26.11.25）。

　顧客によるダウンロード操作を契機とするものであっても、その操作に応じて自動的にデータを送信する機能を備えた配信サイトを利用して送信する

方法によってわいせつな動画データを顧客のパソコンに記録・保存させることも、「頒布」に当たる（前掲最決平26.11.25）。

電磁的記録等の「頒布」の開始時期（着手時期）については、実務上、定まった見解があるとは言い難いのが現状であるが、わいせつな画像データを不特定又は多数の者に電気通信により送信可能な形でインターネット上のサーバーコンピュータにアップロードして記憶・蔵置させることは、頒布罪の法益侵害の現実的危険性がある行為の一部が開始されたとみることができるので、「頒布」行為の一部に含まれると解すべきであろう（前掲東京高判平29.4.13、前掲東京地判平28.5.9）。

電磁的記録等の「頒布」の既遂時期については、わいせつ物の「頒布」の場合に、目的物を現実に交付したことを要するのと同様、不特定又は多数の者の記録媒体上に電磁的記録等を「存在するに至らしめること」が必要であることから、電気通信により電磁的記録を頒布する場合、データファイルを送信するだけでは足りず、相手方に受信させ、記録・保存させることが必要である。

したがって、**事例２**のように、顧客Ｙによるわいせつ画像のデータのダウンロードの途中で通信が途切れて、Ｙのパソコンに同データが保存されなかった場合には、わいせつ電磁的記録等送信頒布罪は未遂にとどまり、未遂犯処罰規定がないことから、同罪は成立しない。もっとも、不特定又は多数の顧客が閲覧可能な形でわいせつ画像のデータの配信サイトが運営されている以上、わいせつ電磁的記録記録媒体陳列罪が成立する。

こうしてみると、インターネットを利用した、不特定又は多数の者に送信することを前提としたわいせつ電磁的記録の記憶・蔵置については、わいせつ電磁的記録記録媒体陳列罪が、わいせつ電磁的記録等送信頒布罪の未遂犯に当たる行為を処罰する役割を果たしている側面があると考えられる。

わいせつ電磁的記録記録媒体陳列罪に引き続いて、わいせつ電磁的記録等送信頒布罪が行われた場合、包括一罪となると解すべきであろう。

以上を前提に**事例１**について検討すると、サーバーコンピュータにわいせつな動画データをアップロードする行為は、甲の共犯者により米国内で行われており、動画配信サイトの運営も米国内のサーバーコンピュータを利用して行われていることになるが、顧客Ｘによる同データのダウンロードは日本

国内で行われており、甲が前記動画配信サイトを利用してわいせつな電磁的記録を「存在するに至らしめた」のは日本国内であるといえることから、刑法175条1項を適用することができ、わいせつ電磁的記録等送信頒布罪が成立する。

4　わいせつ電磁的記録記録媒体有償頒布目的所持罪とわいせつ電磁的記録有償頒布目的保管罪—有償頒布目的の意義

「有償で頒布する目的」とは、有償でわいせつな電磁的記録媒体等を頒布する目的をいい、平成23年の改正前の刑法に規定されていた「販売の目的」を含む。

また、日本国内において有償で頒布する目的をいい、外国において有償で頒布する目的は含まれない（最判昭52.12.22刑集31-7-1176）。

わいせつ電磁的記録媒体という有体物については「所持」、わいせつ電磁的記録という無体物には「保管」の概念が当てられている。

刑法175条2項は、「有償で頒布する目的」で、わいせつな電磁的記録媒体等を所持し、又はわいせつな電磁的記録その他の記録を保管した者と規定しているのみで、所持の対象物と頒布する対象物との一致や、保管の対象となる記録と頒布する記録との一致が条文上要求されているわけではないことから、わいせつな電磁的記録を保存した元の記録媒体から、その電磁的記録を別の媒体にコピーして販売する目的であったとしても、コピー元の電磁的記録記録媒体自体について、「有償で頒布する目的」で所持したものと認められる（最決平18.5.16刑集60-5-413）。

なお、インターネット上のレンタルサーバーコンピュータに、有償で頒布する目的でわいせつな電磁的記録を記憶・蔵置させた場合、前記3 1(1)に記載のとおり、わいせつ電磁的記録有償頒布目的保管罪が成立する。

事例3においては、わいせつ電磁的記録記録媒体有償頒布目的所持罪のみならず、わいせつ電磁的記録有償頒布目的保管罪の成立も考えられるが、有体物であるわいせつ電磁的記録記録媒体有償頒布目的所持罪が成立する場合には、同罪で処罰すれば足りるであろう。

わいせつ電磁的記録記録媒体有償頒布目的所持罪及びわいせつ電磁的記録

有償頒布目的保管罪は、それらの（有償での）頒布罪の予備に当たる行為を処罰するものであるが、所持罪又は保管罪に引き続いて、頒布罪が行われた場合、包括一罪となる。

Column

他人が掲載したわいせつ画像のURLを掲示する行為とわいせつ電磁的記録記録媒体陳列罪の成否

　第三者がインターネット上のサーバーコンピュータに開設したウェブサイトの掲示板に蔵置させたわいせつ画像のURLを、自己が運営するウェブサイトのページ上に記載して表示し、同サイトにアクセスしたインターネットユーザーが、ブラウザに前記URLを入力することで前記わいせつ画像が閲覧可能な状況を設定した場合、わいせつ電磁的記録記録媒体陳列罪が成立するであろうか。

　ここでは、既に第三者によってわいせつ画像の認識可能性が設定されており、行為者が行ったのは認識可能性を拡大したにすぎないとも考えられることから、行為者がわいせつ画像の認識可能性を新たに設定したとはいえず、「陳列」に当たらないのではないかが問題となる。つまり、「わいせつ画像の陳列」ではなく、「わいせつ画像の情報の陳列」にすぎないのではないかという問題である。

　判例では、第三者がウェブサイトに掲載した児童ポルノに当たる画像データのURLのアルファベットの一部を片仮名に改変した情報を、自らが開設したホームページ上に掲載した行為について、児童ポルノの公然陳列罪に当たると判断した事例がある（大阪高判平21.10.23判時2166-142、最決平24.7.9裁判集刑308-53で上告棄却により確定）。わいせつ電磁的記録記録媒体陳列罪についても、これと同様に解する立場に立てば、陳列罪の正犯が成立することになる。

　これに対して、前記大阪高判平21.10.23の上告審である前記最決平24.7.9では、結論において上告棄却となっているものの、2名の裁判官の反対意見が付されており、反対意見では、「URL情報を単に情報として示した行為も、『公然と陳列した』に含まれると解することは、……許されるものではなく看過できない。被告人の行為については、児童ポルノ公然陳列罪を助長するものとして幇助犯の成立が考えられる」などとされている。

　しかし、児童ポルノあるいはわいせつ画像をウェブサイトに掲載した第三者の「陳列」は、わいせつ画像等を不特定多数人が認識可能な形でウェブサイトに掲載した時点で既遂に達しており、実行行為が既に終了しているとするならば、正犯者の実行行為が終了した後に幇助行為を行うことはできないと一般に解されていることとの関係で、陳列罪の幇助犯は成立しないのではないかという問題点がある（渡邊卓也・法学教室判例セレクト2012-39）。

　陳列罪の実行行為につき、ユーザーによるダウンロード等まで含まれると考えれば、第三者がわいせつ画像等をウェブサイトに掲載した段階では、その実行行

為はいまだ終了していないと解することもでき（山口厚「コンピュータ・ネットワークと犯罪」ジュリスト1117-77）、同ウェブサイトのURLを掲示した行為につき、陳列罪の幇助犯が成立する可能性はある。もっとも、陳列罪の実行行為をこのように広げて考える場合には、わいせつ電磁的記録等送信頒布罪の頒布行為との区別がつかなくなり、妥当ではないように思われる。

　この点につき、例えば、わいせつ電磁的記録記録媒体陳列罪と同様に抽象的危険犯とされる現住建造物放火罪についていえば、第三者が現住建造物に火を放って目的物が独立燃焼し得る状態に達し（既遂）、当該第三者が現場から立ち去った後（実行行為は終了）、行為者が、燃えている当該現住建造物に灯油を撒いて燃え広がらせた場合、後行行為者が、先行行為者である第三者の実行行為終了後に関与したものであるからといって、不可罰になるなどということはあり得ず、現住建造物放火罪の正犯が成立するであろう（なお、後行行為者の関与の度合いによって、幇助犯にとどまる場合もあると思われる。）。

　第三者が記憶・蔵置させたわいせつ画像のウェブサイトのURLを新たに掲載する行為についても、これと同様に考えることができると思われる。

　すなわち、行為者自らがわいせつ画像を記憶・蔵置させたのではなくとも、わいせつ画像のウェブサイトのURLを自らのホームページに掲載することにより、わいせつ画像を不特定又は多数の者が認識できる状態を新たに設定したとみることができる場合には、端的に、わいせつ電磁的記録記録媒体陳列罪の正犯が成立すると解するべきであろう。

　もっとも、自らのホームページに掲載した前記URLに、不特定又は多数のインターネットユーザーにアクセスさせてわいせつ画像をダウンロードさせた場合、平成23年の刑法改正により、わいせつ電磁的記録等送信頒布罪に問い得るであろうから、陳列罪に問擬しなくとも処罰は可能であろう。

VI　国家的法益に対する罪

設　問25

公務執行妨害罪

設　問

　下記の各事例における、甲の罪責について説明しなさい（特別法違反は除く。）。

事例1　甲は、覚醒剤を自己使用した直後、街中に出て不審な様子を示していたところ、警ら中の警察官乙に見とがめられ、尿の任意提出を求められて、これに応じた。その尿の鑑定の結果、覚醒剤成分が検出されたため、覚醒剤の自己使用を被疑事実とする甲に対する逮捕状（以下「本件逮捕状」という。）が発付された。

　後日、甲は、乙から「逮捕状が出てるぞ。警察署まで一緒に来てくれ。」と言われ、前記覚醒剤使用の事実で逮捕状が発付されたことを悟ったが、「何のことだ。逮捕状が出てるなら見せてみろ。」と言い、同行を拒絶した。

　この時、乙は、本件逮捕状を所持していたが、人目をはばかり、「いいから黙ってついてこい。」と言った。すると、甲は、「それなら、行かない。」と言って、立ち去ろうとした。そこで、乙は甲の正面から甲の両肩を両手でつかみ、「逮捕する。」と言った。これに対し、甲は、乙の手から逃れるため、乙の胸を両手で突いた。

事例2　（**事例1**において、甲が同行を拒絶した際、以下の事実があったものとする。）

　この時、乙は、本件逮捕状を警察署に置いていたため、「逮捕状は警察署にある。」と言った。すると、甲は、違法な逮捕であると考え、「逮捕状が見せられないなら、応じる必要はない。」と言って、立ち去ろうとした。そこで、乙は、甲に対し、改めて被疑事実の要旨と

逮捕状が出ている旨告げた上で、甲の正面から甲の両肩を両手でつかみ、「逮捕する。」と言った。これに対し、甲は、乙の手から逃れるため、乙の胸を両手で突いた。

事例3　甲は、公立中学校に通学する息子の成績評価について息子の担任教諭乙から説明を受けた際、乙の説明内容に納得せず、「ふざけるな。そんな説明で納得できるか。」と怒鳴って、椅子に座っていた乙の隣に立ち、乙が手に持っていた紙ファイルを取り上げ、「教師として恥ずかしくないのか。」と怒鳴って、前記ファイルを乙の目の前の机上に十数回強く叩きつけた上、「いい加減な仕事してると承知しないぞ。」と怒鳴って、前記ファイルを乙の足元に向かって投げつけたが、乙には当たらなかった。

——設問のポイント——

事例1ないし事例3は、いずれも公務執行妨害（刑法95条1項）の成否を問うものである。

公務執行妨害罪は、「公務員が職務を執行するに当たり、これに対して暴行又は脅迫を加えた」場合に成立する。

事例1は、公務員による違法な職務執行に対して暴行が加えられた場合、公務執行妨害罪が成立するかという問題であり、同罪の成立要件をいかに捉えるべきかがポイントとなる。

事例2は、公務員による適法な職務執行を違法と誤信して、これに対して暴行を加えた場合、公務執行妨害罪が成立するかという問題であり、同罪の故意の内容をいかに捉えるべきかがポイントとなる。

事例3は、公務員が民間業務と類似する職務を行う場合でも公務執行妨害罪が成立するかという問題と、不法な有形力が直接に公務員の身体に対して加えられていない場合でも同罪が成立するかという問題であり、前者については同罪における「職務」の意義を、後者については同罪の「暴行」の意義を、それぞれいかに捉えるべきかがポイントとなる。

　　——解　答——

事例1について—犯罪は成立しない（公務執行妨害罪は成立しない。）。

　職務の適法性は、公務執行妨害罪の成立要件と解されており、これを欠く場合（職務執行が違法と評価される場合）には、同罪は成立しない。この場合でも、暴行罪（又は脅迫罪）が成立する余地はあるが、当該職務執行が「急迫不正の侵害」に当たり、これに対して加えた暴行が正当防衛（刑法36条1項）と評価される場合には、暴行罪も成立せず、当該暴行について犯罪は成立しない。

　事例1において、乙は、逮捕状を所持しているにもかかわらず、これを提示せずに甲を逮捕しようとしているが、これは「逮捕状により被疑者を逮捕するには、逮捕状を被疑者に示さなければならない。」と定める刑事訴訟法201条1項に違反する違法な職務執行に当たる。したがって、乙の職務執行は適法性の要件を欠くので、公務執行妨害罪は成立しない。また、甲による「乙の胸を両手で突く」行為は、乙の手から逃れようとしてなされたものであり、乙による「甲の両肩を両手でつかむ」という急迫不正の侵害から、自己の身体の自由を防衛するために行われた行為であって、必要性・相当性も認められる。したがって、正当防衛が成立するので、暴行罪も成立しない。

事例2について—公務執行妨害罪が成立する。

　公務員による適法な職務執行を違法と誤信した場合、当該職務執行の適法性について錯誤があることになるが、この点の錯誤は故意を阻却しないというのが判例である。

　事例2において、乙は、**事例1**と同様、逮捕状の提示をせずに、甲を逮捕すべく「甲の両肩を両手でつかむ」行為を行っているが、**事例2**における乙の行為は、逮捕状を所持しない場合でも「急速を要するとき」に被疑事実の要旨及び逮捕状が発せられている旨告げて逮捕状の執行をすることができるとする逮捕状の緊急執行の規定（刑事訴訟法201条2項、73条3項）に則った適法な職務執行である。このような乙の適法な職務執行を甲は違法と誤信して「乙の胸を両手で突く」という暴行を加えているが、前述のとおり、適法性の錯誤は故意を阻却しないので、公務執行妨害罪の故意も認められ、同罪が成立する。

事例3について—公務執行妨害罪及び業務妨害罪が成立する。

　公務執行妨害罪の「職務」は、権力的・強制的なものであることを要せず、民間業務と類似するものも広く含まれるとするのが判例である。

　また、同罪の「暴行」は、いわゆる間接暴行を含み、公務員に対するものであれば足り、公務員の身体に対して直接に加えられる必要はないが、公務員の職務の執行の妨害となるべき程度のものであることを要すると解されている。なお、威力業務妨害罪の「威力」とは、「人の意思を制圧するに足りる勢力」をいい（最判昭32.2.21刑集11-2-877）、公務執行妨害罪における「暴行」もこれに当たる。

　事例3において、乙が行っていた職務は、乙の公立中学校の教諭としての職務の一環として行われたものであり、民間業務（私立中学校の教諭としての職務）と類似するものであるが、前述のとおり、このような業務も公務執行妨害罪の「職務」に当たる。

　また、甲が行った「乙が手に持っていた紙ファイルを取り上げ、これを乙の目の前の机上に十数回強く叩きつけた上、乙の足元に向かって投げつけた」行為は、乙の身体に物理的・心理的な影響を与えるものであって、公務員に対する不法な有形力の行使と評価でき、かつ、乙の職務の執行の妨害となるべき程度のものに当たるので、公務執行妨害罪の「暴行」に当たる。

　したがって、甲には公務執行妨害罪が成立する。

　また、前記甲の行為は、乙の意思を制圧するに足りる勢力、すなわち、威力業務妨害罪の「威力」にも当たり、また、乙の前記職務は同罪の「業務」にも当たる。したがって、甲には威力業務妨害罪も成立する。

――解　説――

1　職務の適法性【事例1関係】

1　問題の所在

　公務執行妨害罪は、公務員の職務執行に対して不服を抱くものが犯すことが類型的に多く、実務上、公務執行妨害罪の被疑者・被告人が、公務員の職務執行を違法と主張し、その適法性について争う例が多い。

　そこで、公務執行妨害罪の成否を判断するに当たり、職務執行の適法性がどのように関係するのか（職務執行の適法性の位置付け）や、その判断基準

をどのように解するべきかが、実務上大きな問題となる。

2 職務の適法性の位置付け

公務執行妨害罪を規定する刑法95条は、職務の適法性について何ら触れておらず、そのため、かつては適法・違法を問わず公務の執行行為であれば足りるという説もあった。

しかしながら、そもそも同条は、「公務員を特別に保護する趣旨の規定ではなく公務員によって執行される公務そのものを保護するもの」と解されており（最判昭28.10.2刑集7-10-1883）、違法な公務は保護に値せず、主権者たる国民がこれに服従する義務もないと考えられるので、職務の適法性は同罪の成立要件と解するべきである。判例・通説も同様の結論を採る（大判大7.5.14刑録24-605、大判昭7.3.24刑集11-296、最決昭41.4.14判時449-64等）。

この適法性要件を犯罪論体系上どこに位置付けるかについて、通説は、構成要件要素と解している。

3 適法性の要件

適法性を欠く職務は、刑法95条によって保護されないことになるので、どのような要件を備えれば適法と認められるか（適法性の要件）が重要となる。

この点、適法と認められるには、一般に

① 当該公務員がその行為を行う抽象的権限を有すること

② 当該公務員がその行為を行う具体的職務権限を有すること

③ 職務行為の有効要件として定められている方式を履践していること

の3要件を備えている必要があると解されており、下級審ではあるが、同様の基準を採用した判決がある（東京高判昭33.7.28高裁特報5-9-370等）。

① 当該公務員がその行為を行う抽象的権限を有すること

判例上、警察官が入場料金の支払あっせんを行ったことについて、抽象的職務権限に属さず、適法な職務行為ではないと判示された例がある（大判大4.10.6刑録21-1441）。ただ、この要件を欠く行為は、そもそも「職務」とすら呼べないような行為であるので、これに対する暴行・脅迫が公務執行妨害罪に問われること自体、通常は考え難い。したがって、この要件が実務上問題となることはまれであるといえよう。

② 当該公務員がその行為を行う具体的職務権限を有すること

職務の執行に当たって一定の具体的事実や状況が必要な場合に問題と

なる。実務上、公務執行妨害罪の被疑者・被告人から、警察官が行った現行犯逮捕（刑事訴訟法212条）の適法性や、職務質問（警察官職務執行法２条２項）、所持品検査、任意同行等における有形力行使の適法性が争われる例が散見されるが、これらはいずれもこの要件を満たすか否かが争われているのである。

　なお、このような事件の中には、後から判明した事実も含めて考えれば、警察官の職務執行はされるべきではなかったが、当時としては、当該職務執行を行ったのもやむを得なかったという場合がままある。こうした場合にも職務の適法性の要件が欠けることになるのかについても、実務上重要な問題である。

　この点は、適法性の判断方法（判断基準）の問題であり、学説上、㋐当該公務員の判断によるとする主観説、㋑行為時における一般人の判断によるとする折衷説、㋒裁判所が法令を解釈して客観的に判断すべきとする客観説がある。客観説が多数説であるが、客観説の中でも、判断の基準時をめぐって、事後的・純客観的に判断すべきとする純客観説（裁判時標準説）と、職務行為当時における具体的事情を基礎に判断すべきであるとするやわらかな客観説（行為時標準説）に分かれている。判例は、前記㋐の主観説に立った大審院判例（大判昭7.3.24刑集11-296）があるが、下級審の判決は分かれている。最高裁判例も、現行犯逮捕の適法性が争われた事案において、やわらかな客観説に立った原審の判断を是認したもの（最決昭41.4.14判時449-64）があるものの、どの説を採用するか明確に判断したものは見当たらない状況にある。ただ、いずれにせよ、公務員が適法と信じさえすればどのような行為でも公務執行妨害罪で保護されると判断されているわけではなく、主観説に立っていると考えられる下級審の判決であっても、判断の誤りが著しいものではないことを求めている（福岡高判昭27.10.2刑集9-2-150、東京高判昭43.1.26高刑21-1-23）。

③　職務行為の有効要件として定められている方式を履践していること

　　職務執行の相手方の権利・利益を保護するための重要な手続違反がある場合に限り、この要件を欠くと解されている。判例も、地方議会の議事進行に関する議長の措置について、「仮に当該措置が会議規則に違反

するものである等法令上の適法要件を完全には満たしていなかったとし
ても、原審の認定した具体的な事実関係のもとにおいてとられた当該措
置は、刑法上には少なくとも、本件暴行等による妨害から保護されるに
値する職務行為にほかならず、刑法95条1項にいう公務員の職務の執行
に当たるとみるのが相当」であるとして、同旨の判断を示している（最
判昭42.5.24刑集21-4-505）。

　なお、逮捕のように重大な基本的人権を直接制約する職務行為につい
ては、適法性の要件は厳格に解される傾向があり、大阪高判昭32.7.22
（高刑10-6-521）も、「被疑者の逮捕のように、国家の権力意思を強制
し、国民の基本的人権と正面から関渉するばあい（注：原文ママ）に
は、その適法性の要件は厳格に解しなければならない。」として、逮捕
状を所持しておりこれを提示できたにもかかわらず、逮捕行為の着手時
にも、その後にも、これを被疑者に示さず、被疑者に逮捕状が出ている
旨告げただけでいきなり着手した行為について、逮捕行為は違法であ
り、本条の保護に値しないと判示している。

✓ 捜査のポイント

　職務の適法性との関係では、問題となっている職務執行の
根拠を明らかにする必要があり、法令上の根拠はもとより、組織内部の
規則・規程・通達、ひいては事実上の委任の有無まで含めて、どこまで
の職務権限が当該公務員に認められていたのかを明らかにする必要があ
る。その上で、当該公務員が実際に行った職務行為の執行状況を具体的
に明らかにする必要があり、防犯カメラ等の客観証拠の収集、当該公務
員、目撃者、被疑者の取調べ等により、これを明らかにして証拠化して
おく必要がある。

② 適法性の錯誤【事例2関係】

1　問題の所在

　実務上、公務執行妨害罪の被疑者・被告人が、公務員の職務執行を違法と
主張する例が多いことは前記①1で述べたとおりであるが、当該主張は、単

に「職務行為が客観的に違法である。」と言っているにとどまらず、「仮に当該職務執行が客観的には適法と評価されるとしても、当時の被疑者・被告人は、当該職務執行を違法と認識していた。」という適法性の錯誤の主張を内包している。

　そこで、このような錯誤の主張の法的位置付けをどのように解するべきかが、補充捜査の要否の見極めとも関連して問題となる。

2　故意の内容及び適法性の錯誤の位置付け

　一般に、故意（構成要件的故意）とは、客観的構成要件要素に該当する事実の認識・認容であると解されており、公務執行妨害罪の故意が認められるには、公務員の職務執行であることの認識・認容や、これに対して暴行・脅迫を加えることの認識・認容が必要であることについては問題がない。

　他方、これらに加えて職務の適法性の認識まで必要かについては学説が分かれている。前記①2のとおり、職務の適法性を構成要件要素（客観的構成要件要素）と捉えるのであれば、その認識は故意の要素であり、この点の錯誤は事実の錯誤として故意を阻却すると考えるのが素直であるが、学説は、このように考える説（⑦事実の錯誤説）のほか、法律の錯誤にすぎないとする説（④法律の錯誤説）や、適法性を基礎付ける事実の誤認と法令の解釈・評価の誤りとを区別し、前者は事実の錯誤であり、後者は法律の錯誤だとする説（⑦二分説）に分かれており、⑦二分説が有力である。判例は、④法律の錯誤説を採っていると理解されており（大判昭7.3.24刑集11-296）、この説によれば、適法性の錯誤は故意を阻却しないことになる。

　なお、適法性の錯誤は、違法性の意識が一般的な故意の要素かという問題とも関連する。すなわち、仮に、違法性の意識を故意の要素とする説（厳格故意説）に立つと、（公務執行妨害罪における職務執行の適法性の錯誤の解釈を待つまでもなく）適法な職務執行を違法と誤信し、これに対する正当防衛としてなされた暴行は、違法性の意識を欠き、故意が認められないことになるからである。この点、判例は、大審院以来、違法性の意識不要説を採用していた（最判昭26.11.15刑集5-12-2354）が、近時、違法性の意識の可能性必要説（制限故意説）に傾いているとも評価されている。仮に、制限故意説に立つと、やむを得ない理由により適法な職務執行を違法と誤信した場合には、違法性の意識の可能性を欠くとして、故意が阻却される余地が生じる。

ただ、公務員の職務執行の認識があるにもかかわらず、それが適法であるとの認識を抱く可能性がない場合（違法性の意識の可能性がない場合）は、通常は考え難く、よほど特殊な事情が存在しない限り、公務執行妨害罪の故意が否定されることはないであろう。

✓ 捜査のポイント

　前述のとおり、適法性の錯誤は、判例上、法律の錯誤と解されているので、仮にこの点の錯誤があったとしても、公務執行妨害罪の成立自体が否定されるものではないが、だからといって、被疑者がこのような趣旨の弁解をしたとしても放置してよいことには決してならない。なぜならば、違法な職務は保護に値せず、これに対して実力で抵抗することも本来許容されているのであるから、この点の錯誤があれば、その錯誤が生じた理由いかんによっては、被疑者・被告人を非難すべき程度が大きく低減し、情状に大きく影響するからである。とりわけ、前記⑰二分説が学説上有力であることを踏まえると、違法性を基礎付ける事実に錯誤があった旨の弁解を被疑者がした場合には、特に慎重に捜査して、その有無を見極める必要がある。この点の捜査としては、基本的には、被疑者を取り調べ、職務の適法性についての認識を丁寧に聴取し、被疑者がこれを認めるにせよ、否認するにせよ、その具体的な根拠を供述させて、その裏付けをとることが肝要である。

---

③　公務と業務の区別、暴行の意義【事例３関係】

1　問題の所在

　公務員が行う事務には、逮捕や捜索・差押えのような権力的作用を伴うものから、そのような作用を伴わない民間類似業務まで様々なものがある。他方で、業務妨害罪における「業務」は、職業その他社会生活上の地位に基づいて継続して行う事務又は事業をいうので、公務執行妨害罪における「職務」も、業務妨害罪における「業務」に含まれる余地がある。これを肯定すると、同じような事務を行っている場合でも、公務員が行う場合にのみ両罪による二重の保護を受けることになるという、一見すると不均衡な事態が生

じることになるので、公務執行妨害罪における「職務」の意義が、業務妨害罪における「業務」の区別と関連して問題となる。

　また、「暴行」の意義については、刑法上最広義から最狭義に至るまで4つの類型があるといわれており、個々の罪名によって異なる場合があるため、公務執行妨害罪における「暴行」の意義がいかなるものであるかが問題となる。

2　公務執行妨害罪における「職務」の意義

　公務執行妨害罪における「職務」の意義について、判例は、広く公務員が取り扱う事務の全てを含むと解している（最判昭53.6.29刑集32-4-816）。

　そして、公務執行妨害罪における「職務」と、業務妨害罪における「業務」の区別について、判例は、公務を「権力的ないし支配的作用を伴うもの」とそれ以外のものに二分し、前者については公務執行妨害罪のみの成立を認め、後者については公務執行妨害罪と業務妨害罪の両方の成立を認めている。

　このように、判例が権力的公務についてのみ業務妨害罪の保護の対象から除外しているのは、強制力を行使することができる権力的公務については、法令上、その職務執行に当たっての妨害行為を排除し得る自力救済力が付与されているので、暴行・脅迫に至らない妨害行為についてまで保護する必要性に乏しいと考えられるからである。

　一方、判例が非権力的公務について公務執行妨害罪と業務妨害罪の二重の保護の対象としているのは、非権力的公務については、権力的公務のような自力救済力が付与されていないため、保護の必要性が高く、また、高度の公共性（公共の福祉との関係性）を有するが故に公務員が行うこととされていることからすれば、公務執行妨害罪と業務妨害罪の二重の保護を受けても、不合理な差別には当たらないと考えられるからである。

3　「暴行」の意義

　刑法上の「暴行」は、一般に、不法な有形力の行使を意味するが、講学上、

① 　最広義の暴行（有形力の行使の全てを含む。人に対するものも物に対するものも含む。）

② 　広義の暴行（人に対する有形力の行使をいい、必ずしも人の身体に直接に有形力を加えることを必要としない。）

③ 狭義の暴行（人の身体に対する有形力の行使をいう。）

④ 最狭義の暴行（人の抵抗を抑圧するに足りる有形力の行使をいう。）

の4つの類型に分けられており、公務執行妨害罪における「暴行」は②広義の暴行に当たると解されている。

なお、①最広義の暴行は、騒乱罪や多衆不解散罪における暴行が、②広義の暴行は公務執行妨害罪のほか、加重逃走罪、逃走援助罪、特別公務員暴行陵虐罪、強要罪等における暴行が、③狭義の暴行は暴行罪における暴行が、④最狭義の暴行は強盗罪、強制性交等罪における暴行が、それぞれ当たると解されている。

公務執行妨害罪の「暴行」が暴行罪におけるそれよりも広く解されているのは、公務員に対して有形力が加えられ、当該公務員が執行していた職務が現に妨害されているのに本罪が成立しないとすると、公務の円滑な遂行が阻害されてしまうからである。

したがって、公務員に対して有形力が加えられたとしても、およそ当該公務員の職務執行を妨害するに足らない程度のものである場合には、公務執行妨害罪の「暴行」には当たらないと解される。

この点、判例も、「公務員の職務の執行に当たりその執行を妨害するに足る暴行を加えるものである以上、それが直接公務員の身体に対するものであると否とは問うところではない」と判示し、同様の結論を採っている（最判昭26.3.20刑集5-5-794）。

✓ 捜査のポイント

「職務」の意義との関係では、問題となっている事務が「公務員が取り扱う事務」であること、すなわち、プライベートではなく仕事としてやっているものであることを明らかにする必要がある。そのためには、（職務の適法性の捜査とも重複するが）当該事務の法令上の根拠や、組織内部の規則・規程・通達、ひいては事実上の委任の有無等を捜査して、問題となっている事務との対応関係を明らかにする必要がある。

次に、「暴行」の意義との関係では、職務執行を妨害するに足りるものであるか否かを明らかにする必要があり、前提として、当該公務員の

職務の執行状況とこれに対する妨害状況をできる限り具体的に特定する必要があり、その上で、当該妨害によって職務執行に物理的・心理的にどのような支障が生じたのかを明らかにする必要がある。そのためには、被害者、目撃者、被疑者の取調べにより、これらの点を詳細に録取する必要がある。また、他の同種業務、あるいは同種の職務に従事する他の公務員に対する消極的影響などを捜査することも有効であり、例えば、被害者の上司等を取り調べて、こうした点を録取することが考えられる。

設　問26

競売入札妨害

─設　問─

　以下の事例において、甲に公契約関係競売入札妨害罪（刑法96条の6第1項）が成立するかどうか、説明しなさい。

前提事実　甲は、某県土木部の契約担当職員であり、同県が近く指名競争入札によって発注する土木工事（予定価格9,961万円。以下「本件工事」という。）の担当者、乙は、本件工事の落札を希望し、同入札に参加する予定の指名業者X社の営業担当者である。

　　なお、某県では、指名競争入札に付する工事の予定価格は、入札前の段階では非公表とされている。

事例1　甲は、行きつけの飲食店のホステスである丙に対し、酒に酔った勢いで、本件工事の予定価格を教示した。その後、丙は、偶然、初めて同店を訪れた乙に対し、「さっき、県庁の甲さんがこんなことを言っていたのよ。」などと言いながら、甲から教えられた本件工事の予定価格を伝達した。乙は、丙から伝達された情報を参考にしてX社の入札金額を決定し、X社に本件工事を落札させることに成功した。

事例2　甲は、平素から乙と懇意にしていたところ、乙から「本件工事の予定価格は、1億円くらいですか。」と尋ねられ、「もう少し下。」と答え、続いて、乙から「9,950万円くらいですか。」と尋ねられ、「惜しい。もう少しだけ上。」と答え、さらに、乙から「9,960万円くらいですか。」と尋ねられ、「だいたいそのくらい。」と答えた。乙は、甲とのやり取りから、本件工事の予定価格が9,960万円前後だと推測し、これを参考にしてX社の入札金額を決定し、X社に本件工事を落札させることに成功した。

> **事例3**　甲は、X社が本件工事の入札で有利になるよう、乙に対し、本件工事の予定価格を教示した。乙は、甲から教示を受けた金額を参考にしてX社の入札金額を決定したが、別の指名業者Y社がX社よりも安い金額で入札したことから、X社に本件工事を落札させることができなかった。

——設問のポイント——

各事例は、公契約関係競売入札妨害罪（刑法96条の6第1項。以下「本罪」という。）の実行行為である「公正を害すべき行為」をどのように捉えるのかを問うものである。

本罪は、「偽計又は威力を用いて」、公の入札の「公正を害すべき行為」をしたときに成立するところ、競争入札において、発注者側の公務員等が入札に先立って、業者等に予定価格を内報する行為は、ここにいう「偽計」の典型例とされている。

しかるに、本罪は、偽計を用いたのみならず、それが「公正を害すべき行為」に該当する場合に初めて成立する犯罪であり、具体的にいかなる場合に「公正を害すべき行為」と評価できるかは、文言上、必ずしも明らかではない。

この点、「公正を害すべき行為」は、公の競売又は入札に不当な影響を及ぼす行為をいうと解されるところ、**事例1**は、当該入札とは関係のない第三者に対して予定価格を伝達した場合、**事例2**は、予定価格そのものを教示するのではなく、それを推測させる言動をしたにとどまる場合、**事例3**は、予定価格を内報したものの、その相手方が落札に成功しなかった場合について、「公正を害すべき行為」に当たるかが問題となる。

なお、事実関係を平易にするため、各事例中ではあえて言及を避けているが、X社が入札前に予定価格を明確に知っていたとしても、そのことのみで確実に本件工事を落札できるとは限らない（本件工事を落札するためには、入札参加者中、最も安い入札金額で入札する必要があるが、一般に予定価格は、落札が可能な上限の金額を画するものにすぎない。）。ただし、入札参加者間でいわゆる談合が成立し、事実上、X社が本件工事を落札することが事

前に決定しているような場合、予定価格と同額あるいはこれをわずかに下回る金額で入札することにより、本件工事の受注による利益を最大化することが可能となるであろうし、こうした談合構造が存在しない場合であっても、正確な予定価格を知っていれば、そこから最低制限価格を推測することにより、失格とならない範囲で、しかも高確率で落札が可能な入札金額を設定することが可能となることが多いであろう。

——解　答——

事例1—甲には公契約関係競売入札妨害罪が成立しない。

　甲が、行きつけの飲食店のホステスである丙に対し、本件工事の予定価格を教示した行為が、「公正を害すべき行為」に当たるかが問題となる。

　この点、「公正を害すべき行為」とは、公の競売又は入札に不当な影響を及ぼす行為をいうと解されるところ、本事例のような発注者側の者が関与する予定価格の内報事案の場合、その内報行為がされることによって、入札に参加する者のうち、特定の者が不当に有利な立場に立つといえる場合には、公の入札に不当な影響を及ぼす行為がされたといってよいと思われる。

　逆にいえば、内報行為がされたとしても、その相手方が当該入札に何ら関係がなく、入札の結果に何らの影響も及ぼさないような場合には、公の入札に不当な影響を及ぼす行為と評価することは困難であり、本罪が成立するためには、原則として、内報の相手方が当該入札に参加する者か、その関係者であることを要すると解すべきであろう。

　本事例において、甲が予定価格を教示した丙は、甲の行きつけの飲食店のホステスにすぎず、本件工事の入札とは無関係であるから、甲の行為は、「公正を害すべき行為」に当たらないと解される（本事例において、丙は、乙に対し、甲から教示された予定価格を伝達しているが、これは事後的に、かつ、偶然に発生した事情にすぎず、「公正を害すべき行為」に当たるか否かの判断に影響を与えるものではない。）。

事例2—甲に公契約関係競売入札妨害罪が成立する。

　甲は、乙の問いに答える形で、本件工事の予定価格を推測させるヒントとなるような情報を与えているが、予定価格そのものを教示したわけではない。このような行為が、「公正を害すべき行為」に当たるかが問題となる。

　この点、「公正を害すべき行為」の意義は、前述のとおりであるが、入札に参加する者のうち、特定の者が不当に有利な立場に立つことになるという意味では、内報する情報は、必ずしも予定価格そのものである必要はなく、それを推測させるに足りる情報であれば、「公正を害すべき行為」と認めることができるであろう。

　事例２の甲は、乙に対し、予定価格の金額そのものを教示してはいないものの、その言動から、予定価格が「9,960万円に極めて近い金額」と容易に推測できるような情報を与えており、これは、当該入札において、乙が不当に有利な立場に立てるような情報と評価できるから、甲の言動は「公正を害すべき行為」に当たると考えられる（もっとも、予定価格を推測させるヒントとなるような情報を与えたとしても、極めて漠然としたものにとどまり、実際の金額を絞り込むに至らないようなものまで「公正を害すべき行為」に含めるのは困難であろう。）。

事例３―甲に公契約関係競売入札妨害罪が成立する。

　甲は、乙に対し、本件工事の予定価格を内報したものの、乙が勤めるＸ社よりも安い金額で入札したＹ社が存在したため、Ｘ社は本件工事の落札に失敗している。すなわち、甲の行為によって内報の相手方が落札に成功するという結果が発生していないことになるが、このような場合でも、甲の行為が「公正を害すべき行為」に当たるかが問題となる。

　この点、本罪は、いわゆる抽象的危険犯と解されており、本罪が成立するためには、公の競売又は入札の公正を現実に害する結果が発生したことまでは不要である（京都地判昭58.8.1判タ516-189）。

　したがって、「公正を害すべき行為」が行われれば、その時点で本罪は既遂に達し、その後、公の競売又は入札の公正が現実に害されたか否かは、本罪の成否に影響を及ぼさない。

　事例３の場合、甲が乙に対し、本件工事の予定価格を内報した時点で本罪は既遂に達しており、その後、Ｘ社が本件工事の落札に失敗したとの事情は、本罪の成否に影響を及ぼすものではない（なお、実務上、本罪の犯罪事実は、「Ｘ社をして、前記教示を受けた予定価格に基づく入札金額により入札させて本件工事を落札させ」との文言を記載するのが慣行となっているが、これは、事案の明確化と情状の意味での記載と解されており、不可欠の

ものではない。)。

——解　説——

1　公契約関係競売入札妨害罪の構成要件該当性等

1　主　体

　本罪の主体に制限はなく、「偽計又は威力を用いて」、「公の競売又は入札で契約を締結するためのものの」、「公正を害すべき行為をした」者は、広く本罪の主体となり得る。

2　客　体

　本罪の客体は、「公の競売又は入札で契約を締結するためのもの」である。

(1)　公の競売又は入札

　「公の」とは、国又はこれに準ずる団体が「競売又は入札」の実施主体であることを意味する。地方公共団体のほか、公共工事の入札及び契約の適正化の促進に関する法律第2条にいう「特殊法人等」も含むものと解すべきであろう。

　「競売」とは、売主が、多数の者に口頭で買受けの申出をすることを促し、最高価額の申出人に承諾を与えて売買することをいい、「入札」とは、他の申出人の申出内容が相互に知られないように文書で行われるものをいう。

　公共工事における契約の方法としては、一般競争入札、指名競争入札及び随意契約があるところ（会計法29条の3、予算決算及び会計令70条以下、地方自治法234条）、本罪の「入札」は、一般競争入札と指名競争入札の双方を含むが（東京高判昭40.5.28高刑18-4-273）、当然のことながら、随意契約を含まない。

　ただし、契約方法が「入札」に当たるか、それとも随意契約に当たるかは実質的に決すべきであり、形式的に随意契約の名称が付されていたとしても、その契約方法が競争入札の実質を備えているのであれば、本罪にいう「入札」に当たると解すべきである（最判昭33.4.25（刑集12-6-1180）は、県土木部の内規により「価格申告制」、「見積による随意契約」と呼称されていた手続が競争入札の実質を保有するとして、「公の入札」に当た

ると判断している。)。逆に、形式的に入札という名称が付された手続であっても、その実質が随意契約にほかならず、入札手続を偽装する目的で入札に付する旨の決定をしたような場合には、本罪にいう「入札」に当たらない（東京高判昭36.5.4東高刑時報12-5-59）。

(2) 競売又は入札の適法性

本罪は、公務の執行を妨害する罪の一つであって、公の入札が公正に行われることを保護しようとするものである（最判昭41.9.16刑集20-7-790）。

したがって、本罪にいう「競売」又は「入札」は、公務執行妨害罪（刑法95条1項）にいう「公務」と同様、適法なものであることを要するが、手続に瑕疵があり、あるいは、それが杜撰なものであったとしても、当然に手続が無効となるわけではない（東京高判昭46.11.15高刑24-4-685）。

また、公の入札が行われたというためには、権限のある機関によって、入札に付すべき旨の決定がなされたことが必要であり、かつ、それをもって足りる（前掲最判昭41.9.16）。

3 行 為

本罪の行為は、①「偽計又は威力」を用いて、公の競売又は入札で契約を締結するためのものの、②「公正を害すべき行為」をすることである。

(1) 偽 計

本罪の「偽計」は、業務妨害罪（刑法233条）や強制執行行為等妨害罪（同法96条の3第1項）におけるそれと同義であり、広く不正な手段一切を指すものと解されている。

競争入札における予定価格の内報は、本罪にいう「偽計」の典型例とされ、検挙事例も多い。競争入札において、落札者を決定するに当たり、予定価格と同様に重要な意味を有する情報（例えば、最低制限価格や、総合評価落札方式による競争入札が行われる場合の技術評価結果等）の内報も、同様に「偽計」に当たると解すべきであろう。

このほか、判例に現れた「偽計」の例としては、県の林務事務所長が、県有林の立木を売却するための一般競争入札に関し、入札終了後、特定の入札参加者に落札させるため、当該入札者の入札金額を増額訂正し、その金額で売買契約を締結する行為（甲府地判昭43.12.18下刑10-12-1239）などがある。

⑵ **威 力**

本罪の「威力」も、威力業務妨害罪（刑法234条）や強制執行行為等妨害罪にいうそれと同義であり、人の意思を制圧するような勢力を指すものと解されている。

判例に現れた「威力」の例としては、①電気工事の指名競争入札に関し、自己の経営する会社においてこれを落札するため、他の指名業者に対し自社を落札者とすることの談合を持ちかけ、これに応じなかった相手を脅迫して談合に応じるように要求する行為（最決昭58.5.9刑集37-4-401）、②競売申立に基づいて行う宅地建物の入札に際し、他の入札者の代理人として入札を済ませた弁護士を取り囲み、入札を取り下げるように執ように迫る行為（前掲京都地判昭58.8.1）などがある。

⑶ **公正を害すべき行為**

「公正を害すべき行為」とは、公の競売又は入札に不当な影響を及ぼす行為をいうと解される。すなわち、公の競売又は入札において、偽計又は威力に当たる行為が実行されたということのみでは本罪は成立せず、その行為が「公正を害すべき行為」と評価できることが必要である。

この点、予定価格の内報は、特定の入札参加者に対し、不当に有利な地位を与え、競争入札における入札参加者間の平等な取扱いを阻害して、入札の公正に客観的に疑問を抱かせるものであるから、当該入札に不当な影響を及ぼす行為であるといえ、「公正を害すべき行為」に当たり得る。

もっとも、公の競売又は入札の公正を現実に害する結果が発生したことまでは不要であり（前掲京都地判昭58.8.1）、本罪は、いわゆる抽象的危険犯と解される。例えば、内報を受けた予定価格と、当該内報を受けた者が実際に入札した価額との間にかなりの開差があったとしても、当該内報行為は「公正を害すべき行為」に当たる（広島高判昭63.3.31高刑速報（昭63）127）。

4 故 意

本罪の故意として、自らの行為についての認識のほか、その行為が、公の機関との間において、契約の相手方を選定するための競争手続であることの認識が必要である。

✓ 捜査のポイント

1　公契約関係競売入札妨害の一般的な捜査事項について

　ここでは、本罪の典型的な態様の一つであり、実務上も検挙事例が多い予定価格等の入札情報を内報する事案を念頭に置き、一般的な捜査事項を解説したい。

　まず、一般論としてこの種事案は、通常、入札情報を内報する入札施行者側の公務員（以下「官」という。）と、その内報を受ける入札参加者側の人物（以下「民」という。）の二者間において密かに敢行されるものであり、第三者的な立場の目撃者等が存在しない事案がほとんどで、かつ、被疑者らも犯行の痕跡を残さないよう注意を払って犯行に及ぶ傾向が強いことから、「官」又は「民」の少なくともいずれか一方の自白を得られない限り、具体的な犯行状況を明らかにすることができず、立件に支障を来す場合が多い。

　また、この種事案において、「官」及び「民」の双方が捜査に協力的な態度を示し、素直に犯行の全容を自白することは必ずしも多くないと思われる。

　すなわち、まず「官」は、犯行が発覚すれば、刑事罰を受けることはもとより、その所属する官公庁等から懲戒処分を受けてその職を失い（懲戒免職処分となれば、当然、退職金も支給されない。）、また、それまでに積み上げてきた社会的な信用をも一気に失うことになるであろう。他方で、「民」も、刑事罰を受けることに加え、指名停止等の行政上のペナルティを受け、相当期間にわたり新規の契約を受注できなくなるなどの経営上の深刻なダメージを被ることになるであろうし、また、経済活動を継続していく上で重要な社会一般の信用も失うことになる。

　加えて、この種事案は、「官」と「民」の不適切な癒着の結果として発生するものであり、背後に贈収賄等の他の犯罪が潜んでいることが少なくないことから、捜査機関による追及がこれらの犯罪に及ぶことを避けるため、その前提となり得る内報行為等の存在についても徹底して隠そうとする傾向が強いものと思われる。

　こうしたことから、この種事案の捜査においては、「官」及び「民」が一体となった組織ぐるみの徹底した罪証隠滅工作が行われたり、徹底して否認ないし黙秘を貫く頑強な抵抗がなされることがままある。そのため、この種事案の捜査方針を策定するに当たっては、楽観的な見通しを持つことを厳に慎み、あらかじめ犯行の背景事情等を入念に分析し、犯行を裏付ける客観的証拠の収集に努め、十分な事前準備を整えた上で、適切なタイミングで関係者及び被疑者の取調べを実施し、事案の真相を明らかにしなければならない。

2　入札の実態把握、背景事情の分析

　この種事案の捜査では、まず、問題となっている入札がどのようなやり方で実施されるものであるのか、また、実態として、どのように運用されているのかを的確に把握しなければならない。そのためには、当該入札のやり方を根拠付ける法令・規則・内規等を入手し、これらを精読して理解することが必要不可欠である。

　また、当該入札施行者が施行する同種の入札について、少なくとも過去数年分程度の結果を分析し、入札がどのように運用されているのかを確かめるとともに、入札参加者の推移、落札者、落札金額、落札率等に着目して、当該入札の背景事情を見極めることが肝要である。

　例えば、当該入札において、入札参加者の間で談合が成立し、当該工事を落札すべき業者があらかじめ決定されている場合、当該業者としては、予定価格を超過した入札をすることさえ避けられれば確実に落札できるのであるから、それを前提に、予定価格超過を回避し、かつ、自己の利益を最大化するために必要な情報を入手したいと考えるであろう。この場合、当該業者が欲しがる入札情報は、当該工事を落札可能な上限の入札金額、すなわち、予定価格である。

　他方、こうした談合構造が存在せず、いわゆる「叩き合い」による入札が行われている場合、当該工事を是が非でも落札したいと希望する業者は、失格とならない範囲で、他の入札参加者よりも安い入札金額での入札を目指すことから、当該工事を落札可能な下限の入札金額、すなわち、最低制限価格を知りたいと考えるであろう。

　このように、当該入札の背景事情いかんによって、入札参加者が必要

とする情報は変わってくるのであり、こうした分析は、事件関係者の取調べ等に着手する前に、十分に行っておかなければならない。

3　内報状況の捜査

この種事案は、「官」から「民」に対する内報行為が、いつ、どのような方法で行われたのかを解明することが必要不可欠である。

そして、「官」及び「民」のいずれの自白をも得られていない段階では、内報行為がされた時期、場所、情報伝達方法等の具体的状況が明らかでない場合が多いので、両者が使用する電話番号（携帯電話・固定電話）の発信記録を速やかに入手し、精査することはもちろん、電子メール、ＳＮＳ等のデータ、携帯電話機の位置情報記録、カーナビゲーションの履歴、出張記録、領収証等の客観的証拠を可能な限り早期に入手し、分析しておくべきである。

また、「官」から内報された予定価格等の入札情報自体が、何らかの媒体に記録されて残存していれば、犯罪事実を立証するための決定的な証拠になり得ることから、当事者が使用する携帯電話機、パソコンその他の情報端末、ＵＳＢメモリ等の電子記録媒体、手帳、スケジュール帳、メモ紙、当該工事に関する資料等については、早期に押収した上、その内容を漏れなく精査しなければならない。

なお、この種事案に限ったことではないが、当事者の自白から、内報の具体的な時期、場所等が明らかになった場合には、客観証拠を十分に精査し、アリバイが成立しないことを確かめておく必要があることは当然であって、その供述を鵜呑みにし、客観証拠の精査を怠るようなことは厳に慎まなければならない。

4　積算状況の捜査

この種事案においては、内報を受けた入札参加者が、実際に入札した際の入札金額をどのような経過で決定したかを明らかにすることが、極めて重要な意味を有することが多い。

すなわち、通常の競争入札において、落札を希望する者は、入札施行者側が作成し、配布する設計図書等に基づいて積算を行い、その結果から予定価格（及び最低制限価格）を推測した上、その範囲内で、落札が可能であり、かつ、利潤が得られるであろう入札金額を決定して入札に

臨むものと思われる。

　しかし、入札情報の内報が行われた場合には、そもそも、積算によって予定価格等を推測する必要性がなくなっていることから、そもそも積算が全く行われず、あるいは、積算が実施されているものの、その結果と実際の入札金額が大きく乖離している場合がある。逆に言えば、積算がまともに行われていないのに、予定価格（又は、最低制限価格）に極めて近似した入札金額で入札が行われていることや、合理的な理由がないのに、積算結果と大きく異なる金額が入札金額とされていることは、当該入札参加者が不正な内報を受けたことを強く疑わせる一事情となり得る。

　そのため、内報を受けたことが疑われる入札参加者が、積算を実施しているか否かを確認し、もし、これが実施されていない場合には、その理由を追及するべきである。また、これが実施されている場合には、その経過及び結果が判明する資料（専用のコンピュータソフトが使用されている場合もあれば、紙ベースの資料である場合もあるであろう。）を入手し、内容の分析を行うとともに、積算担当者がいる場合には詳細な取調べを実施し、積算の状況について具体的な供述を得ておく必要がある。

設　問27

逃走罪、犯人蔵匿等罪

─**設　問**─

　下記の各事例において、事例1では甲、事例2では乙、事例3では甲及び乙、事例4及び事例5では丙の各罪責をそれぞれ説明しなさい（特別法違反は除く。）。

事例1　乙に対しては、平成28年10月1日に発生した、被害者を拳銃で射殺した殺人事件（以下「本件殺人事件」という。）の犯人であるとして、同月30日に逮捕状が発付された。しかし、乙の所在が判明しなかったため逮捕状が執行できず、その有効期間は随時更新されていた。乙は、同年12月1日に、全国指名手配された。その頃から、全国の公共施設等には、乙を本件殺人事件により全国指名手配している旨のポスターが掲示されるようになった。

　乙の支援者甲は、全国指名手配されている乙は本件殺人事件の犯人ではないと考え、乙が警察から不当に逮捕されないようにするため、平成30年7月1日から同年8月31日まで、自己が居住するアパート（以下「本件アパート」という。）の一室を乙に提供するとともに、日々の食事も用意して居住させていた。

事例2　（事例1の事実関係を前提とする。）

　乙の所在が判明したことで、司法警察員Aは、平成30年9月1日、本件アパートにおいて、有効期間が更新された有効な逮捕状を執行して、乙を通常逮捕した。

　その際、Aは乙に手錠をしたが、乙が「きつい」などと文句を言ったため、手錠を緩めた。その隙に、乙は緩められた手錠を外し、これを近くの川に投げ捨てて、逃走した。

事例3　（事例2で、Aが乙に逮捕状を執行した後に、以下の事実が
あったものとする。）

　Aが乙に逮捕状を執行し、手錠をしようとしたところ、乙から助け
を求められた甲が、乙を逃走させるため、Aの顔面を殴打した。乙
は、Aがひるんだ隙に逃走した。

事例4　（事例2で、乙は通常逮捕され、同月2日に勾留されたものと
する。）

　同月3日、乙の支援者丙は、乙が本件殺人事件の犯人であることは
知っていたが、乙に対する恩義から、乙を釈放させるため、乙が隠し
持っていた本件殺人事件で使用された拳銃を持って、自らが犯人であ
るとしてX警察署に出頭した。

事例5　（事例4で、丙は、同月10日に通常逮捕され、翌11日に勾留さ
れたものとする。）

　丙は、同月20日に勾留が10日間延長され、同月30日に起訴された。
同日、丙に対して保釈許可決定が出され、即日、丙は釈放された。丙
に対する第1回公判期日は、同年11月1日に指定された。

　しかし、丙は同日、裁判所に出頭せず、その後も不出頭を繰り返し
たため、平成31年2月1日、丙の保釈が取り消された。同日、検察事
務官Bが、丙を収容しようとしたところ、丙は、Bの顔面を殴打し、
Bがひるんだ隙に逃走した。

——設問のポイント——

　事例1は犯人蔵匿罪（刑法103条）、**事例2**は加重逃走罪（刑法98条）、**事
例3**は逃走援助罪（刑法100条）及び加重逃走罪、**事例4**は犯人隠避罪（刑
法103条）、**事例5**は単純逃走罪（刑法97条）及び加重逃走罪の成否をそれぞ
れ問うものである。

1　事例1について

　犯人蔵匿罪は、「罰金以上の刑に当たる罪を犯した者」を「蔵匿」した場
合に成立する。

　事例1では、甲は、乙は本件殺人事件の犯人ではない、と考えていた。そ

こで、犯人蔵匿罪の故意が認められるためには、「罪を犯した者」について、どのような認識があれば足りるのか、つまり「罪を犯した者」は真犯人であることを要するのかがポイントとなる。

2 事例2について

加重逃走罪は、「勾引状の執行を受けた者」が「拘束のための器具を損壊」して「逃走したとき」に成立する。

事例2では、乙は逮捕状の執行を受けた者であるが、これが「勾引状の執行を受けた者」に該当するのか、また、乙はAが緩めた手錠を外し、川に投げ捨てているが、これが「損壊」に該当するかがポイントとなる。

3 事例3について

逃走援助罪は、「法令により拘禁された者」を「逃走させる目的で」、「暴行又は脅迫をした」場合に成立する。

事例3では、乙は逮捕状の執行を受け、手錠をされる直前の者であるが、これが「法令により拘禁された者」に該当するか、これに該当する場合、甲に逃走援助罪が成立することは明らかであるが、甲に助けを求めた乙に共犯が成立するかがポイントとなる。

また、加重逃走罪は、犯罪の主体が「前条に規定する者又は勾引状の執行を受けた者」に限定されており、いわゆる真正身分犯である。

Aに暴行を加えたのが、逮捕状を執行された乙ではなく、身分のない甲であるので、乙と身分のない甲との間で共同正犯が成立するかがポイントとなる。

4 事例4について

犯人隠避罪における「隠避」とは、「蔵匿以外の方法で官憲の発見逮捕を免れしむべき一切の行為」をいう。

事例4では、乙は勾留されており、既に官憲に発見逮捕されているため、そのような場合でも、身代わり出頭が「隠避」に該当するかがポイントとなる。

5 事例5について

事例5では、丙が保釈中の者であるため、これが単純逃走罪の「裁判の執行により拘禁された未決の者」や加重逃走罪の「勾引状の執行を受けた者」に該当するかがポイントとなる。

——解　答——

1　事例1—甲に犯人蔵匿罪が成立する。

　　犯人蔵匿罪における「罰金以上の刑に当たる罪を犯した者」とは、真犯人であることを要せず、犯罪の嫌疑によって捜査中の者を含む。乙は、「罰金以上の刑に当たる罪」である殺人罪により逮捕状が発付されていたのであるから、「罰金以上の刑に当たる罪を犯した者」に該当する。

　　甲は、乙に殺人罪の犯人として逮捕状が発付され、全国指名手配されていることを認識しており、当然、乙が殺人の嫌疑によって捜査中の者であることを認識していたのであるから、犯人蔵匿罪の故意は認められる。甲は、乙は前記殺人事件の犯人ではないと考えていたが、前記のとおり、「罰金以上の刑に当たる罪を犯した者」とは、真犯人であることを要しないのであるから、甲に前記認識が認められる以上、故意に欠けるところはない。

　　また、「蔵匿」とは、官憲の発見逮捕を免れるべき隠匿場を供給してこれをかくまうことをいうが、甲は、本件アパートの一室を乙に提供し、日々の食事も用意して居住させていたのであるから、「蔵匿」に該当する。

　　したがって、甲には、犯人蔵匿罪が成立する。

2　事例2—乙に犯罪は成立しない（加重逃走罪は成立しない。）。

　　加重逃走罪における「勾引状の執行を受けた者」には、逮捕状の執行を受けた者も含まれると解され、乙はこれに該当する。

　　また、手錠は、「拘束のための器具」に該当する。

　　しかし、「損壊」とは物理的損壊に限ると解されるところ、乙は、緩めた手錠を外して、川に投げ捨てただけであり、物理的損壊を伴っていないため、「損壊」には該当しない。

　　したがって、乙には、加重逃走罪は成立しない。

3　事例3—甲に逃走援助罪が成立し得、乙に同罪の教唆犯が成立し得る。また、甲及び乙に加重逃走罪の共同正犯が成立し得る。

　　乙は、逮捕状を執行されていることから、「法令により拘禁された者」に該当し得る。乙は、手錠をされる直前ではあるが、「拘禁」に該当し得る。甲は、乙を「逃走させる目的で」、Aに暴行を加えているので、逃走援助罪が成立し得る。乙は、甲に逃走の手助けを求めており、逃走援助罪

の教唆犯が成立し得る。

　また、Aに暴行を加えたのは、逮捕状を執行された乙ではなく、助けを求められた甲である。甲は、加重逃走罪の主体である「前条に規定する者又は勾引状の執行を受けた者」に該当しないが、乙から助けを求められ、乙を逃走させるために、Aに暴行を加えたのであるから、刑法65条1項により、甲と乙には加重逃走罪の共同正犯が成立し得る。

4　事例4—丙に犯人隠避罪が成立する。

　犯人隠避罪における「罰金以上の刑に当たる罪を犯した者」とは、身柄拘束されていない者だけでなく、犯人として逮捕勾留されている者も含まれるから、勾留されている乙もこれに該当する。

　また、「隠避」とは、「蔵匿以外の方法により、官憲の発見逮捕を免れるべき一切の行為をいう」ところ、この「一切の行為」には、官憲の発見逮捕を免れさせる行為に限られず、現になされている身柄の拘束を免れさせるような性質の行為も含まれることから、乙を釈放させるための身代わり出頭も「隠避」に該当する。

　したがって、丙には犯人隠避罪が成立する。

5　事例5—丙に公務執行妨害罪は成立するが、逃走罪は成立しない。

　保釈中の者は、単純逃走罪の「裁判の執行により拘禁された未決の者」にも、加重逃走罪の「勾引状の執行を受けた者」にも該当しない。

　しかし、丙は、検察事務官Bという公務員が、保釈を取り消された丙の収容という職務を執行するに当たり、Bの顔面を殴打しているので、公務執行妨害罪は成立する。

―― 解　説――

1　事例1関係

「罰金以上の刑に当たる罪を犯した者」（刑法103条）は、「真犯人」であることを要するか

　本条の保護法益について、判例は、「司法に関する国権の作用を妨害する者を処罰しようとするもの」（最判昭24.8.9刑集3-9-1440）、「捜査、審判及び刑の執行等広義における刑事司法の作用を妨害する者を処罰しようとする趣

旨の規定」（最決平元.5.1刑集43-5-405）としている。

　「罪を犯した者」が真犯人であることを要するかについて、学説上は真犯人に限るとする見解もある。しかし、前掲最判（昭24.8.9）は、前記保護法益を前提に「『罪ヲ犯シタル者』は犯罪の嫌疑によって捜査中の者をも含むと解釈しなくては、立法の目的を達し得ない。」として、「罪を犯した者」は「真犯人」であることを要せず、「犯罪の嫌疑によって捜査中の者」も含まれるとしている。

　そして、この「犯罪の嫌疑」の認識についても、「特定の」犯罪の嫌疑の認識までは必要でなく、「罰金以上の刑に当たる罪」に該当するような事件を起こして捜査機関に追われているという認識で足り、その認識には未必のものも含まれる（大阪高判平30.9.25判時2406-72参照）。

✓ 捜査のポイント

①　殺人事件が発生すれば、その真犯人検挙のために捜査を尽くしており、本設問で言えば、乙が本件殺人事件の犯人であることについての捜査は尽くされていると思われる。

②　一方、犯人をかくまった者、本設問では甲に犯人蔵匿罪が成立するためには、前記1のとおり、甲が乙を「殺人事件の真犯人」と認識していることは必要でなく、乙を「犯罪の嫌疑によって捜査中の者」と認識していれば足りる。

　本設問において、甲は、「指名手配されている乙は殺人事件の犯人ではない」と供述しているところ、甲がなぜそのような認識を持つに至ったのかをていねいに聴取すれば、甲がかくまっていた人物が乙であること、その乙は全国指名手配されているような殺人事件を実行する人物ではないことなどの供述が得られると考えられる。そのような供述が得られれば、甲が乙について、「犯罪の嫌疑によって捜査中の者」と認識していたことが明らかとなる。

　もっとも、事案によっては、甲のこのような供述が得られず、甲が黙秘したり、全く別の理由で乙を居住させていただけである旨供述したりして、「犯罪の嫌疑によって捜査中の者」との認識を否認することも考えられる。

　その場合、甲の捜査に当たっては、甲が乙を「犯罪の嫌疑によって捜査中の者」と認識していたことを基礎づける事実について、捜査を尽くすことが必要となる。

　本件では、乙は、平成28年12月１日に全国指名手配され、その頃から、全国の公共施設等には、乙を全国指名手配している旨のポスターが掲示されるようになったのであるから、甲がこれを見ており、かつ、ポスターに掲載されている人物は自身がかくまっている乙であると認識していたとすれば、甲に乙が「犯罪の嫌疑によって捜査中の者」との認識を有していたと認められることになる。

　そこで、甲が前記ポスターを見ていた可能性が高いことについて明らかにするために、前記ポスターが掲示されるようになって以降の甲の生活拠点、行動範囲、生活拠点からの移動方法等をできる限り特定した上で、甲の行動範囲内のどこに、いつ頃から、どのような方法で前記ポスターが掲示されていたのかを捜査する必要がある。

　ただし、甲の生活圏内に前記ポスターが掲示されていたとしても、甲が必ずこれを見るとは限らず、甲の自白がない場合、実際にこれを見ていたかは不明であるとして、甲の認識を基礎づける事実にはならないとの考え方もあり得る。また、甲が前記ポスターを見ていたことが推認できたとしても、ポスターに印刷されている顔写真が撮影された日から時間が経過したことで風貌が変わり、その顔写真と甲がかくまっていた人物との同一性が明確でないこともあり得る。

　一方、甲が、居住させている人物が乙であることを認識していたことが明らかであれば、当然、甲が乙に本件アパートの一室を提供するに至ったのには相応の理由があるはずであり、これを捜査することによって、甲が乙を「犯罪の嫌疑によって捜査中の者」と認識していたことが明らかになる可能性が高い。

　そこで、これらを明らかにするために、甲や乙が使用していた携帯電話に保存されたデータ、通話記録、居住していたアパート内に保管されていた手紙や日記、メモ、新聞、雑誌、機関誌等の書類、通帳や出納帳等の帳簿類等の精査をするとともに、甲及び乙の外出先、甲及び乙と接触していた人物等を特定するための捜査を尽くす必要がある。

③　「蔵匿」について、判例は、「官憲ノ発見逮捕ヲ免ルヘキ隠匿場ヲ供給スルコト」をいうとしている（大判昭5.9.18刑集9-668）。したがって、「蔵匿」に該当するためには、甲が本件アパートの一室に乙が居住していたという事実だけでは足りず、甲が乙に対し、発見逮捕を免れるための隠匿場を供給したと認められることが必要である。

　本設問において、甲は、「乙が不当に逮捕されないようにするため（中略）、自己が居住するアパートの一室を乙に提供するとともに、日々の食事も用意して居住させていた」のであるから、甲が乙に対し、発見逮捕を免れるための隠匿場を供給していたことは明らかである。

　もっとも、前記②と同様、事案によっては、甲のこのような供述が得られず、甲が黙秘したり、「知人である乙が突然転がり込んできて、勝手に住み始めただけで、発見逮捕を免れさせるためではない」などと、発見逮捕を免れるための隠匿場を供給していたことを否認することも考えられる。

　その場合、乙が、甲が居住するアパートの一室で生活を始めるに至った経緯に関する前記②の捜査事項のほか、甲及び乙の生活状況を明らかにするため、本件アパートからの出入りの状況、食料品、日用品等の購入状況、家賃や光熱費の支払い状況及びその原資等を解明するための捜査を尽くす必要がある。

2　事例2関係

1　乙に逃走罪が成立するか

　乙は、本件アパートにおいて、逮捕状を執行されたが、緩められた手錠を外して逃走している。

　まず、乙に単純逃走罪は成立しない。

　単純逃走罪の主体は、「裁判の執行により拘禁された既決又は未決の者」である。「裁判の執行」には逮捕状の執行は含まれないと解される上、この「裁判の執行により拘禁された者」とは、裁判の執行により刑事施設（刑事収容施設及び被収容者等の処遇に関する法律3条）、留置施設

（同法14条）等に拘禁されている者をいい、これらの施設に収容される前の者はこれに該当しないと解される。そのため、本件アパートで逮捕状を執行された状態の乙は、単純逃走罪の主体にはなり得ない。

2　乙は、加重逃走罪の主体にならないか、つまり、逮捕状を執行された者が「勾引状の執行を受けた者」に該当するか

この点に関しては、「単に逮捕状の執行を受けて拘束されているものは素より既決未決の囚人ではなく又逮捕状は勾引状そのものではないのであるから、右公訴事実の場合は刑法第97条は勿論同法第98条の罪を構成しない」（福岡地小倉支判昭29.7.26裁判所時報166-132）として、これを否定する判例もある。

しかし、一方で、「逃走罪は公の拘禁作用を侵害する所為であるから、その主体は法令により公力を以って自由を拘束せられた一切の者を包含するものと解すべく、従って現行刑事訴訟法により新たに設けられた逮捕状の執行を受けた者は、刑法第98条所定の『勾引状の執行を受けた者』に準ずるものとして取り扱うのが相当である。」（東京高判昭33.7.19高刑11-6-347）として、これを肯定する判例もある。

逃走罪は、国家の拘禁作用を侵害する行為であるところ、逮捕状は、身体の自由を拘束する令状であり、その逮捕状を執行された者が逃走を図ることは、国家の拘禁作用を侵害する行為にほかならないから、後者の判例のとおり、「勾引状」には逮捕状も含まれると解すべきである。

3　乙が加重逃走罪の主体になるとして、緩められた手錠を外し、川に捨てた行為が、「拘束するための器具を損壊し」た場合に該当するか

手錠は、逮捕した被疑者の身体を拘束する器具として使用が認められているものであるから（犯罪捜査規範127条）、「拘束するための器具」に該当する。

緩められた手錠を外し、川に投げ捨てる行為が「損壊」に該当するか、つまり、「損壊」は物理的損壊に限られるのかについて、判例は、「原判決は捕縄及び手錠を外し、手錠を車外に投棄したことが刑法第98条の械具の損壊にあたると解したものと思われる。なる程損壊という観念については、物の実質を毀損破壊するとなす狭義の見解と、この外物の価値を減滅

することをも包含するという広義の見解とが存し、毀棄罪における損壊は広義に解されているところである。しかし、毀棄罪における損壊の保護法益が物の財産的価値であるのに反し、拘禁場又は械具を損壊して逃走する加重逃走罪における保護法益は公共法益であって、両者はその罪質を異にし、後者は逃走の手段として叙上行為がなされた際逃走の態様を重視し、単純逃走罪に比し刑を加重したものと認むべきである。してみれば、この場合における損壊は右立法趣旨に照し前記狭義観念即ち物の実質に対する物理的損壊を意味するものと解すべく、従って列車で護送中の被告人が逃走に際し、その手段として手錠及び捕縄を外し、且つ手錠を車外に投棄したとしても、これら械具の実質に物理的損壊を加えない限り、右行為は刑法第98条にいう損壊にあたらないものというべきである。」（広島高判昭31.12.25高刑9-12-1336）として、物理的損壊に限られるとしている。

　そうすると、乙は、緩めた手錠を外し、川に捨ててはいるものの、物理的に損壊したとは認められないことから、乙の行為は「損壊」には該当しないことになる。

✓ 捜査のポイント

① 　本件では、物理的な損壊はないという事例としているものの、事案によっては物理的な損壊が認められる可能性は当然ある。

　　そこで、本件のような事案が発生した場合には、「拘束するための器具」の見分を詳細に行い、写真撮影をするなどして、物理的損壊の有無を明らかにする必要がある。また、当該「拘束するための器具」を適切に保管する必要があることは言うまでもない。

② 　同器具の物理的損壊が認められた場合、被疑者が加重逃走罪の主体に該当するのか、つまり、逮捕状が適正に執行されたのかが問題になり得ることから、逮捕状を執行している状況を詳細に記録するなどして、逮捕状を適正に執行したことを明らかにしておく必要がある。

③ 事例３関係

1　甲は逮捕状が執行された乙を逃走させるためにＡに暴行を加えていることから、逃走援助罪が成立するか

　逃走援助罪は、「法令により拘禁された者」を「逃走させる目的」で「暴行した」ときに成立する。

　「法令により」とは、法令の根拠に基づいてという意味であり、逮捕状の執行もこれに該当すると解される。

　「拘禁」とは、身体の自由の拘束をいうが、一時的なものでも足りると解され、逮捕状が執行された直後で、手錠をされる直前であっても、これに該当すると考えられる。

　また、「暴行」とは、有形力の行使をいうが、甲は、Ａの顔面を殴打するという有形力を行使しているので、これに該当する。

　そして、甲は、乙から助けを求められ、乙を逃走させるために、Ａに暴行を加えているので、「逃走させる目的」も認められる。

　よって、甲には、逃走援助罪が成立し得る。

　なお、甲の暴行は、公務執行妨害罪にも該当し得るが、これは逃走援助罪に吸収される。

2　甲に逃走援助罪が成立するとして、甲に助けを求めた乙に刑法総則の規定により、同罪の共犯が成立するか

　この点、逃走援助罪は、単純逃走罪や加重逃走罪の幇助犯的側面があるのに、これとは別途逃走援助罪が規定されているのは、刑法総則の適用を排除する趣旨であるとする見解などがあり、これによれば、乙に逃走援助罪の共犯は成立しないことになる。

　しかし、本件において、Ａに暴行を加えたのは甲であり、逃走した乙は何らの暴行も加えておらず、後記３のとおり、乙に単独での逃走罪は成立しない。このように逃走援助罪が成立しても、逃走した者に逃走罪が成立しないこともあり得ることからすれば、逃走援助罪に刑法総則の適用が排除されるわけではなく、共犯が成立する余地もあると解される。

　そうすると、甲に助けを求めた乙には、逃走援助罪の教唆犯が成立し得る。

3　では、乙に逃走罪は成立しないか

　事例2のとおり、逮捕状を執行された乙は、単純逃走罪の主体にはなり得ないが、加重逃走罪の主体にはなり得る。そして、加重逃走罪は、その主体を「前条に規定する者又は勾引状の執行を受けた者」に限定しており、いわゆる真正身分犯である。本件において、逮捕状を執行された乙がAの顔面を殴打した場合、この殴打行為は加重逃走罪における「暴行」に該当するから、乙には同罪が成立する。

　しかし、本件において、Aを殴打したのは乙ではなく甲であり、乙は加重逃走罪における「暴行」を実行していないため、単独での加重逃走罪は成立しない。一方、甲には加重逃走罪における身分はないから、甲も単独での加重逃走罪は成立しない。

　もっとも、甲は乙から助けを求められ、これに応じて、乙を逃走させるためにAに暴行を加えたのであるから、甲と乙の間には、乙の逃走のために暴行を加えることについての意思連絡が認められる。

　そこで、この場合、刑法65条1項により、甲と乙は加重逃走罪の共同正犯が成立し得ると解される。

　そうすると、甲、乙共に、理論上は、加重逃走罪も逃走援助罪も成立し得るが、両罪とも法定刑は同じであるため、いずれかの一方の罪で処理することになると思われる。

✓ 捜査のポイント

　加重逃走罪、逃走援助罪のいずれかが成立するとしても、甲と乙には、逮捕状が執行された乙が逃走するために、甲がAに暴行を加えるという意思連絡が必要である。

　本設問においては、乙が逮捕状を執行され、手錠をされそうになっていたところ「乙から助けを求められた甲が、乙を逃走させるため、Aの顔面を殴打した」のであるから、この意思連絡があることは明らかである。

　しかし、事案によっては、甲、乙がAに対する暴行を否認したり、暴行を認めたとしても、意思連絡を否認したりすることも考えられる。

　そこで、このような場合、甲、乙、A三者間の位置関係を明らかにす

るとともに、逮捕状を執行してから甲に殴打され、その後、乙が逃走するまでの詳細な状況を、Aから聴取する必要がある。また、Aが顔面を殴打された部位を特定して、そこに殴られた痕跡がないか明確にする必要がある。

　さらに、**事例1**でも記載した甲、乙間の関係を明らかにするための捜査を尽くして、甲が乙の逃走を手助けするような関係にあったことを解明する必要がある。

4　事例4関係

犯人が勾留されている場合の身代わり出頭も「隠避」に該当するか

　「隠避」について、大判（昭5.9.18）は「隠避トハ蔵匿以外ノ方法ニ依リ官憲ノ発見逮捕ヲ免レシムヘキ一切ノ行為」としているところ、乙は既に勾留されているため、この「官憲ノ発見逮捕ヲ免レシムヘキ一切ノ行為」に該当するかどうかが問題になるが、前掲最決（平元.5.1）は、「同条にいう『罪ヲ犯シタル者』には、犯人として逮捕勾留されている者も含まれ、かかる者をして現になされている身柄の拘束を免れさせるような性質の行為も同条にいう『隠避』に当たると解すべきである。」としている。

　本件において、仮に真実と異なり、丙が犯人であるとされ、乙は犯人でないということになれば、乙は釈放されることになるのであるから、丙の自らが犯人であるとして出頭した行為は、「現になされている身柄の拘束を免れさせるような性質の行為」に該当し、丙には犯人隠避罪が成立する。

☑ 捜査のポイント

　本設問において、丙は乙が殺人事件の犯人であることは知っているとしているが、事案によっては、丙は最後まで自らが真犯人であり、乙は本件殺人事件とは無関係であると主張することも考えられる。

　その場合、丙が真犯人ではないことに関する証拠を収集する必要があるが、本設問では、既に乙が逮捕されているのであるから、乙の犯人性に関する証拠は相当程度収集されているはずである。そこで、既に収集されている証拠を多角的に検討して、丙が犯人であるとした場合に両立

し得ない、矛盾する証拠関係になっているかどうかを再度確認する必要がある。もし、乙の犯人性に結びつく証拠関係であるものの、丙が犯人であったとしても矛盾しない証拠関係であった場合、丙の主張は排斥できないということになる（もっとも、乙と丙の共犯関係が認められるのであれば、乙も犯人ということになって、これを釈放させようとすることは犯人隠避罪に該当する。）。

また、丙が犯人でないことについても捜査を尽くす必要があり、本件殺人事件発生時の丙の行動や生活状況、被害者との関係等を明らかにする必要がある。また、本設問では、丙は拳銃を持って出頭しているが、これが実際に本件殺人事件で使用されたものか否かを明らかにする必要がある。そして、本件殺人事件で使用されたものであった場合、乙を逮捕した際に関係先の捜索を実施していると思われるが、そのときにこの拳銃は発見されなかったことになる。この事実は、乙が本件殺人事件の犯人ではないという消極事情になり得ることから、なぜ発見できなかったのか、この拳銃はどこにあったのかを解明する必要がある。

5 事例5関係

保釈中の者は逃走罪の主体になり得るか

事例2(1)記載のとおり、単純逃走罪における「裁判の執行により拘禁された者」とは、裁判の執行により刑事収容施設及び被収容者等の処遇に関する法律に規定する刑事施設（同法3条）及び留置施設（同法14条）等に拘禁されている者をいい、保釈中の者はこれに該当しない。

また、加重逃走罪は、単純逃走罪の主体のほか「勾引状の執行を受けた者」も主体となるが、保釈取消による収容（刑事訴訟法98条）は、勾留状の執行（同法70条）そのものではないため、これにも該当しない。

そうすると、丙は、単純逃走罪の主体にも、加重逃走罪の主体にもならず、逃走罪は成立しないことになる。

もっとも、丙がBを殴打した行為は、保釈を取り消されたBの収容という検察事務官の職務執行に対して暴行を加えたものであるから、公務執行妨害罪に該当する。

✓ 捜査のポイント

　丙には、逃走罪は成立しないが、公務執行妨害罪が成立するので、検察事務官Bが保釈取消決定に基づいて丙を収容しようとしていたこと、その際に、丙がBを殴打した状況を明らかにするとともに、Bが丙に殴打された部位を写真撮影するなどして、そこに殴られた痕跡がないか明確にする必要がある。

設　問28

賄賂罪

─設　問─

　判例の立場に従って、以下の事例において、甲の罪責について説明しなさい。

事例　A県警X警察署地域課勤務の警察官甲は、同県警Y警察署刑事課で捜査中の事件に関して、告発状を提出していた長年の友人から、告発状の検討・助言、捜査情報の提供、捜査関係者への働き掛けなどの有利・便宜な取り計らいを受けたいとの趣旨の下に供与されるものであることを知りながら、現金50万円のほか、ゴルフクラブ1本（価格20万円相当）の供与を受けた。

──設問のポイント──

　賄賂罪については、単純収賄罪（刑法197条1項前段）を基本類型としつつ、概略、請託を受けたか否か、賄賂の受供与者が誰であるか、賄賂を収受等した公務員が職務上不正な行為をしたこと又は相当の行為をしなかったこと（以下「職務上の不正行為等」という。）の有無、賄賂の収受等が公務員在職前又は在職後になされたか、賄賂が職務行為ではなく、他の公務員に対する職務上の不正行為等のあっせんの対価として収受等されたものであるかによって、受託収賄罪（同条1項後段）、第三者供賄罪（同法197条の2）、加重収賄罪（同法197条の3第1項、第2項）、事前収賄罪（同法197条2項）及び事後収賄罪（同法197条の3第3項）、あっせん収賄罪（同法197条の4）と各類型に分かれており、これらの罪に対する対向犯として贈賄罪（同法198条）が規定されている。

　このように賄賂罪については、犯罪類型が多岐に分かれているため、贈収賄事案について的確な捜査を行うためには、各犯罪類型の構成要件を根拠条文に沿って正確に理解し、それぞれの事案に即して、これら各罪の成否につき的確な擬律判断ができるようにしなければならない。

　設問の事例は、基本類型である単純収賄罪の成否が問題となる。

　単純収賄罪（同法197条1項前段）については、①公務員が、②その職務に関し、③賄賂を、④収受又は要求若しくは約束することが構成要件とされているところ、これら構成要件要素は、賄賂罪の他の犯罪類型にも共通するものである。

　この事例を題材に、賄賂罪の基本的構成要件要素の意義について確認するとともに、その中でも特に重要な要件である「職務に関し」（職務関連性）や「賄賂」（賄賂性）についての理解を問うものである。

——解　答——

　単純収賄罪（刑法197条1項前段）が成立する。

　設問の事例は、最決平17.3.11（刑集59-2-1）の事案と類似の事案である。

　警察法64条等の関係法令によれば、A県警X警察署地域課勤務の警察官（公務員）である甲の犯罪捜査に関する権限（一般的職務権限）は、A県警の管轄区域であるA県の全域に及ぶと解されることなどに照らすと、甲がX警察署地域課に勤務しており、実際にはY警察署刑事課で捜査中の告発事件の捜査に関与していなかったとしても、甲の犯罪捜査に関する一般的職務権限は、当該告発事件の捜査にも及ぶものと解される（一般的職務権限の理論）。

　よって、告発状の検討・助言については、甲の犯罪捜査に関する一般的職務権限に含まれるものとして職務関連性が認められる。

　また、捜査情報の提供や捜査関係者への働き掛けについても、同様に甲の犯罪捜査に関する一般的職務権限に含まれるとする考え方もあり得るが、仮に、これらについては、告発状の検討・助言とは異なり、本来の職務行為とは言えず、甲の犯罪捜査に関する一般的職務権限に含まれるとは解されないとしても、それと密接に関連するものとして職務関連性が認められる（職務密接関連行為の理論）。

　次に、「賄賂」とは、公務員がその職務に関し受ける不法な利益をいい、人の欲望を満たす利益であれば何でもよいとされているので、現金のみならず、ゴルフクラブもこれに当たる（もっとも、これら利益の提供が社交的儀礼の範囲内とされる場合は、賄賂性が否定され得ることになるが、これについては①4で述べる。）。

　以上より、甲の行為は、その職務に関し賄賂を収受したといえ、単純収賄罪が成立する。

――解　説――

1 賄賂罪の保護法益及び単純収賄罪の構成要件要素等

1　保護法益

　賄賂罪の保護法益については、判例、通説は、職務の公正及び職務の公正に対する社会の信頼と解している（信頼保護説）。

　単純収賄罪は、加重収賄罪とは異なり、公務員が、その職務に関し、賄賂を収受等すれば成立し、職務上の不正行為等を行うことまでは要件とされていないが、それは賄賂罪が、職務の公正のみならず職務の公正に対する社会の信頼も保護法益としているからである。

　すなわち、公務員が職務に関し、賄賂を収受等すれば、その職務自体は公正に行っていたとしても、賄賂によって職務の公正が歪められたのではないかとの不信を招き、職務の公正に対する社会の信頼が害されることになるため単純収賄罪として処罰されるのである。

　賄賂を収受等した公務員が職務上の不正行為等に及んだ場合（刑法197条の３第１項）や、公務員が職務上の不正行為等の対価として賄賂を収受等した場合（同条第２項）は、加重収賄罪として、より重く処罰されることになるのである。

2　公務員

　「公務員」とは、国又は地方公共団体の職員、その他法令により公務に従事する議員、委員、その他の職員をいう（同法７条１項）。法令とは、法律、命令、条例に限らず、抽象的通則を規定したものである以上、訓令、内規の類も含む。

　「法令により公務に従事する」とは、法令に職務権限の定めがあると否とを問わず、その公務に従事することが法令に根拠を有することをいう。また、法令上権限のある者が、適法な委任により、選任する場合もこれに含まれる。

　刑法7条1項の規定による公務員に当たらない場合でも、その職務の公益性等に鑑み「法令により公務に従事する職員とみなす」旨のいわゆるみなし公務員規定が設けられている例が少なくない（例えば、日本銀行法30条によりみなし公務員とされている日本銀行の役職員等）。このようなみなし公務員も本罪の主体となる。

3　職務に関し（職務関連性）

(1)　意　義

　賄賂罪にいう「職務」とは、公務員がその地位に伴い公務として取り扱うべき一切の執務をいう（最判昭28.10.27刑集7-10-1971）。当該公務員に独立の決裁権があることを要せず、上司の職務を補助する場合であってもよいし（前掲最判昭28.10.27、最決昭40.10.19裁判集刑157-57）、権限のある部下を指揮する場合であってもよい（最決昭32.11.28刑集11-12-3148）。また、上司の命令（特命）により他の局課の事務を処理する場合でもよい（最判昭26.10.25裁判集刑55-365）。

　不正な請託の有無や公務員が便宜な取り計らいをするか否かは、単純収賄罪の成立要件ではないし、正当な職務行為に対し事後に賄賂が提供された場合にも単純収賄罪は成立する（大判明44.5.19刑録17-879、大判大5.6.13刑録22-981、大判昭6.10.8刑集10-647、最判昭24.12.3裁判集刑15-87）。

　賄賂と対価関係にある行為が違法行為だからといって、職務に関しないことになるものではない。その行為が法令上公務員の一般的職務権限に属する行為であれば、公務員が具体的事情の下においてその行為を適法に行うことができたかどうかは問わない（最大判平7.2.22刑集49-2-1、最決平22.9.7刑集64-6-865）。

(2)　一般的職務権限の理論

　職務は、まず法令によって規定されるが、従来から、判例は、職務の範囲を広く解釈し、賄賂と対価関係にある行為が、具体的に担当する職務でなくても、法令に定められた一般的職務権限内にあれば足りるとする（最

判昭37.5.29刑集16-5-528)。

　すなわち、判例は、職務の公正のみならず職務の公正に対する社会一般の信頼も賄賂罪の保護法益に含まれることを根拠として、公務員の収受等した利益と対価関係にある行為が、その公務員の実際に担当する職務でなくても、法令に定められた一般的職務権限に属するものであれば、刑法197条1項前段にいう「職務」に含まれ、内部的な事務の分掌により一般的職務権限は制限されないとしているのである（一般的職務権限の理論）。

　賄賂と対価関係にある行為が一般的職務権限に属する場合には、外部からはその公務員がその職務を左右し得るように見え、職務の公正らしさが害されることも根拠の一つとして挙げられよう。

　このように一般的職務権限の理論の根拠が、賄賂罪の保護法益（職務の公正に対する社会の信頼）にある以上、賄賂と対価関係にある行為（具体的職務）を当該公務員が担当しているかのような外形（社会からの見え方）、すなわち法令上の根拠が最も重要なのであって、当該公務員が当該具体的職務を担当する実際上の可能性があることまでは必要ではないと解される。

　設問の事例と類似の事例についての判例（前記最決平17.3.11）は、「……被告人は、警視庁警部補として同庁調布警察署地域課に勤務し、犯罪の捜査等の職務に従事していたものであるが、公正証書原本不実記載等の事件につき同庁多摩中央警察署長に対し告発状を提出していた者から、同事件について、告発状の検討、助言、捜査情報の提供、捜査関係者への働き掛けなどの有利かつ便宜な取り計らいを受けたいとの趣旨の下に供与されるものであることを知りながら、現金の供与を受けたというのである。警察法64条等の関係法令によれば、同庁警察官の犯罪捜査に関する職務権限は、同庁の管轄区域である東京都の全域に及ぶと解されることなどに照らすと、被告人が、調布警察署管内の交番に勤務しており、多摩中央警察署刑事課の担当する上記事件の捜査に関与していなかったとしても、被告人の上記行為は、その職務に関し賄賂を収受したものであるというべきである。」としている。すなわち、関係法令上、警視庁調布警察署地域課に所属する被告人の犯罪捜査に関する一般的職務権限が、同庁多摩中央警察署刑事課の担当する告発事件の捜査にも及ぶことを根拠に収賄罪の成立を認

めたものであって、被告人が当該告発事件の捜査に実際に関与していたことや、関与する可能性があったことまでは必要とはしていないのである。

⑶　**職務密接関連行為の理論**

　判例は、職務行為そのものだけでなく、「職務に密接な関係にある行為」（職務密接関連行為）について賄賂罪の成立を認めている（大判大2.12.9刑録19-1393）。厳密には職務権限に属さないものでも、その職務権限と密接な関係を有し、事実上権限が認められる行為が、不正な利益と結び付くときは職務の公正とそれに対する社会の信頼が害されることが実質的な理由であると考えられる。

　職務密接関連行為の内容は、一義的に明確とはいえないが、判例は、これを分析して「公務員の法令上管掌する職務と密接な関係を有するいわば準職務行為又は事実上所管する職務行為」などと説明したものもある（最決昭31.7.12刑集10-7-1058、最判昭32.2.26刑集11-2-929）。準職務行為とは、職務権限を定める法令上当然類推されるべき職務行為をいい（その意味では、法令上明記されていないだけで、本来的な職務行為といってもよいものである。）、事実上所管する職務行為とは、法令上管掌する職務に関連するが故に事実上所管する職務行為をいうものと解される。

　この類型に関する判例として、前掲最決昭31.7.12（村の書記が村長を補助して取り扱う外国人登録に関する事務）、最決昭38.5.21（刑集17-4-345、厚生大臣から法令上の根拠なくして県知事に委託され、県衛生部事務吏員が分掌していた精神病床整備費の国庫補助金に関する進達事務）、最決昭39.6.25（判時377-71、農林省水産講習所所属船の船長らが行う航海に必要な燃料類の油質検査、積込数量の確認）などがある。また、準職務行為との表現は用いていないが、本来の職務権限行使の準備的行為として同様に考えられるものに、最決昭35.3.2（刑集14-3-224、町議会議員である厚生委員が大規模工事施工に際し組織された町議会議員の協議会で意見を述べること及び厚生委員会委員の中から選任されて工事監督に当たること）がある。このほか、議員の議会活動に関連するものとして、前掲大判大2.12.9（県会議員が議会で可決するために他の議員を勧誘して賛成を求めること）があるが、これについては、むしろ議員としての本来の職務内容に当然含まれると解することもできるとする見解もある。

　さらに、これらの準職務行為又は事実上所管する職務行為に加えて、「職務権限を利用した事実上の影響力を行使する行為」についても職務密接関連行為に含まれるものもある。

　この類型に属する判例としては、最判昭25.2.28（刑集4-2-268、板ガラスを買うために必要な割当証明書を発行していた公務員が、証明書を受ける者に対し、特定の販売店から板ガラスを買うように仕向けることは、厳密には職務の範囲に属さないが、職務と密接な関係を有する行為に当たるとした。）、最決平22.9.7（刑集64-6-865、北海道開発庁長官が、下部組織である北海道開発局の港湾部長に対し、競争入札が予定される港湾工事の受注に関し特定業者の便宜を図るように働き掛ける行為は、同長官に港湾工事の実施に関する指揮監督権限がなく、また、その行為が談合にかかわる違法なものであるとしても、港湾工事に係る予算の実施計画作製という同長官の職務に密接な関係があるとした。）がある。他方、「職務権限を利用した事実上の影響力を行使する行為」については、職務密接関連行為とは認められず、あっせん収賄罪（刑法197条の４）やあっせん利得罪（公職にある者等のあっせん行為による利得等の処罰に関する法律１条）の「あっせん」に当たり、これらの罪の成否が問題となるものもあることに留意する必要がある。

　職務密接関連行為に該当するかの判断は、個別具体性が高く、必ずしも上記類型に当てはまらないような判例も複数存在する。

　職務密接関連行為の認定基準に関し、最決昭59.5.30（刑集38-7-2682）の補足意見では、当該公務員の職務権限との実質的な結び付きがあるか、公務を左右する性格があるか、公務の公正を疑わせるかという点に着目して判断すべきとされている。

　警察官が捜査情報（秘密）を部外者に提供（漏えい）する行為については、警察官は、捜査情報（秘密）を部外者に提供（漏えい）してはいけないという職務を有しており、端的にその職務に関し賄賂を収受等したと解する考え方もあり得る。しかし、捜査情報（秘密）を部外者に提供（漏えい）すること自体が本来の職務であるとは言い難く、あくまで捜査情報（秘密）を部外者に提供（漏えい）してはいけないという職務に密接に関連するものとして職務関連性を認める方が妥当であるように思われる。前

記最決昭59.5.30も、大学設置審議会及びその歯学専門委員会の委員であっ
た国立大学教授の被告人が、歯科大学設置の許可申請をしていた関係者ら
に対し、同委員会の中間的審査結果をその正式通知前に知らせたという事
案につき、「被告人の右各行為は、右審議会の委員であり且つ右専門委員
会の委員である者としての職務に密接な関係のある行為というべきである
から、……収賄罪にいわゆる職務行為にあたる」としているのも参考にな
ろう。

　次に、他の捜査関係者への働き掛けについては、判例は、公務員が他の
公務員に働き掛ける場合について、両者の一般的職務権限の異同を重視し
ており、両者の一般的職務権限が異なるときは、単純収賄罪は成立せず、
あっせん収賄罪（刑法197条の４）の成否が問題となるにすぎないとする
ものが多いのに対し、両者の一般的職務権限が同じときは、職務密接関連
行為の理論により、単純収賄罪の成立を認めるものが多い傾向があるとさ
れている。例えば、大判昭19.7.28（刑集23-143）は、板橋税務署に勤務
し、上司の指揮監督の下に、所得税、営業税、臨時利得税等の税額算定の
基礎となるべき所得金額、営業純益金額、利得金額等の決定に関する事務
を処理する被告人が、同じく同事務に参与する同僚又は上司を説き、業者
に有利な営業純益金額の決定をなすべくあっせん尽力する行為につき、
「その本来の職務に属せざるも、右は、営業純益金額を決定するに至らし
むるも、被告人の前示職務執行と密接関連を有する行為なるをもって、こ
れを刑法197条にいわゆる『職務に関し』に該当する行為（である）」とし
ている。

　このようなことからすると、警察官が他の捜査関係者へ働き掛ける行為
については、両者の一般的職務権限が同じであるから、職務密接関連行為
に当たると考えられる。

4　賄賂（賄賂性）

(1)　意　義

　「賄賂」とは、公務員がその職務に関し受ける不法な利益をいう。すな
わち、職務行為と対価関係にある利益をいうが、個々の職務行為との間に
対価関係のあることを要しない（最決昭33.9.30刑集12-13-3180）。有形無
形を問わず、人の需要、欲望を満たす一切の利益を包含する（大判明43.

12.19刑録16-2239)。よって、現金のみならず、物品の提供や、公私の職業又は地位の提供、酒食の提供、ゴルフ接待、異性間の情交、金融を受ける利益等いずれも賄賂になり得る。

(2) 社交的儀礼との関係

　贈収賄事案の捜査公判において、被疑者、被告人から、賄賂の目的とされる金品等の授受自体は認めつつ、それが社交的儀礼の範囲内の贈答であるから、贈収賄罪は成立しないとする主張がなされることがある。

　特に、贈収賄の当事者が当該賄賂の授受以前から私的な交友関係がある場合や、賄賂の目的物が少額の現金や物品等の場合には、社交的儀礼の範囲内という主張が出されやすい傾向があるように思われる。

　設問の事例でも、贈賄した者が警察官甲の長年の友人であることや、賄賂の目的物の一部がゴルフクラブであることなどから、このような主張が出される可能性があるといえる。

　社交的儀礼と賄賂性との関係については、職務との関係がなければ社交的儀礼と認められる程度・形式の利益の供与であっても、職務との対価性がある以上は賄賂性が認められるとするのが大審院以来の判例の基本的な立場であるとされている（大判昭4.12.4刑集8-12-609等）。

　しかし、一方、社交的儀礼の範囲にとどまる利益の供与は、職務に関するものであっても賄賂ではないという趣旨を説示しているように解される上級審の判決例もある上（大判昭11.7.15法律新聞4021-13等）、下級審の裁判例の中には、授受された利益が社交的儀礼の範囲にとどまるとして、賄賂性あるいはその認識（故意）を否定したものが複数存在する（札幌高判昭27.11.18高判特報18-107、東京地判昭32.4.8判時117-20、東京高判昭33.11.17判時167-4、東京地判昭34.9.21判時202-3、大阪地判昭45.3.30判タ249-280等）。

　思うに、法律論としては、判例の基本的立場に立ったとしても、通常の社交的儀礼の範囲内とみられるような贈答については、事実認定上、職務行為との対価性が認められるかが問題になり得るのであり、社交的儀礼の範囲内である旨の弁解が予想されるような事案においては、より慎重に賄賂性の認定を行う必要がある。

5 収受、要求、約束

「収受」とは、賄賂として提供された物を受け取り、あるいは利益を得ることである。受領の意思がなく返還するつもりで一時的に保管した場合は、「収受」にはならない。

「要求」とは、賄賂の供与を求めることである。相手方が実際に認識せず、又は誤認しても要求罪が成立するし、相手方が応じなくてもよい。

「約束」とは、賄賂の供与の申込みを承諾することである。一旦約束した以上、後に約束を取りやめても約束罪の成否に影響はない。

✓ 捜査のポイント

1 賄賂の授受の捜査等

(1) 賄賂の目的物について

一昔前は、理論的には賄賂の目的物が現金以外のもの（接待や物品の提供等）であっても賄賂罪は成立するものの、捜査実務上は、当罰性（処罰価値）も考え、できる限り相当額の現金（例えば、当該公務員の給与1か月分以上の現金）の授受がなされた事案を立件すべきなどと言われることもあったように思うが、最近は、極めて厳格な公務員倫理が求められるようになってきていることなどを背景に、贈収賄事案をより積極的に摘発すべきという機運が高まっており、接待や物品の提供にとどまる事案や比較的少額の現金の授受がなされたにとどまる事案も立件されるようになってきていると思われる。このこと自体は、公務員の汚職に対し、国民から一層厳しい目が向けられるようになっている今日、当然のこととも言えるが、他方、前記のとおり、賄賂の目的物が接待や物品の提供、少額の現金にとどまる場合は、往々にして社交的儀礼ないし私的交友関係の範囲内であるとの弁解が出される余地があるから、その点について（単に賄賂性が認められるかだけでなく、処罰価値の点も含め）十分な捜査を尽くすべきである。

なお、賄賂の目的物の中には、現金以上に、公務員の職務の公正に対する不信感や不公正感を惹起すること著しく、悪質と評価されるものもある上（例えば、異性間の情交の提供や、自己の息子を大

学に不正入学させることなど）、職務犯罪である賄賂罪の処罰価値
は、賄賂の中身だけでなく、公務員がその見返りとして図った職務
上の便宜の内容の悪質性（職務上の不正行為等の有無等）にもよる
のであるから、現金授受の有無やその多寡にこだわりすぎることな
く、事案の全体を見て処罰価値の高いものを積極的に立件する姿勢
が求められよう。

(2)　**賄賂の授受等の捜査について**

　贈収賄事案における賄賂の授受の事実は、これが立証できなけれ
ば全くの冤罪ということになるという意味で、いわば強行犯におけ
る犯人性に相当するものであり、最も重要な事実関係であるから、
確実に立証できるように努めなければならない。

　特に賄賂の目的物が現金である場合、その授受は、当事者間で領
収書等の証拠を残さず秘密裏に行われるのが通常であり、銀行振込
等でなされた場合とは異なり、授受自体を直接証明する物証（客観
証拠）は残っていないことがほとんどである。

　そのため、立証の柱になるのは、当事者（収賄公務員、贈賄業
者、あるいはその場に同席した関係者など）の供述であることが多
いところ、供述の任意性・信用性確保のため、適正な取調べにより
一層意を用いることはもとより、供述の信用性を担保するために細
大漏らさず裏付けを取ることが必要不可欠である。

　賄賂である現金の授受自体を直接立証する客観証拠はなくても、
その原資や使途、あるいは、当該授受に係る事実関係（賄賂の授受
が行われた場所はどこか、賄賂の授受が行われた会合の日時場所の
連絡はどのように行ったのか、その場所にはどのような交通手段で
行ったのか等々）については、様々な客観証拠（会計帳簿の記載、
銀行預金の元帳や入出金伝票、賄賂として収受した現金による物品
購入や債務の返済等に関する証憑類、当事者間のメール等のやり取
りや通話履歴、交通系ICカードやETCカードの利用履歴、官用車
や社用車の運行記録、銀行預金の入出金場所や会合場所付近に設置
された防犯カメラの映像、携帯電話の位置情報等々）が残存してい
る可能性があるから、このような客観証拠による裏付けが取れない

かという点を常に意識して、被疑者をはじめとする関係者の取調べを行い、当事者から現金授受等の状況について、その前後の状況も含め、裏付けの取れるような具体的な供述を獲得した上で、その真偽についての裏付け捜査を徹底して行うことが重要である。

なお、賄賂として提供される現金は、会社の裏金として会社事務所等に保管されていた現金を原資とすることも多く、そのような場合は、当該会社の公表帳簿の記載や銀行口座の入出金だけを見ても原資の存在が明らかにならない。よって、裏金の捻出方法やその保管状況にまで遡って解明する必要がある。

ともかく、賄賂である現金の原資と使途については確実に解明し、客観証拠による裏付けを取るよう心掛けることが必要不可欠である。

2　職務関連性（職務権限）の捜査

前記のとおり、判例は、職務関連性について一般的職務権限の理論を採っており、法令上、当該職務を行う権限が認められれば、仮に、具体的な事務分配等によって、当該職務を担当していなかったとしても（担当する可能性すらなかったとしても）職務関連性を認めているから、まずは当該公務員の職務権限に関する法令上の根拠について捜査する必要がある。

しかし、一方、上司からの特命による職務など必ずしも法令上明確な根拠が認められない職務行為もある上、前記のとおり、判例は、法令上の職務行為そのものだけでなく、法令上の職務と密接な関係を有する準職務行為や事実上所管する職務行為などの職務密接関連行為についても職務関連性を認める立場を採っているところ、当該賄賂と対価関係に立つ公務員の行為が職務密接関連行為として職務関連性が認められるか否かは、まさに当該公務員の職務遂行の実態面によるところが大きい。

また、一般的職務権限の理論に基づき、当該職務について実際に担当していることや担当する可能性があることまでは必要としないというのが判例の立場であるとしても、実際に当該職務を担当している場合や担当する可能性がある場合の方がより容易に職務権限が認められるであろう。

　したがって、当該公務員の職務権限を明らかにするためには、法令上の根拠のみならず、職務遂行の実態面に係る事実関係をきちんと捜査することも重要である。

　また、前記のとおり、職務関連性についての判例は、多岐にわたっている上、職務の性質ごとの個別具体性が高いため、それら判例が前提とする具体的事実関係も含め、十分な調査検討を行うことも重要である。

3　賄賂性（利益供与の趣旨が職務に関する謝礼ないし報酬であること）の捜査

　賄賂性を立証するためには、①当該公務員の職務関係の実態、②当該職務に関する依頼、請託の有無、③当該公務員による職務上の便宜供与の有無、④当該利益の授受の時期、⑤授受の態様、⑥当該利益の金額、価額、⑦贈収賄の当事者間の私的交友関係の有無等に着目して証拠収集を行う必要がある。

　確かに、単純収賄罪は、公務員がその職務に関し、賄賂を収受等すれば成立し、②の請託や、③の当該公務員による職務上の便宜供与は構成要件要素とはされていない。

　しかし、賄賂性を立証する上で、②の請託や③の職務上の便宜供与の存在は極めて重要である。これらの事実があればこそ、当該公務員に提供された利益が、職務に関する謝礼ないし報酬であること（賄賂性）及び当事者もそのように認識していたこと（賄賂性の認識、すなわち故意）が強く推認されるからである。これらの事実がないと、当事者間の金品の授受等は立証できても、単なる社交的儀礼ないし私的交友関係に基づくものであるなどと弁解されて、賄賂性や故意の立証に困難を来す場合が少なくない。また、贈収賄事案の実態としても、公務員に職務上の便宜供与を期待して金品等を提供する以上、当事者間に言葉に出して言わなくてもあうんの呼吸でその趣旨が伝わるような関係性がある場合は格別、そうでなければ事前ないし事後に職務行為の依頼（請託）をするのが通常であるように思われるし、公務員が賄賂としての金品等をそれと認識して受け取った以上、それに相応する何らかの職務上の便宜を図ることが通常であろう。したがって、当事者が、「金品の授受はあったが、請託はない。」「便宜は図っていない。」などと弁解しているとき

は（このような弁解はよくある。）、金品の授受等を認めていることに気を許さず、請託や便宜供与の有無についても徹底的に追及すべきである。

また、賄賂性を立証する上で、④当該利益の授受の時期や、⑥当該利益の金額、価額も極めて重要である。

当事者間で授受された金品等が賄賂（職務行為に対する対価）である場合には、当該公務員による職務上の便宜供与ないしその依頼（請託）と近接した時期に、当該金品等の授受がなされるのが通常である。したがって、当該金品等の授受が便宜供与や請託とかけ離れた時期に行われている場合には、別の趣旨によるものである可能性があることに留意すべきである。

また、当事者間で授受された金品等が賄賂である場合には、その全額、価額が、当該公務員による職務上の便宜供与に掛かる手間や、それによって贈賄者が得られる利益に見合うもの（等価関係ということではなく、贈賄者が、当該公務員による職務上の便宜供与によって得られる利益等に応じて、その謝礼ないし報酬としての賄賂額を決めるということ）であるのが通常である。したがって、当該金品等の価額が少額で、社交的儀礼の範囲内と認められるような場合には、賄賂性やその故意の立証に困難を来す場合があることにも留意する必要がある。

なお、⑦贈収賄の当事者間の私的交友関係の有無等に関連して、当事者同士が、当該金品等の授受以前から面識があり、一定の交友関係が認められる場合、当該金品等の授受についても、私的交友関係に基づくもので、職務に関するもの（賄賂）ではない旨の弁解がされることが多い。しかし、このような場合も、当事者が交友関係を持つに至った経緯等について捜査すると、元々、当該公務員の職務の関係で知り合い、その後も職務上の関係が続く中で当該公務員がほぼ一方的に金品や接待等を提供される関係にあり、そのような中で、当該金品等の授受が行われたということが判明することが少なくない。このような場合は、当該金品等の授受が全くの私的な交友関係に基づくものとは認められず、賄賂性を否定する事情にはならないことが多いであろう。

2 おわりに

　贈収賄事案の立証は、前記のとおり、賄賂の授受やその認識等の核心部分については当事者の供述に依存する部分も大きいが、弁護活動の活発化や国民の権利意識の高まり等の影響により、否認や黙秘をする被疑者が増加しており、供述証拠の獲得は一層困難になっている。

　そのようなこともあり、贈収賄事案の捜査に当たっては、徹底した捜索差押えを早期に実施し、事案の骨格を支えるだけの十分な客観証拠（証拠物）を確保することがますます重要になっている。

　特に、当事者の行動や、やり取りの解明に役立つスマートフォンやパソコン、手帳、ノート、日記帳等については、確実に押収する必要がある。

　また、デジタルフォレンジックの活用によって、消去されたメールや文書データ等の復元を徹底して行うことも極めて重要である。

　客観証拠を徹底的に収集し、分析検討することが、被疑者やその他の事件関係者から真実の供述を引き出し、余罪も含めた事案の全容解明につながることを忘れてはならない。

事 項 索 引

執筆者一覧（掲載順）

司法研修所検察教官室（執筆当時）

I　生命・身体に関する罪

石塚　隆雄　　　設問1　殺人と自殺関与、同意殺人

石渡　聖名雄　　設問2　保護責任者遺棄

北　　佳子　　　設問3　暴行・傷害

II　自由に対する罪

岩下　新一郎　　設問4　略取及び誘拐の罪

山吉　彩子　　　設問5　強制わいせつ罪等

長野　辰司　　　設問6　住居侵入（集合住宅の共用部分への立入り等）

III　秘密・名誉に対する罪

犬木　　寛　　　設問7　名誉毀損

IV　財産的法益に対する罪

廣瀬　智史　　　設問8　窃盗1（保護法益、占有）

長野　辰司　　　設問9　窃盗2（既遂時期・不法領得の意思）

飯島　　泰　　　設問10　強盗1（強盗）

松島　　太　　　設問11　強盗2（事後強盗）

石井　寛也　　　設問12　強盗3（強盗致死傷罪）

梶原　真也　　　設問13　詐欺1（欺罔行為）

山口　温子　　　設問14　詐欺2（財産的処分行為等(1)）

山口　温子　　　設問15　詐欺3（財産的処分行為等(2)）

上島　　大　　　設問16　詐欺4　財産上の損害等

安井　一之　　　設問17　恐喝（恐喝罪の構成要件該当性、権利行使と恐喝罪の成否）

今井　康彰　　　設問18　横領（預金による占有、背任との区別）

占部　　祥　　　設問19　盗品等に関する罪

川島　喜弘　　　設問20　建造物等損壊罪・器物損壊罪